Alexander von Humboldt

Das große Lesebuch

*Herausgegeben von
Oliver Lubrich*

Fischer Taschenbuch Verlag

Veröffentlicht im Fischer Taschenbuch Verlag,
einem Unternehmen der S. Fischer Verlag GmbH,
Frankfurt am Main, Mai 2009

Für diese Ausgabe:
© S. Fischer Verlag GmbH, Frankfurt am Main 2009
Satz: MedienTeam Berger, Ellwangen
Druck und Bindung: Clausen & Bosse, Leck
Printed in Germany
ISBN 978-3-596-90162-3

Unsere Adressen im Internet:
www.fischerverlage.de
www.fischer-klassik.de

Inhalt

Die Lebenskraft oder der Rhodische Genius (1795) . . .   9

Ueber die gereitzte Muskelfaser (1795) 15

Briefe des Herrn Alexander von Humboldt (1799) 27

Ueber die Urvölker von Amerika (1806) 42

Auszüge aus einigen Briefen (1807) 61

Jagd und Kampf der electrischen Aale mit Pferden (1807) 66

Fragmente aus dem neuesten Hefte des v. Humboldt'schen
Werkes *über den politischen Zustand des Königreichs
Neu-Spanien* (1809) 73
    Das alte und neue Mexiko 73
    Die alt-mexikanischen Tempel, Teocalli genannt 79
    Andre mexikanische Alterthümer 81
    Die schwimmenden Gärten 90

Pittoreske Ansichten in den Cordilleren (1810) 93
    Natürliche Brücken über den Iconozo 93
    Straße über den Quindiu in der Cordillera der Anden . 99
    Die Kaskade von Tequendama 107

Ueber die gleichwarmen Linien (1818) 114

Ueber einen Nachtvogel Guacharo genannt (1818) 134

Ueber die Milch des Kuhbaums und die Milch
der Pflanzen überhaupt (1818) 136

Beiträge zur Naturgeschichte der Mosquitos (1822) . . . 139

Ueber die künftigen Verhältnisse von Europa und
Amerika (1826) 151

Eröffnungsrede zur Versammlung deutscher
Naturforscher und Ärzte in Berlin (1828) 157

Briefe aus Sibirien an François Arago (1829) 164

Petersburger Akademierede (1829) 171

Mexicanische Alterthümer (1835) 190

Ueber zwei Versuche den Chimborazo zu
besteigen (1837) 196

Vorwort zu Wilhelm von Humboldts *Sonetten* (1853) . . 221

Ueber die ältesten Karten des Neuen Continents und
den Namen Amerika (1853) 230

Insel Cuba (1856) 262

Ruf um Hülfe (1859) 264

Anhang 265

Abbildungen 267

Alexander von Humboldt (Brockhaus, 1853) 283

Daten zu Leben und Werk 309

Editorische Notiz 315

Nachwort 319

Aus Kindlers Literatur Lexikon:
Alexander von Humboldt, ›Ansichten der Natur‹ 325
Alexander von Humboldt, ›Ansichten der Kordilleren‹ . 331

Quellenverzeichnis 335

Abbildungsnachweise 339

Die Lebenskraft
oder der Rhodische Genius

Eine Erzählung

Die Syrakuser hatten ihren Poikile wie die Athener. Vorstellungen von Göttern und Heroen, griechische und italische Kunstwerke bekleideten die bunten Hallen des Portikus. Unabläßig sah man das Volk dahin strömen, den jungen Krieger, um sich an den Thaten der Ahnherrn, den Künstler, um sich an dem Pinsel grosser Meister zu weiden. Unter den zahllosen Gemählden, welche der emsige Fleiß der Syrakuser aus dem Mutterlande gesammelt, war nur eines, das seit einem vollen Jahrhunderte die Aufmerksamkeit aller Vorübergehenden auf sich zog. Wenn es dem Olympischen Jupiter, dem Städtegründer Cekrops, dem Heldenmuth des Harmedius und Aristogiton an Bewunderern fehlte, so stand doch um jenes Bild das Volk in dichten Rotten gedrängt. Woher diese Vorliebe für dasselbe? War es ein gerettetes Werk des Apelles, oder stammte es aus der Mahlerschule des Kallimachus* her? Nein, Anmuth und Grazie strahlten zwar aus dem Bilde hervor, aber an Verschmelzung der Farben, an Charakter und Styl des Ganzen durfte es sich mit vielen andern im Poikile nicht messen.

Das Volk staunt an und bewundert, was es nicht kennt und diese Art des Volks begreift viel unter sich. Seit einem Jahrhundert war das Bild aufgestellt und ohnerachtet Syrakus in seinen engen Mauern mehr Kunstgenie umfaßte, als das ganze übrige meerumflossene Sizilien – so blieb der Sinn desselben doch immer unenträthselt. Man wußte nicht einmal bestimmt, in welchem Tempel dasselbe ehemals gestanden habe. Denn es ward von einem gestrandeten Schiffe gerettet, und nur die Waaren, welche dieses führten, liessen ahnen, daß es von Rhodus kam.

---

* Cacizotechnos. Plin. XXXIV. 19. n. 92.

An dem Vorgrunde des Gemähldes sah man Jünglinge und Mädchen in eine dichte Gruppe zusammengedrängt. Sie waren ohne Gewand, wohlgebildet, aber nicht von dem schlanken Wuchse, den man in den Statuen des Praxiteles und Alkamenes bewundert. Der stärkere Gliederbau, welcher Spuren mühevoller Anstrengung trug, der menschliche Ausdruck ihrer Sehnsucht und ihres Kummers, alles schien sie des Himmlischen oder Götterähnlichen zu entkleiden, und an ihre irrdische Heimath zu fesseln. Ihr Haar war mit Laub und Feldblumen einfach geschmückt. Verlangend streckten sie die Arme gegen einander aus, aber ihr ernstes trübes Auge war nach einem Genius gerichtet, der von lichtem Schimmer umgeben, in ihrer Mitte schwebte. Ein Schmetterling saß auf seiner Schulter, und in der Rechten hielt er eine lodernde Fackel empor. Sein Gliederbau war kindlich, rund, sein Blick himmlisch lebhaft. Gebieterisch sah er auf die Jünglinge und Mädchen zu seinen Füssen herab. Mehr charakteristisches war an dem Gemählde nicht zu unterscheiden. Nur am Fusse glaubten einige noch die Buchstaben ζ und ω zu bemerken, woraus man (denn die Antiquarier waren damals nicht minder kühn, als jetzt) den Namen eines Künstlers Zenodorus, also gleichnamig mit dem spätern Koloß-Giesser, sehr unglücklich zusammen setzte.

Dem Rhodischen Genius, so nannte man das räthselhafte Bild, fehlte es indeß nicht an Auslegern in Syrakus. Kunstkenner, besonders die jüngsten, wenn sie von einer flüchtigen Reise nach Corinth oder Athen zurükkamen, hätten geglaubt, alle Ansprüche auf Genie verläugnen zu müssen, wenn sie nicht sogleich mit einer neuen Erklärung hervorgetreten wären. Einige hielten den Genius für den Ausdruck geistiger Liebe, die den Genuß sinnlicher Freuden verbietet; andere glaubten, er solle die Herrschaft der Vernunft über die Begierden andeuten. Die Weiseren schwiegen, ahneten etwas Erhabenes, und ergözten sich im Poikile an der einfachen Komposition der Gruppe.

So blieb die Sache immer unentschieden. Das Bild ward mit mannigfachen Zusätzen copirt, in Reliefs geformt und nach

Griechenland gesandt, ohne daß man auch nur über seinen Ursprung je einige Aufklärung erhielt. Als einst mit dem frühen Aufgange der Plejaden die Schiffahrt ins Aegäische Meer wieder eröfnet ward, kamen Schiffe aus Rhodus im Hafen von Syrakus an. Sie enthielten einen Schatz von Statuen, Altären, Candelabern und Gemählden, welche die Kunstliebe der Dionyse in Griechenland hatte sammeln lassen. Unter den Gemählden war eines, das man augenblicklich für ein Gegenstück zum Rhodischen Genius erkannte. Es war von gleicher Größe, und zeigte ein ähnliches Kolorit; nur waren die Farben besser erhalten. Der Genius stand ebenfalls in der Mitte, aber ohne Schmetterling, mit gesenktem Haupte, die erloschene Fackel zur Erde gekehrt, der Kreis der Jünglinge und Mädchen stürzte in mannigfachen Umarmungen, gleichsam über ihm zusammen. Ihr Blick war nicht mehr trübe und gehorchend, sondern kündigte den Zustand wilder Entfesselung, die Befriedigung lang genährter Sehnsucht an.

Schon suchten die Syrakusischen Alterthumsforscher ihre vorige Erklärungen vom Rhodischen Genius umzumodeln, damit sie auch auf dieses Kunstwerk paßten, als der Tyrann Befehl gab, es in das Haus des Epicharmus zu tragen. Dieser Philosoph aus der Schule des Pythagoras, wohnte in dem entlegenen Theile von Syrakus, den man Tycha nannte. Er besuchte selten den Hof der Dionyse, nicht, als hätten nicht geistreiche Männer aus allen griechischen Pflanzstädten sich um sie versammlet, sondern weil solche Fürstennähe auch den geistreichsten Männern von ihrem Geiste raubt. Er beschäftigte sich unabläßig mit der Natur der Dinge, und ihren Kräften, mit der Entstehung von Pflanzen und Thieren, mit den harmonischen Gesetzen, nach denen Weltkörper im Großen und Schneeflocken und Hagelkörner im Kleinen sich kugelförmig ballen. Da er überaus bejahrt war, so ließ er sich täglich in dem Poikile und von da nach Nasos an den Hafen führen, wo ihm sein Auge, wie er sagte, ein Bild des Unbegrenzten, Unendlichen gab, nach dem sein Geist vergebens strebte. Er ward von dem niedern Volke und doch auch von dem

Tyrannen geehrt. Diesem wich er aus, wie er jenem freudig entgegen kam.

Epicharmus lag entkräftet auf seinem Ruhebette, als der Befehl des Dionysius ihm das neue Kunstwerk sandte. Man hatte Sorge getragen ihm eine treue Kopie des Rhodischen Genius mit zu überbringen, und der Philosoph ließ beyde neben einander vor sich stellen. Sein Blick war lange auf ihnen geheftet, dann rief er seine Schüler zusammen und hub mit gerührter Stimme an:

»Reißt den Vorhang vor dem Fenster hinweg, daß ich mich noch einmal weide an dem Anblick der reichbelebten lebendigen Erde. Sechzig Jahre lang habe ich über die innern Triebräder der Natur, über den Unterschied der Stoffe gesonnen und erst heute läßt der Rhodische Genius mich klarer sehen, was ich sonst nur ahnete. Wenn der Unterschied der Geschlechter lebendige Wesen wohlthätig und fruchtbar aneinander kettet, so wird in der unorganischen Natur der rohe Stoff von gleichen Trieben bewegt. Schon im dunkeln Chaos häufte sich die Materie und mied sich, je nachdem Freundschaft oder Feindschaft sie anzog oder abstieß. Das himmlische Feuer folgt den Metallen, der Magnet dem Eisen; das geriebene Elektrum bewegt leichte Stoffe; Erde mischt sich zur Erde; das Kochsalz gerinnt aus dem Meere zusammen und die Säure der Stüptärie* strebt, sich mit dem Thone zu verbinden. Alles eilt in der unbelebten Natur sich zu dem seinen zu gesellen. Kein irrdischer Stoff (wer wagt es, das Licht diesen beyzuzählen?) ist daher irgendwo in Einfachheit und reinem, jungfräulichen Zustande zu finden. Alles eilt von seinem Entstehen an zu neuen Verbindungen und nur die scheidende Kunst des Menschen kann ungepaart darstellen was Ihr vergebens im Inneren der Erde und in dem beweglichen Wasser- und Luft-Oceane suchtet. In der todten unorganischen Materie ist träge Ruhe, so lange die Bande der Verwandtschaften nicht gelöst werden, so lange ein dritter Stoff nicht eindringt, um sich den vori-

---

* Alaun. – Schwefelsäure, den Alten bekannt.

gen beizugesellen. Aber auch auf diese Störung folgt wieder unfruchtbare Ruhe.

Anders ist die Mischung derselben Stoffe im Thier- und Pflanzenkörper. Hier tritt die Lebenskraft gebieterisch in ihre Rechte ein; sie kümmert sich nicht um die demokritische Freundschaft und Feindschaft der Atome; sie vereinigt Stoffe, die in der unbelebten Natur sich ewig fliehen, und trennt, was in dieser sich unaufhaltsam sucht.

Tretet näher um mich her, meine Schüler, und erkennet im Rhodischen Genius, in dem Ausdruck seiner jugendlichen Stärke, im Schmetterling auf seiner Schulter, im Herrscherblick seines Auges, das Symbol der *Lebenskraft*, wie sie jeden Keim der organischen Schöpfung beseelt. Die irrdischen Elemente, zu seinen Füßen, streben gleichsam, ihrer eigenen Begierde zu folgen, und sich mit einander zu mischen. Befehlend droht ihnen der Genius mit aufgehobener, hochlodernder Fackel, und zwingt sie, ihrer alten Rechte uneingedenk, seinem Gesetze zu folgen.

Betrachtet nun das neue Kunstwerk, welches der Tyrann mir zur Auslegung gesandt; richtet Eure Augen vom Bilde des Lebens ab, auf das Bild des Todes. Aufwärts weggeflohen ist der Schmetterling, ausgelodert die umgekehrte Fackel, gesenkt das Haupt des Jünglings. Der Geist ist in andre Sphären entwichen, die Lebenskraft erstorben. Nun reichen sich Jünglinge und Mädchen frölich die Hände. Nun treten die irrdischen Stoffe in ihre Rechte ein. Der Fesseln entbunden folgen sie wild, nach langer Entbehrung, ihrem geselligen Triebe; und der Tag des Todes wird ihnen ein bräutlicher Tag. – So gieng die todte Materie von Lebenskraft beseelt, durch eine zahllose Reihe von Geschlechtern, und derselbe Stoff umhüllte vielleicht den göttlichen Geist des Pythagoras, in dem vormals ein dürftiger Wurm im augenblicklichen Genusse sich seines Daseyns freute!

Geh Polykles und sage dem Tyrannen, was du gehört hast. Und Ihr, meine Lieben, Phradman und Skopas und Timokles tretet näher und näher zu mir. Ich fühle, daß die schwache Lebenskraft auch in mir den irrdischen Stoff nicht lange mehr zähmen wird. Auch er fordert seine Freyheit wieder. Führt mich noch einmal in den Poikile, und von da ans offene Gestade. Bald werdet ihr meine Asche sammlen!«

Ueber die gereitzte Muskelfaser

aus einem Briefe an
Herrn Hofrath Blumenbach vom
Herrn Oberbergrath F. A. von Humboldt

Ihre gütige Aufforderung, meine vielfachen Versuche über die Irritabilität der Thiere endlich einmal öffentlich bekannt zu machen, hat mich veranlaßt, was ich in den letzten drey Jahren darüber aufzeichnete, zu sammeln und in ein Ganzes umzuschmelzen. Der stete Wechsel meines Aufenthalts, zu dem mich meine öffentliche Lage veranlaßt, und das Umherziehen in Gebirgen, wo Bücher und wissenschaftlicher Umgang fehlen, hat mich manches für neu ansehen lassen, was es nun nicht mehr ist, da Zufall oder Forschungsgeist andere Physiker auf denselben Weg leiteten. Herrn *Pfaffs* neueste trefliche Schrift, *über thierische Electricität. Leipzig 1795*, hat mich, am Ziele meiner Arbeit, veranlaßt, sie noch einmal gänzlich umzuformen. Vergleichen Sie selbst, lieber B., was ich Ihnen im April von meinem Manuscripte schickte, mit Herrn *Pfaffs* Versuchen, und Sie werden sehen, wie wundersam sich zwey Menschen begegnen, die an so entfernten Orten in der physiologischen Untersuchung fortschritten. So ehrenvoll dieses Begegnen auch für mich ist, so pflichtwidrig schien es mir, dem Publicum einerley Materialien in verschiedenen Formen vorzulegen. Es kommt hier auf Erweiterung der Wissenschaft, nicht auf eine elende Priorität der Ideen an. Ich mache es mir daher zum Gesetz, nur das in meine Schrift überzutragen, was ich nach strenger (nicht ohne Aufopferung angestellter) Prüfung noch für neu halte, oder was ältere Versuche auf eine erweiternde Art bestätigte. Diese Schrift wird unter dem Titel: *Physiologische Versuche über gereitzte Nerven und Muskelfasern mit allgemeinen Betrachtungen über die Natur des Thier- und Pflanzenkörpers,* erscheinen.

Mein Hauptzweck dabey war, durch Abänderung der Versuche der Ursach des Metallreitzes nachzuspühren. Ich glaube hier einen Schritt weiter gerückt zu seyn, und empfehle Ihnen einen Hauptversuch, der mich zu vielen andern, sehr lehrreichen Versuchen geleitet hat. Wenn Muskel und Nerv mit gleichartigen Reitzern (z. B. mit Zink) bewafnet sind, so entsteht keine Zukkung, wenn auch Silber auf der Nervenarmatur liegt und man mittelst des Zinks den Muskel und dieß Silber verbindet. Geben Sie dem Silber aber auf einer Seite eine Belegung mit dem Hauch Ihres Mundes, gießen Sie einen Tropfen Wasser, Säure, Alkohol u. s. f. darauf, so ist die Zuckung augenblicklich da. Eben so können Sie die Lebenskraft der Thiers erwecken und nicht erwekken, wenn Sie in der zirkelförmigen Kette Nerv, Gold, Zink, Gold und Muskel verbinden, und der Zink bald benetzt, bald unbenetzt ist. Das wirkende Metall (hier Zink, im ersten Fall Silber) muß schlechterdings mit einem feuchten leitenden Körper in Verbindung stehen. Liegt es zwischen zwey Reitzern, (zwey Metallen, Kohle, Graphit,) ist die Kette z. B. Nerve, Gold, Zink, Silber, Gold, Muskel, so erfolgen keine Zuckungen beym Unterbrechen oder Schließen derselben. Diese Versuche sind nie fehlend, wenn sie mit Genauigkeit und Feinheit angestellt werden. Ich habe sie in Gegenwart so vieler Personen und so oft wiederholt, daß ich keck behaupten kann, sie mißlingen nur dann, wenn der Zink, oder das Silber, (wenn man sie trocken wähnte,) vom dünnsten Hauche bedeckt ist. Statt die Reitzer zu benetzen, kann man (wenn z. B. Zink auf der goldenen Armatur des Nerven liegt) auf diesen Zink ein Stück frisches Muskelfleisch von 2 bis 3 Kubiklinien legen. Verbinden Sie dieß, mittelst Gold, mit dem Froschschenkel, so ist der heftigste Reiz vorhanden[*]. In dem Stückchen Muskelfleisch selbst ist aber keine Zuckung, wenn es auch einen sichtbaren eigenen Nerven hat. Sie erfolgt erst (mit dem Froschschenkel gleichzeitig,) wenn das Gold den Schenkel, das Muskelfleisch und den Zink zugleich berührt.

---

[*] Aufmerksame Leser werden diese Versuche nicht mit der Ableitung durch Zink, welche Herr *Pfaff* so lehrreich beschreibt, verwechseln. S. *Ueber thierische Electricität, Leipzig 1795.* S. 17.

Hier, denk ich, sind wir auf einem viel versprechenden Wege. Hier wirken feuchtes Muskelfleisch, Säure, Alkohol, Morchel, Hauch, wohl nicht als bloße leitende Substanzen. Von ihrer *Berührung mit dem Metalle* hängt alles ab; sie sind als die excitirenden Stoffe anzusehen, von denen alles ausgeht. Mit diesem Kardinalversuch treten wir dem Wesen des Galvanismus näher. Der ausdünstende Nerv und der ausdünstende Schenkelmuskel liegen an gleichartigen Metallen an. Es erfolgt kein Reiz. Unbelebte Substanzen, die fast nichts mit einander gemein haben, als Leichtigkeit des Uebergangs vom tropfbaren Zustande in den gasartigen, unbelebte Substanzen treten in die Kette. Sie liegen an einem Reitzer, der von jenen am Nerv und Muskel verschieden ist. Nun erfolgt Schlag, wie wenn + E und – E sich verbinden, nun ist die Zuckung augenblicklich da. Also ist das bey Verdampfungen allgegenwärtige, nur von der *Insel* der antiphlogistischen Chemie verbannte, electrische Fluidum hier wirkend? Electricität selbst wohl schwerlich, aber vielleicht etwas, was der gefrornen Fensterscheibe, dem Nordlichte, dem Electrophor, dem Magnete, dem Sonnenlichte u. s. f. gemein ist. Ich berühre diesen Punkt ungern, ehe ich nicht alle meine Versuche im Zusammenhange darstelle. Wenn unsere sogenannten physikalischen Versuche immer weniger zeigen, als der fromme Wunsch des Theoretikers heischt, so läßt der Galvanische Versuch auch den ungebildetsten fühlen, daß mehr in ihm liegt, als in der dürftigen Erklärung der Lombardischen Physiologen. In allem, was sich auf den Mechanismus der vegetabilischen und animalischen Organisation, auf *Leben* bezieht, ist es immer schon viel zu sagen: hierin liegt es, damit hängt es zusammen. Was es ist, möchte wohl schwerlich jemals ganz erklärt werden. Man weiß, daß die Erscheinung des Regenbogens, weil sie auf construirbaren Begriffen beruht, fast die einzige in der ganzen Physik ist, welche vollkommen erklärt wird, und man sucht eine Analyse des Lebens eben so, wie man das Radical der Kochsalzsäure sucht! Wenn ich beym Metallreitz im zerschnittenen Ischiadischen Nerven bey jeder Zuckung von Nerv zu Nervenende Funken überströhmen sähe, wenn das

Bennetsche Electroscop deutlich + E anzeigte, so ließe meine Logik mich doch nicht schließen: was im Nerven ströhmt, was, von der Willenskraft gelenkt, den Muskel regt, sey *Electricität selbst*. Es kann ja *E* mit anderen unbekannten Stoffen *x* und *y* verbunden seyn, *x* und *y* können die einzig wirkenden, E bloß die concommittirende Kraft seyn. Electricität macht nur rege, was der lebendigen Nervenfaser eigen ist. – –

Versuche an Menschen sind schwer anzustellen, weil das Subjective unserer Phantasie sich hinein mischt. Doch sind sie gerade die interessantesten, am wenigsten erforschten. Ich habe Gelegenheit gehabt, eine Reihe sehr auffallender an mir selbst zu sammeln. Es kommt dabey nur auf Entblößung vom Nerven an, die ich mir bey zufälligen und vorsezlich erregten oder unterhaltenen Wunden verschafte. Ich muß Ihnen hier nur eines Versuchs erwähnen: ich ließ mir zwey Blasenpflaster, den *Musc. Trapez.* und *Deltoid.* bedeckend legen, und fühlte bey der Berührung mit Zink und Silber ein heftiges, schmerzhaftes Pochen, ja der *Muscul. cucullar.* schwoll mächtig auf, so daß sich seine Zuckungen *aufwärts* bis ans Hinterhauptbein und die Stachelfortsätze des Rückenwirbelbeins fortpflanzten. *Eine* Berührung mit Silber gab mir 3 bis 4 einfache Schläge, die ich deutlich unterschied. Frösche hüpften auf meinem Rücken, wenn ihr Nerv auch gar nicht den Zink unmittelbar berührte, einen halben Zoll von demselben ablag und nur vom Silber getroffen wurde. Meine Wunde diente zum Leiter, und (das ist sehr wichtig) ich empfand nichts dabey. Meine rechte Schulter war bisher am meisten gereizt. Sie schmerzte heftig, und die durch den Reitz häufiger herbeygelockte lymphatische seröse Feuchtigkeit war roth gefärbt und wie bey bösartigen Geschwüren so scharf geworden, daß sie (wo sie den Rücken herablief,) denselben in Striemen entzündete. Dies Phänomen, welches Herr von *Schallern*, ein kenntnisvoller hiesiger Arzt, beobachtete, war zu auffallend, um es nicht behutsam noch einmal zu beobachten. Der Versuch glückte. Die Wunde meiner linken Schulter war noch mit ungefärbter Feuchtigkeit gefüllt. Ich ließ mich auch dort stärker mit den Metallen reitzen, und in 4 Minuten war heftiger Schmerz, Entzündung, Röthe und Striemen da. Der Rücken sah, rein abgewaschen, mehrere Stunden wie der eines Gassenläufers aus! Wer möchte hier nicht, lieber B., Ihrer scharfsinnigen Theorie über die *vita propria* der Gefäße gedenken?

Der heftigste Reitz für Empfindung und (um mit *Sömmering* zu reden) Spannkraft zugleich scheint das Galvanische Zinklavement zu seyn, wobey die Muskeln am After gereizt werden. Frösche ohne Kopf thun dabey 5 bis 6 Zoll weite Sätze; einen Vogel, der nicht mehr athmete, auf mechanischen Reitz unempfindlich war, habe ich dadurch zu heftigem Schlagen mit den Flügeln gebracht, welche fortdauerten, da ihn der Zink nicht mehr berührte. Die Zunge wird dabey durch einen Metallstreifen gleichsam verlängert, und in eine Gegend geleitet, in die sie sich sonst nicht verirrt, und von der die Natur sie so vorsichtig entfernt hat!

Morcheln, alle drey Arten, die man mit diesen Namen belegt, *Phallus esculentus, Helvella mitra* und *H. sulcata Willd. Flor. Ber. n. 1758.* ferner *Agaricus campestris, A. clypeatus, Thaelaephora glabra*, alle Schwammarten, welche gefault einen cadavrösen Geruch von sich geben, zeichnen sich beym Metallreitz wundersam aus. Sie sind vollkommnere Leiter, als andere feuchte Substanzen, ja sie sind es durch ihre eigenthümliche Lymphe, durch den Organismus ihrer (Muskel-?) Faser. Die filzige sammtartige Oberfläche der frischen Morgeln, auf Wolle trocken gerieben, leitet. Eben so Morcheln, die in Asche leise gedörrt sind, während daß Pflanzenblätter und Stengel nicht leiten. Erinnern Sie sich meiner chemischen Versuche über die Schwämme, welche meiner *Flora freibergensis subterranea* angehängt sind? Die Analogie zwischen Schwämmen und thierischen Substanzen ist auffallend. Deshalb sind Schwämme aber weder Thiere noch Thierprodukte.

Ich habe zwey neue Excitateurs gefunden, mit deren chemischen Analyse ich noch beschäftigt bin, und die mir schon darum interessant scheinen, weil sie sich an die vorigen Entdeckungen anschließen. Auf einer unserer Nailaer Gruben, der Oberen

Mordlau Fundgrube zu Steeben, bricht auf einem mächtigen Gange (ein uranfänglicher Thonschiefer) lydischer Stein mit dichtem und fasrigem braunen Eisenstein, Quarz, Arsenikalkies und etwas fasrigem Malachit. So äußerst auffallend dieß Vorkommen des Lydischen Steins auf Gängen ist, so ist es das Fossil selbst auch wegen seiner chemischen Mischung. Es färbt auf den Klüften ab, und enthält eine beträchtliche Menge (mineralischen) Kohlenstoffs. Ich habe Schwefelleber daraus bereitet, Salpeter damit verpuffen lassen, ätzendes vegetabilisches Laugensalz in kohlensaures verwandelt. Ich wurde darauf aufmerksam, da mein gepulverter (wahrscheinlich feuchter) lydischer Stein unter dem pneumatischen Apparate kohlensaures Gas mit etwas Wasserstoffgas umhüllt, eine Art *Hydrogene pesant*, gab. Dieser lydische Stein nun erregt als Nervenarmatur die heftigsten Zukkungen mit Gold und Zink. Er reitzt am meisten auf den Klüften, oft aber auch an Stellen, wo der Graphit sehr innig gemengt seyn muß. Er verhält sich dabey eben so sonderbar, als die bald reitzende, bald nicht reitzende Pflanzenkohle. Ich habe Stellen gesehen, die keine Zuckungen gaben und wenn sie gleich abfärbten. Hier mag alles auf einer feinen Umhüllung der Stoffe beruhen. Auch Alaun und Vitriolschiefer (ein Lager im Urtrapp oder *uranfänglichen* Grünstein bey *Bernek*) excitiren wie die Metalle. So wird die lebendige Nervenfaser gleichsam ein Mittel chemische Bestandtheile der Stoffe vorherzusagen. So haben wir den Nerv als Anthrakoscop, so wie es Hygroscope und Electroscope giebt, die aber alle neben dem Kohlenstoff, neben dem Wasser und neben der Electricität leider! noch manches andere mit anzeigen.

Herrn *Reils* geistreiche Abhandlung *de irritabilitatis notione, natura et morbis* hat mich zu manchem wichtigen Versuche geleitet. Solche Schriften gehören unter die seltenen Erscheinungen, deren unser Jahrzehend bedarf. Was in der schönen Abhandlung *über das Gehirn* (in *Grens* Neuem Journal. B. 1. 1795. S. 113.) über sensibele Atmosphären gemuthmaßt wird, glaube ich an meine Versuche anschließen zu können. Ich fand bereits vor zwey Jahren, daß, wenn ein Nerv zerschnitten wird, man die Enden desselben um 1 – ¼ Pariser Linien von einander entfernen kann. Das unbekannte Fluidum *G* ströhmt doch über, wenn nur das abgeschnittene getrennte Nervenende und der Schenkel gehörig armirt sind. Ja, ich habe *einigemal* sehr *deutlich* den Reitz erfolgen sehen, als ich mit der silbernen Pincette nicht das Nervenstück, welches noch mit dem Muskel verbunden bleibt, sondern das getrennte mit Zink armirte berührte. Ich habe deutlich (und vorsichtige Männer mit mir) beobachtet, wie mit abnehmender Lebenskraft der *sensible Wirkungskreis* (der Name Atmosphäre ist wohl zu hypothetisch,) von ⅛ Linie bis ¼ Linie abnahm, wie endlich, um noch zu reitzen, Berührung oder Wiedervereinigung der Nervenenden nöthig war. Die vermeinten *Ostiola* der Nervenbündel brauchen (weil sie nicht da sind,) einander nicht gegenüber zu liegen, sondern *jeder Nerv verbreitet, gleich einem magnetischen Stabe, einen Wirkungskreis um sich, der sich durch eine punktirte Linie von 1 bis ¼ Linien Abstand vom Nerven angeben läßt. Kommt ein anderes Nervenstück innerhalb dieser Gränze, so ist die Zuckung augenblicklich da.* Dieser Versuch ist für die Physiologie, welche bisher immer Nerven brauchte, wo die Zootomie sie nicht finden lehrte, wichtig. Ich habe ihn in- und außerhalb Deutschland auf meinen Reisen so vielen Personen gezeigt, auf Glastafeln so behutsam angestellt, daß hiebey keine Täuschung möglich war. Für diejenigen, welche einwenden, der Nerv lasse Feuchtigkeit ausfließen und diese Feuchtigkeit verbinde die zerschnittenen Nervenstücke, flicke sie gleichsam, (so wie ich sie wirklich mit kahlen Rattenschwänzen, gekochtem Schinken, Mäuseembryonen und Morcheln auf 5 bis 6 Zoll glücklich geflickt habe,) merke ich an: daß ich zweymal, da der Nerv mit Zink armirt und der dem Frosch zugebrachte Fuß der silbernen Pincette mit 2 bis 3 Kubiklinien frischem Muskelfleisch umwickelt war, sehr *lebhafte Zuckungen* erregt habe, *indem ich mich mit dieser Pincette dem Frosche irgendwo auf ¾ Linie nahete.* Es sah wie ein Anblasen aus, und hier *tröpfelte* nichts herab, wenigstens kein Nervensaft, den gewisse

Menschen, (wie den Sauerstoff und Stickstoff) gern in Pillenschachteln und Gläsern einfach dargestellt hätten. Daß aber etwas Materielles von einem Nervenende ins andere, oder (wie im lezten Versuche) vom Muskelfleisch an der Pincette in den Schenkel übergieng, leugne ich nicht. Wie wäre sonst eine Wirkung *par distance* denkbar? Die Annahme *gasförmiger* Ausströhmung ist aber dem Einwurf, als habe die nasse Glasplatte das unbekannte Fluidum *G* von Nerv zu Nerv geleitet, völlig entgegen. Der Versuch mit der Pincette scheint nur bey auffallend lebhaften Individuen zu gelingen. Er sah einem Zauber ähnlich und ich kann nie ohne Wohlgefallen an ihn zurückdenken. Der unbewickelte Theil der Pincette leitete nicht *par distance*. Eben so wenig thun es Morcheln und andere nicht animalisch-belebte Substanzen. Ein Nerv erregte keine Zuckungen, wenn er auf ¼ Linie nur von der mit Gold armirten Morchel entfernt lag, selbst wenn ich Oel zwischen Morchel und Nervenende goß. Daß in allen diesen Dingen *ein* gelingender Versuch mehr entscheidet, als zwölf nicht gelingende, daran, lieber B., darf ich Sie nicht erinnern. Eine ziemlich allgemein verbreitete, sehr nahrhafte Flüssigkeit, deren Besitz man neuerdings einem Quecksilberkalche abstreiten wollte, sollte uns bey jedem Athemzuge daran erinnern. Ich habe das Experiment über das Nichtwirken der Morchel in der Ferne eine volle Stunde lang fortgesezt, und doch werde ich jedem glauben, der mir sagt, er habe die Morchel in der Ferne wirken sehen.

Der Galvanische Versuch gelingt, ohne daß sich Metall auf Metall bewegt. Ich habe den Reitz eintreten sehen, da Muskelfleisch, 1, auf der Zinkarmatur des Nerven lag (versteht sich, daß derselbe das Muskelfleisch nicht berührte,) indem ich 1 und den Wadenmuskel des Frosches mit Silber verband. Dieser Fall tritt aber auch nur bey einigen lebhaften Thieren ein. Erfolgt die Zukkung nicht (und dieß ist für die Ursach des Metallreitzes aufklärend,) so lege man Gold oder Silber auf jenes Muskelfleisch 1, und berühre dieß Gold oder Silber mit der Pincette. Nun wird der Reitz auch bey mattern Fröschen sich zeigen!

Ich habe eine Reihe von Versuchen über abwechselnde Ketten von leitenden und reitzenden Stoffen angestellt, und glaube, daß man auf diesem Wege zu fruchtbaren Resultaten gelangen könne. Ich habe versucht, sie durch allgemeine Zeichen, wie analytische Gleichungen, auszudrücken, und bin dadurch auf folgende übersichtliche Sätze gefallen. *RR* mag gleichartige Reitzer, Gold und Gold, Kohle und Kohle, bezeichnen, eben so *r* und *r*. Dagegen drückt *R* und *r* eine Verbindung ungleichartiger Metalle, von Zink und Silber, Bley und Eisen aus. Ist *L* jede nicht excitirende, leitende Substanz, so ist die Formel für den gewöhnlichen Fall, wo die Nervenarmatur von Zink die Silberarmatur des Muskels berührt, folgende: *Frosch R. r.* liegt der Froschnerv nicht unmittelbar auf *R*, sondern ist zwischen ihm und dem Zink ein Stück Morchel, so heißt die Formel: *Frosch. L. R. r.* Auf diese Weise sind der positiven Fälle, wo Reitz erfolgt, drey:

1. *Frosch. R. r.*
2. *Frosch. R. L. r.*
3. *Frosch. R. r. L. R.*

Der zweyte Fall ist nur bey lebhaften Fröschen positiv, verdient aber schlechterdings aufgeführt zu werden. Der dritte Fall ist der Kardinalversuch, wo gleichartige Nerven, und Muskelarmaturen nur dann wirken, wenn ein heterogenes Metall *r* dazwischen mit einer feuchten Substanz *L* (Hauch, Wasser, Morchel,) in Verbindung steht. Negative Fälle, wo keine Zuckungen erfolgen, sind zwey:

1. *Frosch. R. R.*
2. *Frosch. R. r. R.*

Bey nicht *sehr* lebhaften Individuen ist die Formel: *Frosch. R. L. r.* wo sich Metall und Metall nicht unmittelbar berühren, auch negativ. Der zusammengesezten Ketten, als:

1. *Frosch. R. L. r. L. r.*
2. *Frosch. R. r. R. r. R.*
3. *Frosch. R. L. R.*

wovon der erste positiv, die lezten negativ sind, erwähne ich nicht, da es hier nur gleichsam auf *einfache Grundformeln* ankommt. Eben so übergehe ich für jezt meine vielfachen Versuche mit *Insekten* und *warmblütigen Thieren*; die *Verstärkung* der Zuckungen durch *gleichzeitige* Anwendung von *Säuren* und *Metallreiz*; eine Methode, durch Schläge auf Zink dem Golde eine Fähigkeit zu geben, mit Gold zu reitzen, und zwar in Punkten, wo der Zink das Gold *nicht* berührt hat, ein *Galvanisiren* der Metalle, wie man durch Berührung magnetisirt; das *Ausströhmen* durch Spitzen, Bestreichen der Leiter mit Graphit; die Wirkung irrespirabler Gasarten u. s. f. Ich werde alle diese Versuche während meines Aufenthalts in den Schweizer- und Lombardischen Alpen, (wohin ich in wenigen Tagen abgehe,) von neuem wiederholen. Je später ich sie bekannt mache, desto *mehr* Thatsachen darf ich hoffen, *sicher* aufstellen zu können. So wenig Muße mir auch meine Geschäfte als praktischem Bergmann übrig ließen, so glaube ich doch, alle meine Kräfte aufgeboten zu haben, um neue und lehrreiche Resultate zu erforschen. Mögen meine Bemühungen um Wahrheit nicht fruchtlos gewesen seyn, möge das Publikum diesen *physiologischen* Versuchen nur einen Theil der Aufmerksamkeit schenken, deren es meine frühern *mineralogischen* und *botanischen* Arbeiten in so reichem Maaße gewürdigt hat! In der Schrift selbst werde ich die Thatsachen selbst von meinen Vermuthungen trennen. Diese Art, Naturerscheinungen zu behandeln, scheint mir am fruchtbarsten und gründlichsten zu seyn. Thatsachen stehen fest, wenn das flüchtig aufgeführte theoretische Lehrgebäude längst eingestürzt ist. Auch sagt ein großer Mann, der neuern gelehrten Zeitgenossen *übersetzt* werden müßte, um ihn im modischen Gewande wieder aufstehen zu lassen, so treflich: »*Alius error est praematura atque proterva reductio doctrinarum in artes atque methodos, quod*

cum fit plerumque scientia aut parum crescit aut nil proficit. Quamdiu enim in aphorismos et observationes spargitur, crescere potest et exsurgere, sed methodis semel circumscripta et conclusa, expoliri forsan aut ad usus homanos edolari potest, non autem porro mole augeri.« Baco Verulam. de augm. scient. Lib. I. - - -
Im Junius 1795.

Humboldt, der Jüngere.

Nachschrift

Erst jezt finde ich in der so ungemein reichhaltigen Schrift des Herrn *Pfaff* S. 368. einen Versuch, der meinem oben erzählten Kardinalversuche (der Belegung mit *Hauch*) nahe zu kommen scheint, aber doch *wesentlich* von ihm *verschieden* ist. Der scharfsinnige Verfasser legte Zink auf die Silberarmatur des Nerven, verband diesen Zink mittelst eines nassen Schwammstückchens mit der Nervenarmatur und erregte nun lebhafte Zuckungen, wenn er den Zink unmittelbar mit der Silberarmatur des Muskels berührte. Hier war Herr *Pfaff* auf vollem Wege zu meiner Beobachtung zu gelangen. Sein S. 368 erzählter Versuch ist aber wesentlich von dem der *Belegung mit Hauch* verschieden. Denn 1) reducirt der Verfasser den seinigen auf den bekannten Fall, wo ein Excitator ein Schwammstückchen bewafnet, das mit dem Nerven durch ein beliebiges Metall in Verbindung steht. Er hält für nothwendig, daß das Schwammstückchen *zwischen* dem Zink und Nervenexcitator liegt. In meinem Versuche wird Zink *unmittelbar* auf die Silberarmatur des Nerven gelegt, behauchen Sie nun die *obere* Seite des Zinks, so entsteht *keine neue Verbindung* zwischen demselben und der Nervenarmatur, der Zink ist fest und trocken auf derselben aufgedrückt, und die lebhafteste Zuckung ist doch da. Wischen sie den leisen Hauch Ihres Mundes von der obern Seite des Zinks ab, so verschwindet augenblicklich aller Reitz. 2) Glaubt der Verfasser die Muskelarmatur müsse den *Zink selbst* berühren. Aber wenn Sie einen Tropfen

Alkohol auf den Zink (der auf der Silberarmatur den Nerven liegt,) fallen lassen, so braucht der Muskelreitzer nur diesen Tropfen zu berühren, nicht das Metall, um die Zuckung zu erregen. Eben so wird *bloß* Morchel, Schwammstück, Muskelfleisch, Seife, (welche leitende Substanz Sie auch auf den Zink legen mögen) berührt, um zu reitzen. Es scheint sogar, und diese Vorstellung ist wichtig, weil sie das unbegreiflich *Feine* meines Versuchs zeigt, es scheint sogar als wäre bey der Belegung mit thierischem Hauche die Zuckung schon da, wenn der Muskelreitzer *den Hauch* und noch *nicht* den *darunter* liegenden Zink berührt. Wenigstens ist dieß dem vorigen analog. So ist demnach der von Herrn *Pfaff* erzählte Versuch von dem meinigen wesentlich verschieden. So wie mich glückliche Combinationen mehrere Monathe früher, als Herrn *Pfaffs* Buch erschien, auf jene Entdekkung leiteten, eben so ist er vielleicht jezt schon selbst darauf gefallen und es würde mich unendlich freuen, mich hierin von neuem mit diesem geistreichen Manne, dem die Lehre vom Metallreitz so vieles verdankt, zu begegnen. Bey den Versuchen, die ich an mir selbst bey Blasenpflastern oder andern Wunden gemacht, habe ich deutliche, wenn gleich schwache, Zuckungen *nach oben* empfunden. Diese Erscheinung wird durch die neuesten Beobachtungen von *Scarpa* bestätigt. S. dessen *Tabulae nevrologicae ad illustr. hist. anatom. cardiacorum nervorum. Ticini 1794. pag 6. not. o.*

Humboldt.

Briefe des Herrn
Alexander von Humboldt

Unser Landsmann Alexand. v. Humboldt zieht durch seine Kenntnisse, seine Schriften, und seine Reisen, itzt die Aufmerksamkeit von mehr als Einem Welttheil auf sich. In ihm verbindet sich auf die seltenste Weise der Scharfsinn der Theorie, der Fleiß der Gelehrsamkeit, und der echte Geist für praktische Beschäftigungen. Er umfaßt das gesammte Gebiet der Naturwissenschaft: am Himmel, auf der Oberfläche der Erde, in den Tiefen derselben, und auf dem Meere. Er untersucht die ewigen Gestirne und die kurzdaurenden Pflanzen, die Knochen des Erdballs und die Nervenfaser der Thiere, den Brand der Vulkane und den Prozeß des Lebens, die Farbe unterirdischer Vegetazion und die Strömungen verborgner Gewässer, die unsichtbaren Luftarten und die noch geheimeren Naturkräfte (Elektrizität, Magnetismus, u. s. w.), das Wissen der Alten (über den Basalt z. B.) und die Stufe der Bildung itztlebender Völker. Chemie, Arzeneikunst, Mineralogie, Erdkunde, verdanken ihm große Entdeckungen und Bereicherungen. Und dieser unermüdliche, in so vielen Fächern bewundernswürdige, Mann ist gegenwärtig noch nicht volle 32 Jahre alt.*

Er trägt den Deutschen und den Preußischen Namen itzt an Orte, welche nie ein Europäischer Fuß betrat, und wo zum Theil selbst die benachbarten Wilden noch nicht hingekommen waren. Welche Ausbeute versprechen nicht seine Wanderungen in Amerika, wo er Gebirge bestieg, Wüsten durchstreifte, Flüsse befuhr, unter Nazionen lebte, die wenigstens ein solcher Beobachter nie gesehen hat! Und die Ruhe nach diesen gefahrvollen mühseligen

---

* Friedrich Heinrich Alexander von Humboldt, Kgl. Oberbergrath, und zum Mitglied der hiesigen Akademie der Wissenschaften erwählt während er sich auf der andern Halbkugel der Erde befand, ist den 14. Septemb. 1769 zu Berlin geboren.

Unternehmungen? Er sucht sie in der höchsten neuangestrengten Thätigkeit, in dem weitesten Wirkungsraume für einen reisenden Sterblichen. Er gesellt sich zu der Expedizion welche die Französische Regierung itzt unter dem Kapitän Baudin veranstaltet: die Welt zu umsegeln. In Akapulko werden die Schiffe ihn abholen, um mit ihm ihre große Fahrt zu vollenden. Es ist der schönste Kranz der unserm Reisenden um die Stirn geflochten werden konnte; aber auch welch ein Genosse eines solchen Vorhabens, wie ausgerüstet, wie vorbereitet, wie geübt!

Der unvergeßliche Reinhold Forster war in Westpreußen geboren, und verlebte seine letzten Jahre wieder in unserm Lande. Wir werden zum zweitenmal die ruhmvolle Freude, die interessante Belehrung genießen, einen Gelehrten der die Welt umreiset hat, unter uns zu sehn. Denn alle gute Wünsche müssen sich vereinigen, daß Humboldt unbeschädigt sein Vaterland wieder betrete, daß der Genius der Wissenschaften sein Leben beschütze, welches er vielleicht nur zu eifrig für die Wissenschaften wagen wird.

Ueber seine Reise in den Wildnissen von Südamerika, bis zu den Quellen des Oronoko, sind in öffentlichen Blättern mehrere höchst merkwürdige Berichte aus seinen Briefen gedruckt worden. So auch neulich sein letzter Brief aus Havana, wo er bestimmt von seiner Reise um die Welt spricht. Ich werde den Lesern nichts vorlegen was sie schon anderwärts finden können. Dagegen theile ich hier einige ältere, bisher nie bekannt gemachte, Briefe von ihm mit, die schon an sich großes Interesse erregen, und noch ein größeres dadurch daß sie gleichsam die Geschichte seiner Reise darlegen. Man hatte oft gehört daß er fremde Welttheile besuchen wollte; man vermuthete ihn bald hier bald dort, und wunderte sich bisweilen, daß er nicht in den geglaubten Ländern sei. Man hielt ihn wohl gar in Verdacht, seine Plane wankelmüthig zu ändern oder aufzugeben, während der edle junge Mann mit der kraftvollsten Beharrlichkeit sie verfolgte. Nach Afrika stand schon frühe sein Sinn; schon damal geschah ihm der Antrag, die Französische Reise um die Welt mitzumachen. Als diese aufgeschoben werden mußte, wandte er

Alles an seinen ersten Zweck zu erreichen. Das Schicksal setzte ihm Unmöglichkeiten entgegen; er ging nach Spanien, und wählte und benutzte hier die Gelegenheit, in der neuen Welt den heißen Erdstrich zu besuchen, den in der alten Welt zu sehn er verhindert ward.

Der erste Brief des Hrn von Humboldt ist an seinen vertrauten vieljährigen Freund, den hiesigen Hrn Professor Willdenow, gerichtet; die zwei andern, an seinen ältern Bruder, Hrn Legazionsrath Karl Wilhelm von Humboldt. Sie bilden eine genaue Folge seiner damaligen Nachrichten.

I.
Aranjuez, unfern Madrid, d. 20. April 1799.

Wenn ich, mein brüderlichst geliebter Freund, seit Marseille auch keine Zeile an Dich geschrieben habe, so bin ich deshalb, wie der Inhalt dieses Briefes zeigen wird, doch nicht minder thätig für Dich und Deine Freuden gewesen. Ich schlage so eben eine Kiste von 400 Pflanzen für Dich zu, von denen ein Viertheil gewiß noch unbeschrieben, und aus Gegenden ist die (wie S. Blasio in Kalifornien, Chiloe, und die Philippinen) kaum von einem Botanisten betreten worden sind. Wenn Du diese Pflanzen durchgehst, so wirst Du Dich überzeugen daß kaum ein Tag vergangen ist, an dem nicht in Wäldern, Wiesen und am Meeresufer Dein Andenken mir lebendig gewesen ist. Ueberall habe ich für Dich gesammelt, und zwar nur für Dich: da ich selbst erst jenseit des Ozeans mein eigenes Herbarium anfangen will. – Doch ehe ich Dir die Pflanzen nenne, welche für Dich mein Lieber bestimmt sind, muß ich Dich über mich selbst und mein Schicksal orientiren. Dieses Schicksal ist nun in diesem Jahre wunderbar genug gewesen; doch wirst Du bemerken, daß ich wenigstens hartnäckig in Verfolgung meiner Plane gewesen bin, und daß diese Hartnäckigkeit mich nun doch noch von Kalifornien bis zum Patagonenlande, vielleicht selbst um die Welt, führt....

Seitdem ich in Salzburg meine zweite Reise nach Italien, und die Zahl wichtiger Versuche welche ich in Neapel über die gasartigen Ausdünstungen der Vulkane zu machen gedachte, aufgab; hatte ich keinen andern Zweck als den, mich in die heiße Zone zu begeben. Du weißt, daß Lord Bristol* ein Schif in Livorno gekauft hatte, welches uns mit Küche und Keller, Malern und Bildhauern, den Nil herauf bis an die Katarakten führen sollte. Diese Reise nach Aegypten war verabredet (November 1797), ehe Bonaparte sich damit beschäftigte. Ich wollte in Paris noch einige Instrumente zusammenkaufen, als die Franzosen mir meinen guten alten Lord bei Bologna wegfangen, und ihn in Mailand festsetzen ...

In Paris wurde ich aufgenommen wie ich nie erwarten durfte, und wie ich mir nur aus der Mittelmäßigkeit der Deutschen erklären kann die sich dort gezeigt hatten. Der alte Bougainville projektirte eine neue Reise um die Welt, besonders nach dem Südpol. Er beredet mich mit ihm zu gehn; und mir, gerade damal mit magnetischen Untersuchungen beschäftigt, leuchtete eine Reise nach den Südpol mehr als nach Aegypten ein, wohin, als ich in Frankreich ankam, Bonaparte mit seiner Schaar Gelehrten bereits abgegangen war. Von diesen weit aussehenden Hofnungen war ich voll, als auf einmal das Direktorium den heroischen Entschluß faßt, nicht den 75jährigen Bougainville, sondern den Kapt. Baudin eine Reise um Welt machen zu lassen. Ich höre von diesem Beschluß nicht eher als auch schon die Regierung mich einladen läßt, mich auf dem Vulkan, einer der drei Korvetten, einzuschiffen. Alle Nazionalsammlungen wurden mir geöfnet, um von Instrumenten auszulesen was ich wollte. Bei der Wahl der Naturforscher, bei allem was die Ausrüstung betraf, ward ich um Rath befragt. Viele meiner Freunde waren damit unzufrieden mich den Gefahren einer fünfjährigen Seereise ausgesetzt zu se-

---

* Lord Hervey, Graf von Bristol, Bischof von Londonderry, allgemein wegen seiner Reisen in Europa bekannt. Er war auch in Berlin. Man rechnet seine jährlichen Einkünfte zu 60 000 Pf. Sterling.

hen; aber mein Entschluß stand eisern fest, und ich würde mich selbst verachtet haben wenn ich eine solche Gelegenheit nützlich zu sein versäumt hätte. Die Schiffe waren bemastet. Bougainville wollte mir seinen 14jährigen Sohn anvertrauen, damit er sich früh an die Gefahren des Seelebens gewöhnte. Die Wahl unsrer Gefährten war vortreflich: lauter junge, kenntnißvolle, kräftige Menschen. Wie scharf Jeder den Andern ins Auge faßte, wenn er ihn zum erstenmale sah! Vorher einander fremd, und dann auf so lange Zeit sich so nahe! Das erste Jahr sollten wir in Paraguai und im Patagonenlande, das zweite in Peru, Chili, Mexiko, und Kalifornien, das dritte im Südmeer, das vierte in Madagaskar, und das fünfte in Ginea zubringen. Mein Bruder und meine Schwägerinn wollten mich bis in den Havre begleiten. Wir waren alle mit der Idee so vertraut daß diese Abreise uns ein Fest schien. – Welch ein unnennbarer Schmerz, als in 14 Tagen alle alle diese Hofnungen scheiterten! Elende 300 000 Livres, und der gefürchtete nahe Ausbruch des Krieges, waren die Ursachen. Mein persönlicher Einfluß bei François de Neufchateau, der mir sehr wohl will, alle Triebfedern die sonst in Bewegung gesetzt wurden, waren umsonst. In Paris, das von dieser Reise voll gewesen war, glaubte man uns abgesegelt. Das Direktorium setzte durch einen zweiten Beschluß die Abreise bis zum künftigen Jahre (also nur bis 1799?) aus.

Eine solche Lage, ein solcher Schmerz, läßt sich nur fühlen. Aber Männer müssen handeln und sich nicht dem Schmerz überlassen. Ich faßte nun den Entschluß, der Aegyptischen Armee auf dem Landwege, mit der Karavane die von Tripoli durch die Wüste Selimar nach Kahira (Cairo) geht, zu folgen. Ich gesellte einen der jungen Leute, der mit zur Reise um die Welt bestimmt war, Bonpland, einen sehr guten Botanisten, den besten Schüler von Jussieu und Desfontaines, mir zu. Er hat auf der Flotte gedient, ist sehr stämmig, muthig, gutmüthig, und in der *anatomia comparata* (vergleichenden oder Thier-Anatomie) geschickt. Wir eilten nach Marseille, um von dort aus mit dem Schwedischen Konsul Sjöldebrand, auf einer Fregatte welche Geschenke führte, abzugehn. Ich wollte den Winter in Alger und am Atlas zubringen, wo in der Provinz Konstantine (laut Desfontaines) noch über 400 neue Spezies zu finden sind. Von da wollte ich über Sufetula, Tunis, Tripoli, vermittelst der Karavane welche nach Mekka geht, zu Bonaparte stoßen. Zwei Monate harrten wir vergeblich. Unsre Koffer mußten gepackt bleiben, und wir liefen täglich ans Ufer. Die Fregatte Jaramas, welche uns führen sollte, ging unter. Alle Mannschaft ertrank. Einige meiner Freunde, die mich schon eingeschift glaubten, hat diese Nachricht sehr erschreckt.

Ich miethete, durch das lange Harren nicht abgeschreckt, einen Ragusaner, der uns geradenwegs nach Tunis führen sollte. Allein die Munizipalität zu Marseille, wahrscheinlich schon unterrichtet von den Stürmen welche bald in der Barbarei gegen alle Franzosen ausbrechen sollten, verweigerte die Pässe. Bald darauf kam die Nachricht an, daß der Dey von Alger die Karavane nach Mekka nicht abgehen lassen wolle, damit sie nicht durch das von Christen verunreinigte Aegypten ziehe. Nun war alle Hofnung, in Kahira zur Armee zu stoßen, dahin. Zur See war jede Kommunikazion abgeschnitten. Es blieb mir nichts übrig, als für den Herbst die Reise in den Orient aufzugeben, den Winter in Spanien zuzubringen, und von dort aus im Frühjahr ein Schif nach Smyrna zu suchen. Traurige Zeiten, in denen man, trotz aller Aufopferungen, und wollte man Millionen daran wenden, nicht sicher von Küste zu Küste kommen kann!

Ich reise nun, meist zu Fuß, längs der Küste des Mittelländischen Meeres, über Cette, Montpellier, Narbonne, Perpignan, die Pyrenäen, und Katalonien, nach Valencia und Murcia, und von da, durch die hohe Ebene von La Mancha, hieher. In Montpellier brachte ich köstliche Tage in Chaptal's Hause zu, und in Barcellona bei John Gille einem Engländer, mit dem ich in Hamburg zusammen wohnte, und der itzt in Spanien Inhaber einer großen Handlung ist. In den Thälern der Pyrenäen blühten die Erbsen, während der Canigou sein schneebedecktes Haupt daneben erhob. In Katalonien und Valenzia ist das Land ein ewiger Garten, mit Kaktus (Fackeldistel) und Agave eingefaßt. Dattelpalmen, 40 bis 50 Fuß hoch, und mit Traubenfrüchten beladen, streben über alle Klöster empor. Der Acker scheint ein Wald von Zeratonien (Johannisbrotbäumen), Oelbäumen, und Oranjen, deren viele Kronen wie unsre Birnbäume haben. In Valenzia kosten 68 Oranjen 1 Piaseta, d. i. sechs Groschen. Bei Balaguer und am Ausfluß des Ebro, ist eine zehn Meilen lange Ebene, mit Chamärops (Zwergpalme), Pistazien, zahllosen Erika-arten (Heidekraut) (*Erica vagans, E. scoparia, E. mediterranea*), und Zistus (Ziströslein, Felsenrosen), bewachsen. Die Heiden blühen, und mitten in der Wildniß pflückten wir Narzissen und Jonkiljen. Bei Cambrils ist Phönix daktylifera (gemeine Palme) so verwildert, daß man 20 bis 30 Stämme so dicht gruppirt sieht daß kein Thier durchdringen kann. Da man weiße Palmblätter sehr in den Kirchen liebt, so sieht man in Valenzia Dattelstämme, deren mittlerer Trieb mit einer Art konischer Mütze von Stipa tenacissima (zähem Spartogras) überzogen ist, damit die jungen Blätter im Finstern etiolirt* werden. Das Bassin in welchem die Stadt Valenzia liegt, hat an Ueppigkeit der Vegetazion seines Gleichen in Europa nicht. Man glaubt nie Bäume und Blätter gesehen zu haben, wenn man diese Palmen, Granaten, Zeratonien, Malven u. s. w. sieht. In der Mitte des Jänners stand das Thermometer im Schatten auf 18 Grad Reaumur. Alle Blüthen waren fast schon abgefallen.

Von den Ruinen bei Tarragona, dem Berge bei Murviedro oder dem Dianentempel des alten Sagunt**, seinem ungeheuren

---

* *Etioler. s'étioler: verb.; étiolement: subst.* Eigentlich eine Krankheit der Pflanzen, welche zu dick gestanden, oder an geschlossnen Oertern gezogen werden: wodurch sie höher aufschießen, und lange dünne Stängel, oder Blätter, von glänzend weißer Farbe bekommen. In Spanien wird also durch Kunst diese fehlerhafte Beschaffenheit hervorgebracht.

** Der Flecken Murviedro im Königreich Valenzia steht auf der Stelle des alten berühmten Saguntum; am Fuß eines Berges, und an einem Flusse, welche beide gleichfalls Murviedro heißen. Auf dem Berggipfel, und in der Gegend umher, sind viele Ueberbleibsel ehmaliger großer Gebäude.

Amphitheater, dem Herkulesthurm, von dem man die Thürme von Valenzia aus einem Walde von Dattelpalmen hervorragen sieht und das Meer und das Cabo de Culleras, – von dem allen sage ich nichts. Ihr Armen, die Ihr euch kaum erwärmen konntet, während ich mit triefender Stirn unter blühenden Oranjen, und auf Aeckern umherlief, die, durch tausend Kanäle bewässert, in einem Jahre fünf Aernten (Reiß, Weizen, Hanf, Erbsen, und Baumwolle) tragen. Wie gern vergißt man bei dieser Ueppigkeit des Pflanzenwuchses, bei dieser unbeschreiblichen Schönheit der Menschenformen, die Beschwerde des Weges, und die Wirthshäuser in denen auch nicht einmal Brot zu haben ist. Und dann ist die Küste fast überall schön angebaut. In Katalonien herrscht eine Industrie, die der Holländischen gleicht. In allen Dörfern wird gewebt, Schifbau getrieben u. s. w.; Alles arbeitet. Der Acker- und Gartenbau ist vielleicht in Europa nicht weiter gediehen als zwischen Castellon de la Plana und Valenzia. Aber 15 Meilen in das Innere des Landes hinein ist Alles öde. Dieses Innere ist die Kuppe eines Gebirges, das 2000 bis 3000 Fuß hoch über dem Wasser stehen geblieben ist, als das Mittelmeer Alles verschlang. Dieser Höhe verdankt Spanien sein Dasein, aber auch (die Küsten abgerechnet) seine Dürre, und zum Theil seine Kälte. Bei Madrid leiden die Oelbäume schon oft im Freien, und Oranjen im Freien sind eine Seltenheit. – Doch ich fange an zu beschreiben, was ich eigentlich nie thun will, da ich Bücher statt eines Briefes schicken müßte. Ich kehre zu meinen Planen zurück.

Die Ministerialveränderungen allhier und das Emporsteigen des neuen Günstlings Caballero Urquijo habe ich so glücklich zu benutzen gesucht, daß ich dem König und besonders der Königinn aufs dringendste empfohlen ward. Beide Monarchen haben mich, so oft ich am Hofe erschien, aufs wunderbarste ausgezeichnet; und ich habe – was Spanier selbst für unmöglich hielten – nicht nur Königl. Erlaubniß bekommen, mit allen meinen Instrumenten in den *Spanischen Kolonieen* einzudringen, sondern ich bin auch mit Kgl. Empfehlungen an alle Vizekönige und Guvernöre ausgerüstet. Ich gehe nun zuerst nach Kuba, dann nach Mexiko, Kalifornien, Panama, u. s. w. Der Französische Botanist Alex. Bonpland begleitet mich; und Dein Herbarium soll nicht vergessen werden, obgleich während des Krieges es sehr schwer ist Pflanzen sicher nach Europa zu senden.

Coruña, d. 5 Junius 1799.
Wenige Stunden vor meiner Abreise mit der Fregatte Pizarro, muß ich noch einmal, mein Guter, mein Andenken in Dir zurückrufen. In wenig Tagen sind wir in den Kanarien; dann an der Küste von Karakkas, wo der Kapitän Briefe abgiebt; und dann in la Trinidad auf Kuba. – Ich hoffe, wir sehn uns gesund wieder. Alle meine Instrumente sind schon an Bord. Dein Andenken begleitet mich. Der Mensch muß das Große und Gute wollen. Das Uebrige hängt vom Schicksal ab. Schreibe mir ja alle Jahre. Mit brüderlicher Liebe ... u. s. w.

II.
Puerto Orotava, am Fuß des Pik de Teneriffa, d. 20 Juni* 1799.

Unendlich glücklich bin ich auf Afrikanischem Boden angelangt, und hier von Kokospalmen und Pisangbüschen umgeben. Am 5. Juni reisten wir ab. Wir waren, bei sehr frischem Nordwestwind, und mit dem Glücke fast gar keinem Schiffe zu begegnen, schon am zehnten Tage an der Küste von Marokos; d. 17 Jun. auf Graziosa**, wo wir landeten; und am 19ten im Hafen von Sta Cruz de Teneriffa. Unsre Gesellschaft war sehr gut: vorzüglich ein jun-

---

* Das Datum versteht sich immer nur vom Anfang der Tagebuch-ähnlichen Briefe; die Fortsetzungen sind nicht jedesmal neu datirt.
** Graziosa ist eine der Asorischen, Portugal zustehenden, Inseln; Teneriffa eine der Kanarischen, welche an Spanien gehören. Der letztern sind sieben; Madeira (welches Andere, minder richtig, dazu rechnen), und einige kleine unbewohnte Inseln, nicht mitgezählt.

ger Kanarier, D. Francesco Salcedo, der mich sehr lieb gewann, unendlich zutraulich, und lebendigen Geistes, wie alle Einwohner dieser glücklichen Insel. – Ich habe sehr viele Beobachtungen, besonders astronomische, und chemische (über Luftgüte, Temperatur des Meerwassers u. s. w.) gemacht. Die Nächte waren prächtig: eine Mondhelle in diesem reinen milden Himmel, daß man auf dem Sextanten lesen konnte; und die südlichen Gestirne, der Zentaur und Wolf! Welche Nacht! Wir fischten das sehr wenig bekannte Thier Dagysa, eben da wo Banks es entdeckte; und ein neues Pfanzengenus, eine weinblättrige grüne Pflanze (kein Fukus), aus 50 Toisen Tiefe. Das Meer leuchtete alle Abend. Bei Madeira kamen uns Vögel entgegen, die sich vertraulich zu uns gesellten, und Tagelang mit uns schiften.

Wir landeten in Graziosa, um Nachricht zu haben ob Englische Fregatten vor Teneriffa kreuzten; man sagte Nein, wir verfolgten unsern Weg, und kamen glücklich an ohne ein Schif zu sehen. Wie, ist unbegreiflich; denn eine Stunde nach uns, erschienen 6 Engl. Fregatten vor dem Hafen. Von nun an ist bis Westindien nichts mehr von ihnen zu fürchten. – Meine Gesundheit ist vortreflich, und mit Bonpland bin ich äußerst zufrieden. Schon in Teneriffa haben wir erfahren, welche Gastfreundschaft in allen Kolonieen herrscht. Alles bewirthet uns, mit und ohne Empfehlung, bloß um Nachrichten aus Europa zu haben; und der Königliche Passeport thut Wunder. In Santa Cruz wohnten wir bei dem General Armiaga; hier (in Puerto Orotava), in einem englischen Hause, bei dem Kaufmann John Collegan, wo Cook, Banks, und Lord Macartney auch wohnten. Man kann sich nicht vorstellen, welche Aisance und welche Bildung der Weiber in diesen Häusern ist.

Den 23 Juni, Abends. Gestern Nacht kam ich vom Pik zurück. Welch ein Anblick! welch ein Genuß! Wir waren bis tief im Krater; vielleicht weiter als irgend ein Naturforscher. Ueberhaupt waren alle, außer Borda und Mason, nur am letzten Kegel. Gefahr ist wenig dabei; aber Fatige von Hitze und Kälte: im Krater brannten die Schwefeldämpfe Löcher in unsre Kleider, und die

Hände erstarrten bei 2 Grad Reaumur. Gott, welche Empfindung, auf dieser Höhe (12 500 Fuß)! Die dunkelblaue Himmelsdecke über sich; alte Lavaströme zu den Füßen: um sich, dieser Schauplatz der Verheerung (3 Quadratmeilen Bimstein), umkränzt von Lorbeerwäldern; tiefer hinab, die Weingärten, zwischen denen Pisangbüsche sich bis ans Meer erstrecken, die zierlichen Dörfer am Ufer, das Meer, und alle sieben Inseln, von denen Palma und Gran Canaria sehr hohe Vulkane haben, wie eine Landkarte unter uns. Der Krater in dem wir waren, giebt nur Schwefeldämpfe; die Erde ist 70 Grad Reaumur heiß. An den Seiten brechen die Laven aus. Auch sind dort die kleinen Krater, wie die welche vor 2 Jahren die ganze Insel erleuchteten. Man hörte damal zwei Monate lang ein unterirdisches Kanonenfeuer, und häusergroße Steine wurden 4000 Fuß hoch in die Luft geschleudert. Ich habe hier sehr wichtige mineralogische Beobachtungen gemacht. Der Pik ist ein Basaltberg, auf welchem Porphyrschiefer und Obsidianporphyr aufgesetzt ist. In ihm wütet Feuer und Wasser. Ueberall sah ich Wasserdämpfe ausbrechen. Fast alle Laven sind geschmolzener Basalt. Der Bimstein ist aus dem Obsidianporphyr entstanden; ich habe Stücke, die beides noch halb sind.

Vor dem Krater, unter Steinen die man la Estancia de los Ingleses* nennt, am Fuß eines Lavastroms, brachten wir eine Nacht im Freien zu. Um 2 Uhr Nachts, setzten wir uns schon in Marsch nach dem letzten Kegel. Der Himmel war vollkommen sternhell, und der Mond schien sanft; aber diese schönen Zeiten sollten uns nicht bleiben. Der Sturm fing an heftig um den Gipfel zu brausen; wir mußten uns fest an den Kranz des Kraters anklammern. Donnerähnlich tobte die Luft in den Klüften, und eine Wolkenhülle schied uns von der belebten Welt. Wir klommen den Kegel hinab, einsam über den Dünsten, einsam wie ein

---

* Der Ruheplatz (die Stazion) der Engländer. Diese Nazion, wie ihre Entdeckungen beweisen, reiset so häufig, daß in vielen Gegenden der Welt Oerter nach ihr benannt werden.

Schif auf dem Meere. Dieser schnelle Uebergang von der schönen heitern Mondhelle zu der Finsterniß und der Oede des Nebels machte einen rührenden Eindruck.

Nachschrift. In der Villa Orotava ist ein Drachenblutbaum (*Dracaena Draco*), 45 Fuß im Umfang. Vor 400 Jahren, zu den Zeiten der Guanchos*, war er schon so dick als itzt. – Fast mit Thränen reise ich ab; ich mögte mich hier ansiedeln: und bin doch kaum vom Europäischen Boden weg. Könntest du diese Fluren sehn, diese tausendjährigen Wälder von Lorbeerbäumen, diese Trauben, diese Rosen! Mit Aprikosen mästet man hier die Schweine. Alle Straße wimmeln hier von Kamelen.

Eben, d. 25sten, segeln wir ab.

III.
Kumana** in Südamerika, d. 16 Jul. 1799.

Mit eben dem Glück, guter Bruder, mit dem wir im Angesichte der Engländer in Teneriffa angekommen sind, haben wir unsre Seereise vollendet. Ich habe viel auf dem Wege gearbeitet, besonders astronomische Beobachtungen gemacht. Wir bleiben einige Monate in Karakkas***; wir sind hier einmal in dem göttlichsten und vollsten Lande. Wunderbare Pflanzen; Zitteraale, Tiger, Armadille, Affen, Papageien; und viele viele echte halbwilde Indianer, eine sehr schöne und interessante Menschenraße. Karakkas ist, wegen der nahen Schneegebirge, der kühlste und gesundeste Aufenthalt in Amerika; ein Klima wie Mexiko; und, obgleich von Daguin besucht, noch einer der unbekanntesten Theile der

---

* Die Guanchos waren die ursprünglichen Bewohner und Herren der Insel, die man bei deren Besitznehmung fand. Itzt sind sie beinahe ganz ausgerottet.
** Man schreibt auch Komana. So findet sich auch Orinoko, statt Oronoko; Guajana statt Guiana; und andre Abweichungen der Namen mehr.
*** Bekannt wegen des Kakaohandels.

Welt, wenn man etwas nur in das Innere der Gebirge geht. Was uns, außer dem Zauber einer solchen Natur (wir haben seit gestern auch noch nicht ein einziges Pflanzen- oder Thierprodukt aus Europa gesehen), vollends bestimmt uns hier in Karakkas – zwei Tagereisen von Kumana zu Wasser – aufzuhalten, ist die Nachricht daß eben in diesen Tagen Englische Kriegsschiffe in dieser Gegend kreuzen. Von hier bis Havana haben wir nur eine Reise von 8 bis 10 Tagen; und da alle Europäische Konvoyen hier landen, Gelegenheit genug, außer den Privatangelegenheiten. Ueberdies ist gerade auf Kuba bis September und Oktober die Hitze am bösesten. Diese Zeit bringen wir hier in der Kühle und in gesunderer Luft hin; man darf hier sogar Nachts im Freien schlafen.

Ein alter Marinekommissär mit einer Negerinn und zwei Negern, der lange in Paris, und Domingo, und den Philippinen war, hält sich ebenfalls hier auf. Wir haben für 20 Piaster monatlich ein ganz neues freundliches Haus gemiethet, nebst zwei Negerinnen, wovon eine kocht. An Essen fehlt es hier nicht; leider nur existirt itzt nichts Mehl-, Brot- oder Zwieback-ähnliches. Die Stadt ist noch halb in Schutt vergraben; denn dasselbe Erdbeben in Quito, das berühmte von 1797, hat auch Kumana umgestürzt. Diese Stadt liegt an einem Meerbusen, schön wie der von Toulon, hinter einem Amphitheater 5 bis 8 tausend Fuß hoher, und dick mit Wald bewachsener, Berge. Alle Häuser sind von weißem Sinabaum[*] und Atlasholz gebaut. Längs dem Flüßchen (Rio de Cumana), das wie die Saale bei Jena ist, liegen sieben Klöster und Plantagen, die wahren englischen Gärten gleichen. Außer der Stadt wohnen die Kupferindianer, von denen die Männer alle fast nackt gehn; die Hütten sind von Bambusrohr, mit Kokosblättern gedeckt. Ich ging in eine. Die Mutter saß mit den Kindern, statt auf Stühlen, auf Korallenstämmen, die das Meer auswirft; jedes hatte Kokosschalen statt der Teller vor sich, aus denen sie Fische

---

[*] Dies Holz wächst nicht in Sina, wie der Name vermuthen läßt, sondern auf Guajana in Amerika.

aßen. Die Plantagen sind alle offen, man gehet frei ein und aus; in den meistern Häusern stehen selbst Nachts die Thüren offen: so gutmüthig ist hier das Volk. Auch sind hier mehr echte Indianer als Neger.

Welche Bäume! Kokospalmen, 50 bis 60 Fuß hoch; Poinciana pulcherrima, mit Fuß hohem Strauße der prachtvollsten hochrothen Blüthen; Pisange, und eine Schaar von Bäumen mit ungeheuren Blättern und handgroßen wohlriechenden Blüthen, von denen wir nichts kennen. Denke nur, daß dies Land so unbekannt ist, daß ein neues Genus welches Mutis (s. *Cavanilles icones, tom.* 4) erst vor 2 Jahren publizirte, ein 60 Fuß hoher weitschattiger Baum ist. Wir waren so glücklich, diese prachtvolle Pflanze (sie hatte zolllange Staubfäden) gestern schon zu finden. Wie groß also die Zahl kleinerer Pflanzen, die der Beobachtung noch entzogen sind? Und welche Farben der Vögel, der Fische, selbst der Krebse (himmelblau und gelb)! Wie die Narren laufen wir bis itzt umher; in den ersten drei Tagen können wir nichts bestimmen, da man immer einen Gegenstand wegwirft um einen andern zu ergreifen. Bonpland versichert, daß er von Sinnen kommen werde, wenn die Wunder nicht bald aufhören. Aber schöner noch als diese Wunder im Einzelnen, ist der Eindruck den das Ganze dieser kraftvollen, üppigen, und doch dabei so leichten, erheiternden, milden Pflanzennatur macht. Ich fühle es daß ich hier sehr glücklich sein werde, und daß diese Eindrücke mich auch künftig noch oft erheitern werden.

Wie lange ich hier bleibe, weiß ich noch nicht: ich glaube, hier und in Karakkas an 3 Monate; vielleicht aber auch viel länger. Man muß genießen was man nahe hat. Wahrscheinlich mache ich, wenn der Winter künftigen Monat hier aufhört, und die wärmste und müssigste Zeit eintritt, eine Reise an die Mündung des Oronoko, Bocca del Drago (Drachenmaul) genannt, wohin von hier ein sicrer und gebahnter Weg geht. Wir sind diese Bokka vorbeigesegelt: ein fürchterliches Wasserschauspiel! Nachts d. 4 Jul. sah ich zum erstenmal das ganze südliche Kreuz* vollkommen deutlich.

N. S. Wegen der heißen Zone fürchte nichts. Ich bin doch nun fast schon 4 Wochen unter den Wendekreisen, und ich leide gar nicht davon. Das Thermometer steht ewig auf 20 bis 22 Grad, nicht höher. Aber Abends, an der Küste von Cayenne, habe ich bei 15 Grad gefroren. So ist es denn nirgend in dieser Welt recht warm.

Verfolge meine Reise auf der Karte. Den 5 Juni, ab von Coruña; d. 17, nach Graziosa; d. 19 bis 25, in Teneriffa; dann, heftigen Ostwind und Regenschauer; d. 5 und 6 Juli, längs der Brasilischen Küste; den 14ten, zwischen Tobago und Granada durch; d. 15, im Kanal zwischen Margarita und Südamerika; d. 16ten Morgens, im Hafen von Kumana.

---

* Ein Sternbild, unter dem Zentauren.

Ueber die Urvölker von Amerika
und die Denkmähler welche von ihnen übrig geblieben sind

Vorgelesen in der Philomathischen Gesellschaft.

Erstes Fragment

Wenn auch, dem Beruf meiner früheren Jugend getreu, während meines fünfjährigen Aufenthalts in dem neuen Kontinent mein Hauptaugenmerk auf die wundervollen Naturerscheinungen der Tropenländer gerichtet gewesen ist, so habe ich dennoch jeden Augenblick der Muße benutzt, dem langsamen und dabei so geheimnißvollen Gange der sittlichen Bildung der Amerikanischen Stammvölker nachzuspüren. Untersuchungen dieser Art flößen ein allgemeines, rein menschliches Interesse ein. Aber einen vorzüglichen Reiz gewinnen sie da, wo, neben einander stehend, die fremde Europäische Kultur gegen die einfache Rohheit der alten, in ihrem moralischen Fortstreben gleichsam gehemmten, Urbewohner absticht. Eine Neuspanische Stadt, welche 68 000 Einwohner zählt, und mit vielen Kuppeln geziert ist, la Puebla de los Angeles, erhebt sich am Fuß der Piramide von Cholula welche uns unbekannte Nazionen, in den dunkelsten Zeiten des Alterthums, fast astronomisch-genau nach den vier Weltgegenden orientirt haben. In Mexiko selbst, in dem alten aus den Seen aufsteigenden Tenochtitlan, wo noch vor drei Jahrhunderten Priester sich an dem Anblick der geschlachteten Menschen weideten, und wo christlicher Fanatismus nachmal oft ähnlichen Blutdurst geäußert hat: in der Bergstadt Mexiko ist der alte Opferstein von Basaltporphyr, mit dem Triumph eines Aztekischen Königs geziert, vor dem Haupthor der Spanischen Domkirche aufgestellt. Ueberall sind die ungleichartigsten Monumente an einander gränzend, und die entferntesten Epochen menschlichen Kunstfleißes berühren sich hier, wie die Naturprodukte fremder Welttheile welche der Europäische Ansiedler in einem Erdstrich zusammendrängt.

Wenn ein aufmerksamer Beobachter den Nil vom Delta aufwärts, bis gegen Assuan (das alte Syene) schift, so ruht sein Blick überall auf ungeheuren Ueberresten von Schleusen, Dämmen, Pallästen, und Tempeln. Die niedrigen Ufer sind vegetazionsleer, und nur hie und da mit zerstreuten Dattelpalmen und Sykomorfeigen bewachsen. Fast erscheint die Natur dort kleinlich, gegen die aufgethürmten Riesenwerke untergegangener Kunst. Der Drang nach Geschichte, das Interesse an den Ereignissen welche solch eine Kultur hervorrufen und zerstören konnten, unterdrückt jede Frage über die natürliche Bildung des Flußthals, über die alten Wasserbedeckungen, in denen der Flötzkalk bei Gize, der Sandstein bei Theben, der Gneis bei Elephantina und den Katarakten sich niederschlug. Wie tief der Eindruck ist welchen in Niederägypten die Kunst macht, wie herrschend daselbst diese über die Natur ist, lehrt uns die von Strabo* aufbewahrte Priestersage, daß der Oolithenkalk der Piramiden ein Werk der Menschen, Zement mit eingestreuten Saamenhülsen sei. Nur in den Ebenen von Sakara, nur im Angesicht so großer Werke der Baukunst, konnte solch eine Hypothese ersonnen werden.

Wie ganz anders ist der fühlende Mensch gestimmt, wenn er auf den ungeheuren Strömen von Südamerika 800 oder 1000 Meilen weit ins Innere des Kontinents eindringt, oder die wilden Berggehänge der Andes durchforscht! Hier verschwinden, gegen die mächtigere Natur, alle schwache Werke des aufkeimenden Kunstfleißes der Menschen. Am Fuß schneebedeckter Vulkane, verbergen dichte Gebüsche von baumartigen Farrenkräutern, saftstrotzende Helikonien und hohe Fächerpalmen, den Boden. In menschenleeren Strecken von einigen tausend Quadratmeilen, leben nur Affen, Viverren, Tigerkatzen, und Krokodile. Verwilderte Pisangstämme und Melonenbäume sind die einzigen Spuren, welche der durchziehende Wilde, falls er je diese Einöden betrat, zurück ließ. Wenn der

---

* *Strabo* lib. 17, pag. *Causab.* 808.

Anblick des sternenvollen Himmels in unsern Regionen die Phantasie mit Bildern von Welten füllt, in denen Menschen wohnen, so erwacht dagegen in den einsamen Waldungen am Cassiquiare und Atabapo die Idee einer Natur, in der die lebendigen Kräfte sich nur erst in zahllosen Pflanzengeschlechtern entwickeln, ohne sich schaffend zum Gebilde des Menschen zu erheben.

In unserm Kontinent, in Aegypten, und auf den Inseln des Griechischen Meeres, haben die alten Reste prachtvoller Baukunst alle Reisende, und leider selbst diejenigen welche am wenigsten zu diesem Studium vorbereitet waren, auf historische Untersuchungen geleitet. In dem Neuen Kontinent dagegen, ist bei dem Mangel von Denkmählern, und der imponirenden Größe der Naturerscheinungen, fast alles Interesse ausschließlich auf diese letzteren gerichtet gewesen. Amerika hat unter denen die es besuchten, einen *Hernandez*, einen *Plumier*, *Jacquin*, *Swarz*, und viele andere vortrefliche Naturforscher aufzuzählen. Aber mit der Geschichte der Urvölker und den übriggebliebenen Spuren ihrer Kultur haben sich in neuern Zeiten nur wenige Reisende beschäftigt. Ich sage: in neuern Zeiten; denn die früheren Werke Spanischer Abenteurer und Mönche, die eines *Ojeda*, *Bernal Diaz*, *Garcilasso*, *Toribius von Benavent*, *Acosta*, und *Torquemada*, enthalten viele nützliche aber mit unkritischem Geiste abgefaßte Nachrichten. Besonders ist ihren Messungen wenig zu trauen: denn an Zahlen (sei es Höhe der Denkmähler, oder Volksmenge, oder Verlust des Feindes) scheiterte von jeher die Wahrheitsliebe der Eroberer und der Entdecker. *La Condamine*, dessen lebhafter Geist, mit vielen Hülfskenntnissen ausgerüstet, Alles umfasste was er für die Wissenschaften ersprießlich hielt, La Condamine, der neben seinen mühevollen astronomischen Beobachtungen, Pflanzen zeichnete, und die Amerikanischen Ursprachen studirte, hat uns auch genauere Beschreibungen einiger alten Peruanischen Monumente hinterlassen. Der Gegenstand der ersten Abhandlung welche er unsrer Akademie bei seiner Aufnahme als auswärtiges Mitglied übersandte, waren die Ruinen des Inkapallastes von Cañar im Königreich Quito*; Ruinen, die ich 55 Jahre nach ihm wiederum, aber mit mehrerem architektonischen Detail, in ihrem gegenwärtigen Zustande gezeichnet habe, und eben jetzt in Rom in Kupfer stechen lasse. Auch die Werke der vortreflichen Spanischen Astronomen *Ulloa* und *Don Jorge Juan* enthalten Abbildungen einiger Denkmääler, allein weniger genau und oft sogar phantastisch ergänzt.

Ich habe des Italiänischen Reisenden *Gemelli Careri* nicht gedacht, weil, was er von Mexikanischen Alterthümern mittheilt, bloß die hieroglyphische Malerei betrift, und eigentlich seinem Freunde dem gelehrten *Carlos de Siguenza*, Professor der Mathematik in Mexiko, angehört. – Es ist übrigens eine der kühnsten Wirkungen des historischen Skeptizismus, wenn *Robertson* und andre Schriftsteller es als eine beinah erwiesene Wahrheit ansehen, daß dieser Gemelli Careri, statt um die Welt zu reisen, nie seine Heimat, Italien, verlassen habe. Ich bin ihm durch das ganze Königreich Neuspanien, von Akapulko bis Veracruz hin, Schritt vor Schritt gefolgt, und ich gestehe (mit dem Abt Clavigero) daß ich keinen genauern und wahrhaftern Reisenden kenne als Gemelli. Durch welchen Zauber, und aus welchen Quellen schöpfend, hätte er die kleinsten Lokalverhältnisse, die Lage unbedeutender Dörfer, Zahl der Altäre in den Kirchen, und tausend ähnliche Dinge wissen können, wenn er nicht selbst in Mexiko gewesen wäre?

Nur einem einzigen Manne hat die Geschichte Amerikanischer Urvölker ein solches lebaftes Interesse erwecken können, daß er deshalb alle Familienverhältnisse aufgab, und (ein Beispiel merkwürdiger Aufopferung für die Wissenschaften) acht Jahre lang unter den dürftigsten Indianern lebte, um historische Hieroglyphen der Azteken zu sammeln. Der Cavaliere *Boturini Bernaducci*, aus Mailand gebürtig, begann seine historischen Untersuchungen in Mexiko im J. 1736. Niemand hat je einen größern

---

* *Mém. de l'Acad. de Berlin, année 1746, pag. 435.*

Schatz von Materialien über die Amerikanischen Stammvölker besessen als er; aber, von einem damal argwöhnischen Gouvernement seines Eigenthums beraubt, ward er gefangen nach Spanien geschleppt, wo er nach einigen mitgenommenen Manuskripten, und leider mehr noch aus dem Gedächtniß, den ersten Band seiner Mexikanischen Geschichte ausarbeitete. Unter den hieroglyphischen Fragmenten auf Aloe- oder Maguei-Papier, welche ich für die hiesige Bibliothek mitgebracht habe, befindet sich ein 15 Fuß langer Kodex, welcher wahrscheinlich einst in dem Boturinischen Museum aufbewahrt ward.

Auf der Universität Mexiko existiren, seit ihrer ersten Gründung im J. 1553, Lehrstellen für die Aztekische und Otomitische Sprache, wie für die Mexikanischen Alterthümer überhaupt. Die Gründung dieser Lehrstellen, in einem Lande wo fast der Hauptsitz der Amerikanischen Kultur war, und zu einer Zeit wo mönchischer Fanatismus noch nicht alle Denkmähler hatte zerstören oder verstümmeln können, würde von dem größten Interesse für die Menschengeschichte gewesen sein, wenn die Männer welche jene Lehrstellen ausfüllten, nicht den wahren Zweck derselben verkannt hätten. Die Professur der Alterthümer ist sogar unbesetzt geblieben, seitdem die Justiztribunale in Mexiko in Streitigkeiten über Güterbesitz, Verwandtschaft und Abgaben nicht mehr nach hieroglyphisch-gemalten Urkunden zu sprechen haben. Dazu begnügen sich die itzigen Lehrer der zwei Mexikanischen Hauptsprachen, angehende Geistliche so weit darin zu unterrichten, als für die Geheimnisse des Beichtstuhls in Indianischen Dörfern erforderlich ist. Ob die Otomitische und Aztekische Sprache mit 15 oder 18 in Neuspanien noch üblichen Sprachen verwandt ist, ob mehrere derselben (wie man oft nur zu voreilig behauptete) Dialekte einer untergegangenen sind: das kümmert sie wenig; obgleich Sprache, als das älteste und daurendste Monument menschlicher Kultur, eine wichtige Quelle historischer Untersuchungen ist.

Bezeigt sich aber die Universität Mexiko selbst zu gleichgültig für die Kenntniß des Alterthums, so fühlen sich doch in allen

Theilen von Amerika Privatmänner von Zeit zu Zeit zu diesem Studium berufen. Ich darf hier mehrere meiner entfernten Freunde nennen: den Doktor *Duquesne*, Kanonikus am Domkapitel zu Sta Fe de Bogota, von dem ich eine merkwürdige Abhandlung über einen siebenseitigen kalendarischen Interkalarstein von Kieselschiefer bekannt machen werde; in Lima den Pater *Cisneros*, einen ehrwürdigen achtzigjährigen Hieronymitermönch, dessen liberale Denkart sich bei der Herausgabe einer vortreflichen Monatschrift, des *Mercurio Peruano* geäußert hat; in Mexiko den Padre *Pichardo* im Kloster der Congregrazion von San Felipe Neri, und mehrere Andre. An dem letztern Orte waren, nicht gar lange vor meiner Ankunft, zwei überaus gelehrte Männer *Velasquez* und *Gama* gestorben, denen man sehr genaue astronomische Beobachtungen und kritische Untersuchungen über die mythologischen Monumente der Azteken verdankt. Beide besaßen eine Fülle von Kenntnissen, welche in dem Spanischen Amerika wohl schwerlich erwartet werden. Ueberall wo die eingeengte Menschheit in ihren geistigen Fortschritten gehindert ist, erweckt in der Energie Einzelner der Zwang selbst eine moralische Reakzion, welche zu den schönsten und lebendigsten Kraftäußerungen führt.

Aber, was Geisteszwang nur in einzelnen Widerstrebenden erweckt, dazu ruft Alle willig vernunftmäßige Freiheit in den Nordamerikanischen Freistaaten auf. Mühsam hat man dort jeden Grabhügel am Missisipi oder Ohio beschrieben und abgezeichnet. Mühsam haben sich dort *Jefferson*, *Madison*, und *Barton*, also Staatsmänner, Bischöfe, und Gelehrte, mit den Kanadischen Ursprachen, und ihrem Zusammenhange mit den Nordasiatischen*, und vorzüglich mit den Kaukasischen Sprachen, beschäftigt. Leider sind aber von den wenigen Denkmählern, welche gegenwärtig von den Amerikanischen Stammvölkern übrig geblieben, die größten und wichtigsten auf der

---

* *New Views of the Origin of the Nations of America*, 1798, *by* Benjamin Smith Barton, *p*. XCIX.

Gebirgskette der Andes in den Königreichen Peru, Quito, Mexiko, also gerade in den dem Nicht-Spanier bisher unzugänglichsten Erdstrichen, zerstreut. Englische und Französische Reisende (*Dixon, Marchand, Vancoover*, und Andere) haben die ausführlichsten Zeichnungen von den geschnitzten Thürschwellen an der Nordwestküste von Amerika, besonders im Kanal Cox und in Cloak Bay geliefert; während wir nicht einmal die Umrisse von den kolossalen Ruinen der Baukunst in Cusco und Mansiche kennen. – – Doch auch in den Spanischen Kolonieen regt sich, trotz der mannichfaltigen Hindernisse, der Geist der Untersuchung. Zwar haben botanische Gärten und chemische Laboratorien, welche in den Hauptstädten mit wahrhaft königlicher Freigebigkeit angelegt sind, diesen Untersuchungsgeist mehr auf naturhistorische Gegenstände gerichtet; allein mit der Zeit wird das große und vortreffliche Institut einer Kunstakademie in Mexiko, bei den ausgezeichneten Anlagen der Einwohner, auch das Studium der einheimischen Alterthümer beleben. Schon itzt sind Zöglinge der Malerakademie durch das ganze Land zerstreut, von Guatimala an bis tief in die nördlichen Provinzen Neubiskaya's hinauf. Fast überall findet man Gelegenheit, die neu entdeckten Denkmähler abzeichnen oder ausmessen zu lassen. Auch der große Fleiß mit dem die Perspektive auf der Bergakademie in Mexiko studirt wird, trägt zu dieser Leichtigkeit bei, da diese Anstalt auf die entferntesten und isolirtesten Punkte des Königreichs wirkt. In der That sind vor weniger Zeit die Ruinen des Trauerpallastes von Mitla, mit seinen zierlichen geschmackvollen Mäandriten und Alagrecque (ein Werk der Amerikanischen Stammvölker), auf Befehl des Vizekönigs, von Zöglingen der architektonischen Klasse der Kunstakademie aufs genaueste gezeichnet worden. Ein Fragment dieser Zeichnung (denn das Ganze kann der Gegenstand eines eigenen sehr interessanten Werks werden) habe ich bereits in Kupfer stechen lassen, und es wird in einem der Atlasse welche meine Reisebeschreibung begleiten sollen, noch in diesem Jahre erscheinen.

Wenn ich es wage, diese Versammlung mit den Denkmählern

der Amerikanischen Urvölker zu unterhalten, so gestehe ich gern, daß mein diesmaliger Aufenthalt in Italien nicht wenig dazu beigetragen hat, mich zu diesen Untersuchungen zu veranlassen. Ich habe das seltene Glück genossen, innerhalb weniger als einem Jahre nicht bloß die kolossalen Vulkane der Andeskette mit den feuerspeienden Hügeln Europens, sondern auch die kolossalen und vollendeten Denkmähler Römischer Kunst mit den rohen Ueberbleibseln der sich entwickelnden Mexikanischen Kultur vergleichen zu können. Diese Vergleichung entfernter Länder und entfernter Zeitepochen menschlicher Bildung, dieser Kontrast zwischen dem Beginnen der Kunst bei der sich ansiedelnden Menschheit und ihrer hohen Vollendung im goldenen Zeitalter der Griechen und Römer, hat Ideen in mir lebendig gemacht, die ich in den öffentlichen Sitzungen dieser Gesellschaft fragmentarisch zu entwickeln versuchen werde. Natürlich hebe ich nur das aus, was zu solch einem Zwecke geeignet, zu allgemeinen Resultaten führt, und in jedem gebildeten Menschen Interesse erwecken kann. Alle kleinliche Untersuchungen, und das Detail der Messungen, bleiben meinem größern Werke vorbehalten. Auch muß ich zum voraus harmonisch gestimmte Ohren für den abschreckenden Misklang Mexikanischer und Peruanischer Namen um Nachsicht bitten. Tlakatkotl, Quaquaupitzahuak, und Ixtlikoxhitl, waren tapfere und berühmte Könige von Azkapozalko. Daß ihre Namen so unlieblich lauten, ist dem Geschichtschreiber eben so wenig zur Last zu legen, als daß er oft durch treue Schilderung politischer Schwäche oder energischer Verruchtheit einen moralischen Misklang erregt.

Mit dem Ausdruck Amerikanischer Urvölker bezeichne ich diejenigen Nazionen, welche vor Ankunft der Spanier am Ende des 15ten und Anfang des 16ten Jahrhunderts im neuen Kontinent angetroffen wurden. Ich sage: der Spanier; denn die frühere Entdeckung von Amerika um das J. 1000, die Schiffahrten der Normänner und Isländer nach Wineland und Grönland, welche Torfäus in einem eigenen Werke beschrieben, veränderten nichts in dem Zustande Amerikanischer Urvölker. Ein vortreflicher

Geschichtschreiber des Nordens hat bereits erwiesen, daß das Wort Urvolk, wenn es von den ersten Bewohnern eines Landes gelten soll, keine historische Bedeutung hat. Wir haben über den Norden von Europa keine Gewißheit über das neunte Jahrhundert hinaus; und wir verlangen daß die Geschichte von Amerika bis zur Ankunft Asiatischer Völkerstämme verfolgt werden könne!

Nur zu oft haben allgemein und mit Recht belobte Schriftsteller wiederholt: daß Amerika, in jedem Sinne des Worts, ein *neuer* Kontinent sei. Jene Ueppigkeit der Vegetazion, jene ungeheure Wassermenge der Ströme, jene Unruhe mächtiger Vulkane, verkündigen (sagen sie) daß die stets erbebende noch nicht ganz abgetrocknete Erde dort dem chaotischen Primordialzustande näher, als im alten Kontinent, sei. Diese Ideen haben mir, schon lange vor dem Antritt meiner Reise, eben so unphilosophisch als den allgemein anerkannten physischen Gesetzen widerstreitend geschienen. Diese Bilder von Jugend und Unruhe, von zunehmender Dürre und Trägheit der alternden Erde, können nur bei denen entstehen, die spielend nach Kontrasten zwischen den beiden Hemisphären haschen, und sich nicht bemühen die Konstrukzion des Erdkörpers mit einem allgemeinen Blick zu umfassen. Soll das südliche Italien neuerer als das nördliche sein, weil jenes durch Erdbeben und vulkanische Erupzionen fast fortdaurend beunruhigt wird? Was sind überdies unsre itzigen Vulkane und Erdbeben für kleinliche Phänomene, in Vergleich mit den Naturrevoluzionen die der Geognost in dem chaotischen Zustande der Erde, bei dem Niederschlag und der Erstarrung der Gebirgsmassen, voraussetzen muß? Verschiedenheit der Ursachen muß in den entfernten Klimaten auch verschiedenartige Wirkungen der Naturkräfte veranlassen. In dem neuen Kontinent haben die Vulkane (ich zähle deren itzt noch 54) sich vielleicht darum länger brennend erhalten, weil die hohen Gebirgsrücken, auf denen sie ausgebrochen sind, dem Meere näher liegen, und weil diese Nähe und der ewige Schnee der sie bedeckt, auf eine noch nicht genug aufgeklärte Weise die Energie des unterirdischen Feuers zu modifiziren scheint. Dazu wirken Erdbeben und feuerspeiende Berge periodisch. Itzt herrscht physische Unruhe und politische Stille in dem Neuen Kontinent, während in dem Alten der verheerende Zwist der Völker den Genuß der Ruhe in der Natur stört. Vielleicht kommen Zeiten, wo in diesem sonderbaren Kontrast zwischen physischen und moralischen Kräften ein Welttheil des andern Rolle übernimmt. Die Vulkane ruhen Jahrhunderte ehe sie von neuem toben, und die Idee daß in dem älteren Lande ein gewisser Friede in der Natur herrschen müsse, ist auf einem bloßen Spiel unsrer Einbildungskraft gegründet. Eine Seite unsers Planeten kann nicht älter oder neuer als die andere sein. Inseln die von Vulkanen herausgeschoben, oder von Korallenthieren allmählich gebildet worden, wie die Azoren und viele Inseln der Südsee, sind allerdings neuer als die Granitmassen der Europäischen Zentralkette. Ein kleiner Erdstrich, der, wie Böhmen und viele Mondthäler, mit ringförmigen Gebirgen umgeben ist, kann durch parzielle Ueberschwemmungen lange seeartig bedeckt sein; und nach Abfluß dieser Binnenwasser, dürfte man den Boden in dem die Pflanzen sich allmählich anzusiedeln beginnen, bildlich neueren Ursprungs nennen. Allein Wasserbedeckungen (wie der Geognost sie sich bei Entstehung der Flötzgebirge denkt) kann man sich aus hydrostatischen Gesetzen nur in allen Welttheilen, in allen Klimaten, als gleichzeitig existirend vorstellen. Das Meer kann die unermeßlichen Ebenen am Orinoko und Amazonenstrome nicht daurend überschwemmen, ohne zugleich unsre Baltischen Länder zu verwüsten. Auch zeigt (wie ich bereits in meinem geognostischen Gemälde von Südamerika* entwickelt habe) die Folge und Identität der Flötzschichten in Karakkas, Thüringen, und Niederägypten, daß jene großen Niederschläge auf dem ganzen Erdboden gleichzeitig erfolgt sind.

Aber, fährt der bescheidnere Theil der Gegner fort: ist der

---

* *Tableau géologique des régions équinoxiales de l'Amérique méridionale*, 1800.

neue Kontinent auch zugleich mit dem alten aus den chaotischen Meeren der Primordialwelt hervorgetreten, haben auf beiden sich auch gleichzeitig Thier- und Pflanzenformen entwickelt; so ist doch das Menschengeschlecht in dem ersteren neuer als in dem letzteren. Große völlig menschenleere Strecken, besonders in dem Europa gegenüberstehenden Theile, Unkultur der Nazionen, Mangel politischer Verfassungen (zwei bis drei sehr neuscheinende Staaten abgerechnet), lose Bande der Geselligkeit, das Nichtdasein großer Monumente der Baukunst endlich, deuten überall in Amerika auf die Jugend der Menschheit. Vielleicht mag das Alter der dortigen Stammvölker, das heißt ihre Existenz in dem neuen Welttheil, kaum über den Anfang christlicher Zeitrechnung hinausreichen.

Diese Gründe für die Annahme einer spätern Bevölkerung von Amerika scheinen auf der Hypothese zu beruhen, als habe das Menschengeschlecht, wo es seit Jahrtausenden existire, sich überall moralisch und politisch so schnell entwickeln müssen, als in den glücklichen aber engen Erdstrichen, deren Geschichte uns am meisten beschäftigt: an den Ufern des Nils, zwischen dem Mittelmeer, dem Kaspischen See und dem Euphrat, oder auf der Griechischen Halbinsel. Wer mit dem Europäischen und Asiatischen Norden bekannt ist, sieht im alten Kontinente ebenfalls ungeheure Länderstrecken ohne Denkmähler der Kunst, ohne Ruinen von Städten, ohne politische Bande unter den Bewohnern. Eigentliche Geschichte des Nordens fängt, nach Schöning und Schlözer, auch erst um das Jahr 1000 der christlichen Zeitrechnung an; und dennoch hat man es nie gewagt das Menschengeschlecht in Norwegen und Schweden als sehr jung zu verrufen. Der Schluß von der Barbarei der Nazionen auf ihre Neuheit, oder auf ihre spätere Ankunft in einem Lande, ist in der That ein Fehlschluß. Man vergißt, welch ein sonderbarer Zusammenfluß von Begebenheiten dazu gehört um die Menschheit zu sittlicher Kultur und Entwickelung ihrer intellektuellen Fähigkeiten zu erwecken. Man hat scharfsinnig erwiesen, wie aus den hieroglyphischen Malereien wahre Hieroglyphen ohne Beziehung der

Charaktere auf einander, aus den Hieroglyphen Tonzeichen, und aus diesen endlich Lettern entstehen können. Aber man durchsuche alle Völker des Erdbodens; und, erstaunt, wird man (wie noch neuerlichst einer unser größten Alterthumsforscher Hr. *Zoega* in seinem Obeliskenwerke aus einander gesetzt hat) Zerlegung der Silben in Buchstaben nur auf einem engen Raume, im südwestlichen Asien, Aegypten und dem südöstlichen Europa, entdecken. In der übrigen Welt scheint sich das Menschengeschlecht seit Jahrtausenden nie zu dieser letzten Stufe der Ideenmittheilung erhoben zu haben. – Allein die Unkultur, in der uns die Amerikanische Geschichte die ältesten Urvölker schildert, ist auch in der That weniger groß, als Diejenigen angeben welche für die sogenannte Neuheit jenes Kontinents streiten. Wie man ehemal, von der Großprahlerei der ersten Abenteurer und Eroberer verleitet, zu glänzende Ideen von der Geisteskultur der Mexikaner und Peruaner hegte, so ist man seit *Pauw's* und *Raynal's* Zeiten in den entgegensetzten Fehler verfallen. Als die Tulteker am Ende des sechsten Jahrhunderts ihr nördliches Vaterland Huehuetlapallan verließen, finden wir schon unter ihnen ein zusammengesetztes Feudalsystem, hieroglyphische Gemälde, Piramiden mit künstlich behauenen Porphyrtafeln geziert, und ein wohl angeordnetes Sonnenjahr. Wo sieht man in Skandinavien gleichzeitig ähnliche Spuren der Menschenkultur?

Der Ausdruck: spätere Bevölkerung eines Welttheils, setzt zudem noch das Auswandern des neuentstandenen Menschengeschlechts aus einer bestimmten Gegend voraus; sei es, daß der hohe noch ungemessene Gebirgsrücken von Tibet, oder nach Samskredanischen Sagen die Quellen des Ganges (bei Sirinagar am Himaligebirge), oder die Ufer des Tigris, oder endlich wie Diejenigen wollen die sich mit ägyptischen Alterthümern beschäftigen, die Höhen von Habesch, die Wiege der Menschheit waren. Asiatische Mythen, die allerdings einen ehrwürdigen Charakter des Alterthums an sich tragen, haben diese Idee von einer Zentralverbreitung der Völker unter uns fast allgemein gemacht. Wie können aber Mythen und Tradizion über Begebenheiten entscheiden, die nicht geschichtlich gewußt werden können, oder die, wie Alles was den Ursprung der Dinge betrifft, über alle Geschichte hinausreichen!

Echt historische Untersuchungen beginnen daher nie von der ersten Bevölkerung eines Landes; und so wenig ich es für unwahrscheinlich halte, daß viele Stämme Amerikanischer Urvölker über die Beringstraße oder die Aleutischen Inseln aus dem nördlichen Asien herüber kamen, so wenig kenne ich eine einzige Thatsache, welche zu dieser Annahme apodiktisch zwänge. Die Form des Amerikanischen Schädels ist in der Gestalt der zygomatischen Fortsätze, der Richtung der Fazialinie, und der fast hundsartigen Krista des Stirnbeins, von dem Tatarischen Schädel wesentlich verschieden, obgleich diesem mehr als dem der Neger verwandt. Der nördlichste Theil des neuen Kontinents, Grönland, Labrador, und das große Westland bis an den Mackenziefluß, ist von Eskimos bewohnt, einer kleinen kurzleibigen Menschenrace, die wir in den Europäischen und Asiatischen Polarländern, in den Lappen und Samojeden wiederholt finden, und deren Existenz, wie die Thalform des Atlantischen Ozeans zwischen Amerika und Europa, auf einen ehemaligen allgemeinen Zusammenhang aller Welttheile gegen Norden zu, hinweiset. Die Urvölker des neuen Kontinents kannten die mehlreichen Zerealien nicht, welche im alten Kontinent dem Menschengeschlecht seit seiner ersten Kindheit überall zu folgen scheinen. Die Amerikanischen Sprachen haben eine schwache Verwandtschaft mit denen der Kurilischen Inseln, um die Nordspitze von Asien, mit der Sprache der Tschuktschen, Koräken und Kamtschadalen, oder der Europäischen Lappländer. Die Aehnlichkeit welche mehrere Amerikanische Denkmähler mit Ostindischen, ja selbst mit Aegyptischen haben, eine Aehnlichkeit auf die wir in der Folge wieder zurückkommen werden, beweiset vielleicht mehr die Einförmigkeit des Ganges, welchen der menschliche Kunstsinn in allen Zonen und zu allen Zeiten in seiner stufenweisen Entwickelung befolgt hat, als Nationalverwandtschaft, oder Abstammung aus Innerasien. So wie es in der

Naturkunde Sitte war, Alles bald aus Alkalien und Säuren, bald aus Elektrizität, bald aus Wärmestof, bald aus Oxygen zu erklären; so hat derselbe Vereinfachungstrieb Veranlassung gegeben, alle Menschenkultur bald aus Vorderasien, bald aus China, bald von den Skythen, bald aus Tibet, bald aus Aegypten abzuleiten. Untersucht man die Gründe dieser Behauptungen mit ernster Genauigkeit, so sieht man, daß die ältesten Sagen der Menschheit wohl in der Form (und dies aus psychischen Gründen), keineswegs aber in der Materie selbst, in der geographischen Bestimmung des ersten Kultursitzes mit einander übereinkommen. In Aegypten zum Beispiel deutet die älteste Mythe von dem Kampf zweier Menschenracen, der Aethiopischen und Arabischen, der Zwist zwischen Osiris dem schwarzen Bakchus, und dem Pelusium gründenden Typhon oder dem blonden Fürsten Baby* auf eine größere Kultur in Süden, also auf Gegenden die weit vom Euphrat und Tigris entfernt sind. Unter den Hindus geht dagegen die Sage, daß der Gott Rama Ackerbau und Künste aus dem Lande Ayodya** brachte, ein Land welches die Samksrit nördlich vom Himaligebirge setzt. In diesem Gebirge selbst, und in Tibet, sucht man dagegen (neueren Reisenden zufolge) den Ursprung der Menschenkultur an den südlichen Ufern des Ganges. So widersprechend ist der Glaube der Völker über Gegenstände, über welche bildliche Vorstellungen und Privatphantasieen Einzelner sich nur zu oft in das Gewand uralter Sagen gekleidet haben. Ueberhaupt, wenn von Urvölkern die Rede ist, sollte man neueren Geschichtforschern die Vorsicht des Tazitus anempfehlen, der, wo er von den verschiedenen Menschenracen auf Brittannien und von ihrer wahrscheinlichen Abkunft redet, mit den skeptischen Worten endigt: *Caeterum, Britanniam qui mortales initio coluerint, indigenae an advecti, ut inter Barbaros parum compertum****.

* *Zoega de Obel. p. 577.*
** *Fra Paolino da S. Bartolomeo System. Brachman. p. 137.*
*** *Tac. Agric. cap. II.*

Giebt es keinen historischen oder philosophischen Grund, das Menschengeschlecht im Neuen Kontinent für neuer als im Norden von Europa oder Asien zu halten, so verlieren auch alle Gründe ihr Gewicht, welche man aus der willkürlichen Voraussetzung dieser Neuheit gegen das Alter der ersten Denkmähler Amerikanischer Urvölker hergenommen hat. Mitten in den Wäldern des Orinoko um Kaikara und Uruana habe ich Granitfelsen gesehen, welche mit eingegrabenen hieroglyphischen Bildern bedeckt sind. Diese Bilder finden sich in Höhen und an Bergen, zu denen man jetzt nur mit Schwierigkeit gelangen kann. Zweihundert Meilen von der Meeresküste entfernt, weit oberhalb der Katarakten von Maypure und Atures, in der großen Einöde zwischen den vier Flüssen Cassiquiare, Atabapo, Orinoko, und Guainia oder Rio Negro, in einer Grasebene wo jetzt kein menschliches Wesen athmet, sind in den isolirten Syenit- und Gneisfelsen ebenfalls Figuren von Thieren, Waffen, Hausgeräth, und viele uns völlig unverständliche Sinnbilder ausgehauen. Umher, auf mehr als 40 000 Quadratmeilen, finden sich nur nomadische Stämme, welche auf der tiefsten Stufe menschlicher Bildung, unbekleidet, ein thierisches Leben führen, und kaum von der Möglichkeit hieroglyphische Bilder in harten Felsmassen einzugraben eine Idee haben. Also waren diese Einöden einst bevölkert, und von Nazionen bevölkert, deren Kultur weit über die der itzigen Generazionen erhaben war. In welche Zeitperiode aber diese untergegangene Kultur fällt, aus welchem Jahrhundert diese Bilderfelsen oder die Grabhügel in Tenessee sind, ist unmöglich itzt zu entscheiden. Wagen es doch die Italiänischen Alterthumsforscher nicht, die Epoche der von Petit-Radel neulich erläuterten Zyklopeischen Monumente auf der Apenninenkette anzugeben!

Geschichte fängt im neuen Kontinent erst mit der Nazion, welche ihre Begebenheiten in hieroglyphischen Gemälden aufzubewahren wußte, das heißt vom 7ten Jahrhundert der christlichen Zeitrechnung an, da die Tulteker zuerst in Anahuak (dem itzigen Mexiko) erschienen. Kein Monument Amerikanischer

Urvölker das über diese späte Periode hinaus fällt, kann daher eigentlich historisch erläutert werden; und so hat die Geschichte des neuen Welttheils diese Aehnlichkeit mehr mit der des Europäischen Nordens, wo die ältesten Denkmähler die Runensteine sind, Denkmähler welche Rudbeck's Phantasie bis zur Sündfluthsepoche hinaufschob, die aber nach Schlözers Untersuchungen* aus dem sechsten Jahrhundert herstammen.

Das Peruanische Reich, dasjenige nehmlich welches die Spanier zerstörten, hatte bekanntlich einen frühern Anfang als das Aztekische des Montezuma. Mankokapak und Mama Okollo sollen, nach Quipus-Rechnung, ihre wundervolle Erscheinung im Anfang des 12ten Jahrhunderts gemacht haben, dahingegen die Stadt Mexiko erst im J. 1325 erbaut wurde. War aber auch der Mexikanische Staat neuer als der Peruanische, so führt uns doch die hieroglyphische Chronologie der Mexikaner (freilich schwankend und dunkel, wie alle erste Chronologie der Urvölker) bis ins sechste Jahrhundert der christlichen Zeitrechnung hinauf, also in eine frühere Epoche als die Peruanischen Denkschnüre. Die Sagen der Inkas, die der Muyskas im alten Kundinamarka (dem itzigen Königreich Neugrenada) zeigen uns das Menschengeschlecht in viele kleine Stämme vertheilt, doch ackerbauend, und von fremden plötzlich auftretenden Wundermännern in sehr zusammengesetzte, der Entwickelung der Individuen hinderliche, politische Verfassungen (eigentliche Theokratieen) eingeengt. Diese Gesetzgeber stiegen alle von der Andeskette herab, alle kamen von Osten, und Mankokapak erschien in der hohen Gebirgsebene am großen See von Titihaka, einer Ebene die wir in der Folge als den Sitz einer uralten aber früh untergegangenen Kultur werden kennen lernen. Der in Europa wenig bekannte, dem Manko Kapak ähnliche Bochika, der Stifter des Sonnentempels von Sogamuxi, im itzigen Königreich Santa Fe, kam über das Gebirge aus den östlichen Grasfluren des

---

* Doch neuerlichst angegriffen in *Winteri Dissert. de Origine linguae Suecanae, part.* 2, *p.* 37.

Meta: also aus einer Gegend, wo Jahrhunderte nachher das Menschengeschlecht in fast thierischer Rohheit angetroffen ward. In den Südamerikanischen Sagen wird nichts von Völkerzügen, die aus Einem Punkte ausgehen, vom Verdrängen und Vorschieben der Nazionen gemeldet. Ganz anders sieht es dagegen in der etwas höher hinaufsteigenden Geschichte Nordamerikanischer Staaten aus. In dieser geht die Fluth der Völker von Norden nach Süden. Ein Stamm verdrängt den andern, und zwingt diesen entweder die Herrschaft des Eroberers zu ertragen, oder südlicher zu entfliehen. Vom 6ten bis zum 13ten Jahrhundert, von den Tultekern an bis zu den Alkohuern und Azteken, dauert diese Bewegung fort. Man glaubt in der Mexikanischen Geschichte die Erzählung der großen Europäischen Völkerwanderung zu lesen, in welcher die nehmliche Horde vom Don bis an den Guadalquivir oder bis zu dem Afrikanischen Atlas vordrang.

Da die erste Mexikanische Nazion, von welcher die durch die Spanier besiegten Azteken Nachricht hatten, die Tulteker waren, und da mit diesen zuerst hieroglyphische Jahrbücher in Anahuak erschienen, so schrieb man den Tultekern natürlich nicht nur die Erfindung dieser historischen Malerei zu; sondern auch noch itzt nennen die Eingebornen in Mexiko alle Denkmahle, die ein Gepräge des höchsten Alterthums an sich tragen, Tultekische Denkmahle. Boturini und einige andre Schriftsteller haben die Idee in Gang gebracht, daß die Tulteker, welche, nach einer großen Pest, die Gebirgsebnen von Tenochtitlan verließen und dann auf einmal in der Geschichte verschwinden, über die Landenge nach Panama zogen, und endlich in Süden als Peruaner erschienen. Die angerühmte Sanftheit ihrer Sitten, die schuldlosen Opfer von Früchten welche sie der Sonne brachten, ihr Trieb ungeheure Steinmassen zu bewegen und aufzuthürmen, die Größe welche alle Monumente haben die man ihnen zuschreibt, könnten dieser Hypothese allerdings einige Wahrscheinlichkeit geben. Sie stürzt aber völlig, wie so manche ähnliche, zusammen, wenn man sie chronologisch untersucht, und sich nicht von den zufälligen Uebereinstimmungen blenden läßt, welche sich überall bei dem Anfang menschlicher Bildung finden. Die verheerende Pest in Anahuak (vielleicht der Matlazahuatl der Indianer, ein Typhus der mit dem gelben Fieber einige Aehnlichkeit hat, sich aber nicht auf die weiße oder kaukasische Menschenrace fortpflanzt) herrschte um die Mitte des 11ten Jahrhunderts, wahrscheinlich genau ums Jahr 1051. Also verschwanden die Tulteker in Mexiko nur 100 Jahre früher als Mankokapak in der südlichen Hemisphäre das Peruanische Reich stiftete. Und lange vor diesem mystischen Gesetzgeber, welcher der neuen Welt das erste fürchterliche Beispiel von Religionskriegen gab, blühete schon im Norden und Süden zugleich eine nicht unbeträchtliche Kultur.

Die großen Gebirgsebenen von Tiahuanaku scheinen der Sitz früher Menschenbildung in Südamerika gewesen zu sein. Hier fand Inka Mayta Kapak, als er unter schrecklichem Blutvergießen die Provinz Callao eroberte, kolossale Gebäude, einen von Menschenhänden aufgeführten Berg, Ruinen von Städten, und zwei unförmliche Statuen. Die Eingebornen sagten schon damal, sie wüßten nicht wer Urheber dieser Gebäude sei. Sie glaubten (wie die Araber unserm Niebuhr von den Piramiden um Gize erzählten), ein Zauberer habe in einer Nacht alle diese Wunderwerke hervorgerufen. Dies beweist, daß bereits zu der Zeit alle Spuren von dem Ursprunge dieser alten Ueberreste verloren gegangen waren. Der Spanische Abenteurer Diego de Alcobazar sah nahe bei Tiahuanaku an dem See von Chikuito ähnliche Gebäude, und zahllose ungeheuer große aber unförmliche Statuen von Männern und Weibern die ihre Kinder in den Armen trugen (fast wie die Monumente der Osterinsel). Die Peruaner erzählten, dies seien Menschen die durch rächende Zauberer in Steine verwandelt worden wären, weil sie einen armen durchwandernden Fremdling, statt ihn zu beherbergen, todtgeschlagen hätten: eine Mythe, die an ähnliche Asiatische, und nach dem großen Geschichtforscher Johann von Müller an ähnliche Schweizerische im Saanenlande erinnert, und deren Erfindung gewiß dem moralischen Gefühle dieser Völker Ehre macht. Garcilasso, dessen Familienstolz geneigt ist, alle Kultur seinen Ahnherrn den Inkas zuzuschreiben, gesteht doch selbst daß die große Festung bei Cusco die noch übrig ist, eine Nachahmung der ältern Gebäude von Tiahuanaku gewesen sei. Reisende haben mich versichert, daß um den See Chukuito noch jetzt ungeheuer große behauene Steinmassen und Mauren gesehen werden, eine Nachricht welche Alcobazar's Erzählung zu beglaubigen scheint. Bei Truxillo an der Küste der Südsee bin ich Stundenlang in den Ruinen der Stadt Mansiche umhergeritten: Ruinen, die einen Flächenraum einnehmen der nicht viel geringer als der von Berlin ist, und welche ebenfalls vor der Ankunft der Inkas existirten. – So sieht man also, daß zu derselben Zeit als die Tulteker in Mexiko Piramiden bauten und sie mit Porphyrtafeln bekleideten, in der südlichen Hemisphäre andre Völker bereits zu einer ähnlichen Kultur gelangt waren. So ist die Menschheit im Neuen Kontinent, in den entferntesten Punkten zugleich, zu bildendem Kunstfleiß erwacht.

Wie die Werke dieser Kultur gegenwärtig beschaffen sind, wird uns in einer folgenden Abhandlung beschäftigen.

Auszüge aus einigen Briefen

des Frhrn. *Alex. v. Humboldt* an den Herausgeber.

(Hierzu gehört die Skizze einer nächtlichen Scene am *Orinoko*.)

Berlin, d. 14. Junius, 1806.
– – Ich rücke sehr gut in der Arbeit fort, auf welche Sie ein so gütiges Interesse heften. Wissenschaftliche Werke, die mit Zahlen gefüllt sind, erfordern viel Zeit. Denken Sie, daß das englische Gouvernement selbst 3 bis 4 Jahre bedurfte, um *Vancouver's* Reise redigiren zu lassen, und meine Redaction ist der Masse und Vielseitigkeit wegen schwieriger. Etliche 20 Bogen in 4to von der Pflanzengeographie sind bereits gedruckt. Der erste Theil der historischen Beschreibung ist weit vorgerückt und zugleich wird auch die Statistik von *Mexiko* und der Theil der astronomischen Beobachtungen und Messungen erscheinen. Die Höhenmessungen wurden nach *Laplace's* Formeln berechnet. Dazu kommen die Berechnungen der Chronometer-, Monddistanzen-, Trabanten-Beobachtungen für Orte, um Längen und Breiten zu bestimmen. –

– – Von den zwei Fischen* habe ich nicht ganze colorirte Zeichnungen, sondern kann die Farbe nur in Stücken angeben. Der eine ist der *Eremophilus Mutisii*, der andre der *Astroblepus*. Die Farbe und Zeichnung ist übrigens auf dem ganzen Leibe dieselbe, erstere graulichgrün. Beide und der *Pimelodes* sind in natürlicher Größe von mir gezeichnet. – – Ueber die *Pimeloden* setze ich hinzu: Alle Vulkane sind hohle, an einander gereihte Gewölbe. Man erkennt dies an jedem Crater. Reichen die Vulkane, wie in den *Andes*, in die ewige Schneelinie über 2500 Toisen unter dem Aequator hinaus, so füllen sich in Jahrtausenden diese Höhlen und Gewölbe mit geschmolzenem Schneewasser. Der

---

* Frhr. *v. H.* hatte die Güte, mir die Zeichnung zweier seltener Fischarten, und besonders der von den südamerikanischen Vulkanen ausgeworfenen *Pimeloden* mitzutheilen. D. H.

Sitz des Feuers ist fern davon. Entstehen nun bei Explosionen Erdbeben, so öffnen sich diese unterirdischen Kammern und die Fische, welche darin leben, stürzen mit dem Wasser heraus. Wie sie aber zuerst auf solche Höhen kamen, ist schwer zu sagen. Vielleicht werden sie gehoben, wie die Dämpfe vor unsern Augen den Boden des vesuvischen Craters heben; ja so heben, daß 1805 man den Boden (fond du crater) von Neapel aus sah. –

– – *Skinner's Description of Peru** ist nicht so schlecht. Ich habe sie flüchtig durchblättert. Leider hat der Vf. nicht alle 12 Bände des *Mercurio peruano* gekannt und die interessantesten Materialien, z. B. die Charte vom *Rio Guallaga*, weggelassen. In einer gewissen gelehrten Zeitung las man über diese Schrift sehr abentheuerlich: »die Aufsätze hätten etwas Fremdes, man möchte sagen, *Uneuropäisches*.« Welch ein Vorwurf! – Europäisch ist freilich in *Lima* nichts. Die Kupfer sind meistens abscheulich und englischer Zusatz, z. B. die Kleidung der *Ynkas*, die Minerva u. s. w. Dagegen sind die Damen von *Quito* mit den faltigen Kleidern (*punzoña*) und der Sklave schon sehr gut –

– – Ich lege Ihnen eine kleine Originalskizze des braven *Schiek*, eines sehr geistreichen, teutschen Künstlers, welcher seit Jahren in *Rom* lebt, den ich dort fand und den ich unter meine Freunde zählen darf, als ein kleines Geschenk bei. Sie schildert sehr treu unsere nächtliche Existenz auf der *Reise am Orinoko*, wie man die Hamaken ausbreitet, die Feuer anschürt gegen den grausamen Jaguar; die Papageien und Affen, die wir lebendig bei uns hatten; wie ein Affe gebraten wird, um ihn zu essen; die Palmzweige, welche man über der einen Seite der Hamaken sehr pittoresk ausbreitet, um sich etwas vor dem Regen in das Gesicht zu schützen u. s. w. Die Skizze ist in der That sehr genialisch und

---

* Das geogr. Institut hat von einem in diesem Fache rühmlich bekannten Gelehrten eine Uebersetzung dieses Werks veranstalten lassen, deren Erscheinung durch die Hoffnung die dem Engländer *Skinner* nicht zugänglichen Bände des *Mercurio peruano* zu erhalten und durch sie seine Nachrichten zu ergänzen, verzögert ward.   D. H.

Jemand, der mit uns gewesen wäre, würde es nicht treuer haben machen können. – – Vielleicht finden Sie Gelegenheit, sie zu benutzen, oder einmal stechen zu lassen . –

Berlin, d. 21. Novbr. 1806

– – Die kleine Zeichnung, welche ich Ihnen mittheilte, und welche Ihre Aufmerksamkeit auf sich gezogen hat, entstand folgendermaßen. Hr. *Schiek*, ein Wirtemberger, (derselbe, dessen großes Bild der Sündfluth viel Ruf hat), hörte mich oft, bei meinem letzten Aufenthalt in Rom, mit Interesse von meinem Leben in den Wäldern der *Guayana* reden, besonders von den nächtlichen Scenen am Ufer des *Orinoko*. Ich zeigte ihm kleine Skizzen, welche ich selbst an Ort und Stelle mit wenigen Linien entworfen. Nach diesen und nach meiner Erzählung entstand jene Zeichnung, welche in der That im Detail so genau ist, als man es von Darstellungen einer so großen Natur verlangen kann.

Wenn ich sie betrachte, glaube ich mich an den *Alto Orinoko* oder *Cassiquiare* versetzt. Nichts gränzt an die stille Majestät jener Tropennächte. Der Wald (Mimosen, Palmen, Hevea und Cäsalpinien) drängt sich dicht an den Fluß. Man fährt lange mit dem Canot am Ufer hin, bis man eine Stelle trifft, wo das Pflanzengewirre Einem Raum läßt, ans Land zu steigen und seine Hamaken (Hängematten) auszuspannen. Europäer haben keinen Begriff von diesen Hindernissen, welche die Vegetation der Cultur des Menschengeschlechts im Innern von *Südamerika* setzt. Die wildesten Völkerstämme, wenn sie nicht Savannen (Grasfluren) bewohnen, werden zum Gartenbau gezwungen. Sie müssen Pisang und Arumarten und Jatropha bauen, weil das Dickicht der Wälder sie hindert, als Jäger zu leben. Missionsniederlassungen liegen nur etwa 1000 Toisen von einander entfernt, und kaum hat man einen Landweg von einer zur andern eröffnen können. Die ewigen Aequatorial-Regen hindern das Abbrennen der Waldungen, und das Menschengeschlecht muß in Menge noch sehr zunehmen, ehe es dort Herr der Pflanzenschöpfung wird.

Die Indianer rudern mit gränzenloser Anstrengung Strom

aufwärts 15 Stunden lang. Man fährt um 2 bis 3 Uhr Morgens ab und bleibt bis 6 Uhr Abends auf dem Flusse, d. h. bis zur einbrechenden Nacht. Wir waren drei weiße Menschen und 14 bis 15 kupferfarbene Indianer. Kaum landet man an, wo die Waldung etwas lichter ist, so schafft man sich Raum durch Weghauen der Zweige und der rankenden Pflanzen. Die Instrumente und die Petacas (Koffer von Rindsleder, unsern Schachteln ähnlich) werden in die Mitte gesetzt. Umher spannt man die Hamaken aus, in denen man vor den furchtbaren Schlangen gesichert ist, die abgerechnet, welche sich von oben von den Bäumen herablassen. Wo die Bäume fehlten, an sandigen Ufern, wo der Fluß sein Bette nicht ganz ausfüllt und wo man es nicht wagt, sein Canot zu weit zu verlassen, schliefen wir auf platter Erde auf einem ausgebreiteten Thierfelle. Von den zahllosen Mosquitos (von denen zu verschiedenen Stunden verschiedne Gattungen erscheinen, und die man, ohne sie zu sehen, am Stich, nach der Art des Schmerzes, unterscheidet) sage ich Ihnen nichts. Reisende, die bloß in Westindien, oder an den Küstenländern in Südamerika oder in Peru waren, kennen diese gränzenlose Plage nur durch Erzählung Anderer. Im vollem Maaße empfindet man dies Uebel nur in der Flußwelt am *Magdalenen-Flusse*, am *Orinoko* und *Cassiquiare*, nicht am *Rio Negro*. Denn überall, wo schwarzes, caffeebraunes Wasser fließt, giebt es keine Crocodile, keine Mosquitos und angenehme Kühlung. Die ersten Wochen erschöpft man seine Einbildungskraft mit Anstalten, sich vor diesen Plagen zu schützen. Nach Monaten fühlt man, daß alle Gegenmittel umsonst sind. Kaltes Wasser lindert die Geschwulst. Aber das Flußwasser ist zu 22° Réaum. und der Blutdurst der Crocodile, die man nicht mit dem Alligator verwechseln muß, wie der Biß des Caraiben-Fisches, verbieten meist das Baden.

Unsere Hamaken und die des Mönchs (denn ein Franciskanermönch ist ein schützender Begleiter) werden in der Mitte aufgespannt. Den äußern Rand des Ranche nehmen die Indianer ein. Noch weiter hin schürt man Feuer an, um den Jaguar abzuhalten. Denn der Tiger der *Guayana* ist gar nicht so feige, als *Buffon* behauptete, der Jaguar und Tigerkatzen verwechselte. Ein Augenblick großer Gefahr ist, wenn durch nächtliche Regen jene Feuer erlöschen. Man muß dann den ganzen Regen in der Hamake abwarten, da die Crocodile, welche an das Ufer kommen, Einen hindern, das Canot zu suchen. Das Geschrei der Waldthiere ist dann unbeschreiblich und giebt der Scene einen Charakter romantischer Wildheit.

In der Mitte des Bildes hat Hr. *Schiek* eine Indianische Küche abgebildet. Sie sehen, sie ist sehr einfach. Ein von Baumzweigen gebildeter Rost, auf dem man den Affen, die große *Simia Paniscus* bratet. Affenschinken sind ein Leckerbissen dieser Welt. –

A. v. Humboldts nächtliche Scene am Orinoco.
A. d. Ephem. 1807. 1. St.

Jagd und Kampf
der electrischen Aale mit Pferden

Aus den Reiseberichten
des Hrn. Freiherrn *Alexander v. Humboldt*

Nirgends findet man den electrischen Aal, (*Gymnotus electricus L.*,) in größerer Menge, als in den kleinen Flüssen und in den vielen stehenden Gewässern oder Sümpfen des Theils von Guyana, welcher zwischen dem Oronoco und der Küsten-Cordillere von Venezuela liegt, und aus ungeheuren meist dürren Ebenen besteht, die unter dem Namen: *Llanos de Caraccas* oder *Llanos de Apuré*,* bekannt sind. Fast auf jeder Quadratmeile finden sich hier drei oder vier Sümpfe, welche eben so viel von der Natur gemachte Fischbehälter für die Zitteraale zu seyn scheinen, die sich darin in großer Zahl finden. Die geringe Tiefe dieser Sümpfe macht es den Indianern möglich, die electrischen Aale in ihnen zu fangen; in den großen Strömen, dem Meta, dem Apuré und dem Oronoko ist die Tiefe und die Gewalt des Wassers zu groß, als daß sie sich dieser Fische zu bemächtigen vermöchten. Wir haben gefunden, daß in Guyana allen Indianern die Gefahr sehr wohl bekannt ist, der sie sich aussetzen, wenn sie in Gewässern schwimmen, in welchen die Zitteraale zahlreich sind, indem man ihre schädliche Wirkung gewöhnlich eher empfindet, als man den Fisch gewahr wird.

Als wir durch jene weit verbreiteten Ebenen der Provinz Caraccas reisten, um uns zu San Fernando de Apuré einzuschiffen, und unsre Fahrt auf dem Oronoko zu beginnen, verweilten wir 5 Tage lang in der kleinen Stadt *Calobozo*, welche nach meinen Beobachtungen unter 8° 56′ 56″ nördlicher Breite liegt. Wir wollten uns hier mit den Zitteraalen beschäftigen, deren es eine unzählbare Menge in dieser Gegend giebt, im Rio Guarico, in den Can-

---

* Man vergl. *Annalen*, XVI, 423. *d. H.*

nos de Rastro, de Berito, de la Paloma und in etlichen funfzig kleinen stehenden Gewässern. Man hat mir versichert, daß man unweit *Uritucu* eine ehemahls sehr gangbare Straße wegen der electrischen Fische hat aufgeben müssen; sie führte durch einen Bach, und auf dem Fuhrt durch denselben ertranken jährlich mehrere Maulesel, die durch die Entladungsschläge der Zitteraale betäubt und sinnlos niedergeworfen wurden.

Um unsre Versuche mit aller Genauigkeit anstellen zu können, wünschten wir, daß man uns electrische Aale in das Haus brächte, welches wir in Calobozo bewohnten. Unser Wirth gab sich alle Mühe, um unser Verlangen zu erfüllen. Es wurden Indianer zu Pferde ausgeschickt, um in den Sümpfen zu fischen; todte Zitteraale hätten wir in Menge haben können, aber eine fast kindische Furcht verhinderte die Eingebornen, sie lebendig fortzutragen. Wir haben uns zwar in der Folge überzeugt, daß es allerdings sehr unangenehm ist, es mit diesen Fischen zu thun zu haben, wenn sie noch bei ihrer ganzen Kraft sind; bei dem gemeinen Volke ist aber diese Furcht um so sonderbarer, da es die Meinung hat, man könne die Zitteraale ungestraft berühren, wenn man Tabak rauche. Wir hatten 10 Francs für jeden electrischen Aal geboten, den man uns lebendig bringen würde, aber es fand sich niemand, der sie verdienen wollte; auch ist das angebliche Sicherungsmittel der Indianer gegen die Schläge des Zitteraals ohne alle Kraft. Die Liebe zum Wunderbaren ist unter den Eingebornen dieser Gegenden so groß, daß sie häufig Sachen erzählen und behaupten, an die selbst zu glauben sie weit entfernt sind. Auch sie meinen also, der Natur noch mehr Wunder leihen zu müssen, als wenn die Natur nicht schon an sich selbst der Geheimnisse und des Wunderbaren genug hätte.

Drei Tage lang hatten wir in der Stadt Calobozo zugebracht, und nur einen einzigen electrischen Gymnotus erhalten, der ziemlich schwach war. Wir faßten nun den Entschluß, uns selbst an Ort und Stelle zu begeben, und dort die Versuche in freier Luft, am Ufer der Sümpfe anzustellen, in welchen die Zitteraale wohnen. Wir verfügten uns zuerst in das kleine Dorf *Rastro de*

Abasco, und von da führten uns die Indianer zu dem *Canno de Bera,* einem Bassin voll stehenden schleimigen Wassers, das von einer herrlichen Vegetation, *Clusea Rosea*, *Hymenea courbaril*, dem großen indischen Feigenbaum und Mimosen mit wohlriechenden Blüthen, umgeben ist. Wir geriethen nicht wenig in Verwunderung, als wir hörten, man wolle in die benachbarten Savannas gehen, und dort einige dreißig halbwilde Pferde zusammen treiben, um sich ihrer bei diesem Fischfange zu bedienen. Man nennt diese Art, die Zitteraale zu fangen, *embarbascar con Cavallos,* das heißt, trunken machen durch Hülfe von Pferden, und das führt auf gar bizarre Vorstellungen. Mit dem Namen: *Barbasco,* belegt man die Wurzeln der *Jaquinia,* der *Piscidia* und jeder andern giftigen Pflanze, welche einer großen Wassermasse, in die man sie wirft, augenblicklich die Eigenschaft mittheilt, die Fische zu tödten, zu betäuben, oder trunken zu machen. Die durch dieses Mittel vergifteten Fische (*embarbascado*) schwimmen auf der Oberfläche des Wassers; und da die Pferde, welche man in dem Sumpfe hin und her treibt, dasselbe bei den in Schrecken gesetzten Fischen bewirken, so belegt man, indem man Ursache und Wirkung verwechselt, beide Arten zu fischen, mit gleichen Namen.

Während unser Wirth uns von der sonderbaren Art unterhielt, wie man hier die Zitteraale fängt, kam der Trupp Pferde und Maulesel an. Die Indianer hatten aus ihnen eine Art von Treiben gemacht, und nöthigten sie, in den Sumpf hinein zu gehen, indem dies der einzige Ausweg war, den sie ihnen ließen. Das interessante Schauspiel, das sich uns nun darbot, des Kampfs der Zitteraale gegen die Pferde, läßt sich mit Worten nur sehr unvollkommen schildern. Die Indianer, jeder mit einem sehr langen Rohre und mit einer kleinen Harpune bewaffnet, stellten sich um den Sumpf, und einige kletterten auf die Aeste der Bäume, die über dem Wasser lagen. Durch ihr Geschrei und durch ihre langen Stangen trieben sie die Pferde, wo sie sich dem Ufer näherten, zurück. Die durch den Lärm der Pferde geschreckten Zitteraale vertheidigten sich mit wiederhohlten Entladungsschlägen ihrer electrischen Batterieen, und eine Zeit lang schien es, als würden sie den Sieg über die Pferde und Maulesel davon tragen. Mehrere von diesen durch die Menge und Stärke der electrischen Schläge betäubt, verschwanden unter dem Wasser; einige derselben, die sich wieder aufrichteten, erreichten ungeachtet der Wachsamkeit der Indianer das Ufer, und streckten sich hier, durch ihre Anstrengung erschöpft, und durch die starken electrischen Schläge an allen Gliedern gelähmt, der Länge nach auf die Erde.

Ich hätte gewünscht, daß ein geschickter Mahler den Augenblick hätte auffassen können, als die Scene am belebtesten war. Die Gruppen der Indianer, welche den Sumpf umringten, die Pferde mit zu Berge stehender Mähne, Schrecken und Schmerz im Auge, welche dem Ungewitter, das sie überfällt, entfliehen wollen; die gelblichen und schlüpfrigen Aale, welche großen Wasserschlangen ähnlich an der Oberfläche schwimmen, und ihre Feinde verfolgen: alles das gab ein höchst mahlerisches Ganzes. Ich erinnerte mich dabei des berühmten Gemähldes, welches ein Pferd vorstellt, das in eine Höhle tritt, und durch den Anblick eines Löwen entsetzt wird. Der Ausdruck des Schreckens ist hier nicht stärker, als er in jenem ungleichen Kampfe sich zeigte.

In weniger als fünf Minuten waren zwei Pferde ertrunken. Die Aale, deren mehrere über 5 Fuß Länge hatten, schlüpften den Pferden und Mauseln unter den Bauch, und gaben dann Entladungen ihres ganzen electrischen Organs. Diese Schläge treffen zugleich das Herz, die Eingeweide und besonders das Nervengeflecht des Magens. Es ist daher nicht zu verwundern, daß der Fisch auf ein großes vierfüßiges Thier viel mächtigere Wirkung, als auf einen Menschen hervor bringt, der ihn nur mit den Extremitäten berührt. Doch zweifle ich, daß der Zitteraal die Pferde tödtet; er betäubt sie nur, wie ich glaube, durch die Erschütterungsschläge, die er ihnen hinter einander giebt; sie fallen in eine tiefe Ohnmacht, und verschwinden besinnungslos unter dem Wasser; die andern Pferde und Maulesel treten auf ihnen herum, und in wenig Minuten sind sie todt.

Nach diesem Anfange fürchtete ich, die Jagd möchte ein sehr

tragisches Ende nehmen, und die Pferde würden eins nach dem andern ertrinken. Sind die Herren derselben bekannt, so bezahlt man jedes, das ertrinkt, mit 8 Franken. Die Indianer versicherten indeß, die Jagd werde bald geendigt seyn, und nur der erste Sturm der Zitteraale sey furchtbar. In der That kommen die Aale nach einiger Zeit in den Zustand entladener Batterieen, sey es nun, daß die galvani'sche Electricität sich durch die Ruhe in ihnen gehäuft hatte, oder daß ihr electrisches Organ durch einen zu häufigen Gebrauch ermüdet und zu fernern Verrichtungen unbrauchbar gemacht wird. Zwar ist ihre Muskelbewegung dann immer noch eben so lebhaft als zu Anfang, sie haben aber nicht mehr das Vermögen, recht kräftige Schläge zu ertheilen. Als der Kampf eine Viertelstunde gedauert hatte, schienen die Pferde und Maulesel minder in Schrecken zu seyn; die Mähnen standen ihnen nicht mehr zu Berge; ihr Auge druckte nicht mehr hohen Schmerz und Schrecken aus, und es fielen keine Pferde mehr um. Auch schwammen die Aale mit dem halben Leibe außer dem Wasser, flohen vor den Pferden, statt sie anzugreifen, und näherten sich dem Ufer. Die Indianer versicherten uns, daß, wenn man die Pferde zwei Tage hinter einander in den Sumpf treibt, am zweiten Tage kein Pferd mehr getödtet werde. Die Fische müssen Ruhe und hinlängliche Nahrung haben, um eine große Menge galvani'scher Electricität zu erzeugen oder anzuhäufen. Aus den Versuchen, welche man in Italien mit Zitterrochen gemacht hat, ist es bekannt, daß, wenn die Nerven dieser Rochen, welche in die electrischen Organe gehn, zerschnitten oder unterbunden werden, diese Organe in ihrer Wirkung gerade so gehemmt sind, wie ein Muskel, dessen Hauptarterie oder Hauptnerve unterbunden ist; beide bleiben gleich unbeweglich, so lange die Unterbindung dauert. Die electrischen Organe des Zitterrochens und der Zitteraale sind folglich der Herrschaft des Nervensystems unterworfen, und sind keinesweges gewöhnliche electromotorische Apparate, welche aus den benachbarten Wasserschichten die ihnen entzogene Electricität wieder anziehen. Ist dieses aber der Fall, so darf es uns nicht befremden, daß die Stärke der electrischen Schläge des Zitteraals von dem Zustande seiner Gesundheit abhängt, und daß Ruhe, Nahrung, Alter, und vielleicht noch eine Menge anderer physischer, auch moralische Gründe darauf Einfluß haben.

Die Zitteraale, welche nach dem Ufer fliehen, werden sehr leicht gefangen, mit kleinen an einen Strick befestigten Harpunen, die man ihnen in den Leib wirft. Die Harpune spießt manchmahl ihrer zwei auf. Ist der Strick sehr trocken und ziemlich lang, so kann man sie damit an das Ufer ziehen, ohne Schläge zu erhalten. In wenigen Minuten waren 5 große Zitteraale auf dem Trockenen. Wir hätten zwanzig haben können, hätten wir ihrer so viele zu unsern Versuchen bedurft. Einige waren nur leicht am Schwanze verwundet, andere schwer am Kopfe; und wir konnten deutlich beobachten, wie die natürliche Electricität dieses Fisches nach der verschiedenen Stärke der Lebenskraft sich modificirt.

Wir haben unsre Versuche über die merkwürdigen electrischen Erscheinungen des *Gymnotus electricus* nicht bloß an diesen in unsrer Gegenwart gefangenen Fischen angestellt, sondern auch an einem Zitteraal von außerordentlicher Größe, den wir nach unsrer Zurückkunft von Rastro, zu Calobozo in unsrer Wohnung vorfanden. Er war mit einem Netze gefangen, und nicht verwundet worden, und man hatte ihn augenblicklich, nachdem man ihn aus dem Sumpfe gezogen, in einen Zuber gethan und nach Calobozo getragen. Da er beständig in dem selben Wasser geblieben war, an welches er sich gewöhnt hatte, so konnte seine galvani'sche Electricität schwerlich geschwächt seyn. Wir werden indeß bald sehen, daß die verwundeten, und daher minder kraftvollen Zitteraale für Untersuchungen über die galvanisch-electrischen Phänomene dieser Fische viel belehrender sind, als Zitteraale in ihrer vollen Kraft. Es entgehen dem Auge des Beobachters sehr viele Nüancen, wenn der electrische Strom sich mit einer solchen Heftigkeit entladet, daß er sich den Weg durch minder vollkommene Leiter fast so gut als durch die besten Leiter bahnt.

Wenn man gesehen hat, daß die Zitteraale ein Pferd sinnlos zu Boden werfen, so darf man wohl sich fürchten, sie in den ersten Augenblicken, nachdem sie an das Land gezogen worden, zu berühren. Diese Furcht ist bei den Eingebornen so groß, daß sich keiner dazu verstehen wollte, die electrischen Aale von dem Stricke der Harpune loszumachen, und sie in die kleinen mit frischem Wasser gefüllten Löcher zu tragen, welche wir an dem Ufer des Sumpfes ausgehöhlt hatten. Wir mußten uns dazu verstehen, selbst die ersten Schläge auszuhalten, und diese waren fürwahr nicht sanft. Die stärksten schienen mir schmerzhafter zu seyn, als die heftigsten electrischen Schläge, die ich mich von einer großen völlig geladenen Flasche je erhalten zu haben entsinne. Wir begriffen nun sehr wohl, daß es nicht zu den Uebertreibungen gehörte, wenn die Indianer erzählten, daß jemand, der schwimmt, unfehlbar ertrinkt, wenn ihm ein Zitteraal an die Beine oder an die Arme einen Schlag versetzt. Eine so heftige Erschütterung kann dem Menschen sehr leicht den Gebrauch seiner Glieder auf mehrere Minuten entziehen; ja es könnte selbst der augenblickliche Tod erfolgen, wenn der Fisch, indem er längs des Bauchs und der Brust hinschlüpft, eine kraftvolle Entladung gäbe, weil dann die edlern Theile, das Herz, das gastrische System, der *plexus coeliacus*, und alle Nerven, die davon abhängen, zugleich ihrer Reitzbarkeit beraubt werden würden. Nur eine schwache Electricität vermehrt, wie bekannt, die Lebenskräfte, eine starke vernichtet sie.

Fragmente aus dem neuesten Hefte
des *v. Humboldt*'schen Werkes *über den politischen
Zustand des Königreichs Neu-Spanien*

1.

Das alte und neue Mexiko

Man ist schon so lange her daran gewöhnt, von der Hauptstadt Mexiko's als von einer mitten in einem See gebauten Stadt zu hören, welche nur durch Dämme mit dem festen Lande zusammenhänge, und mag sich daher sehr wundern, den Mittelpunkt der heutigen Stadt in meinem mexikanischen Atlas um 4.500 Metern von dem See Tezcuco und von dem von Chalco über 9000 M. entfernt zu finden. Man wird deswegen entweder die Genauigkeit der in den Entdeckungsgeschichten der neuen Welt gegebenen Beschreibungen in Zweifel ziehen, oder sich mit der Erklärung helfen, daß die heutige Hauptstadt von Mexiko nicht auf den nämlichen Grund gebaut sey, auf welchem die alte Residenz von Montezuma gestanden habe. Allein es ist völlig zuverlässig, daß die Stadt ihre Stelle nicht verändert hat. Die Domkirche von Mexiko steht genau auf demselben Platze, wo sich der Tempel des Huitzilopochtli befand; die heutige Straße Tacuba ist die alte Straße Tlacopan, durch welche *Cortez* in der traurigen Nacht (zur Auszeichnung *la noche triste* genannt) vom 1 Juli 1520 den berühmten Rückzug gemacht hat, und die anscheinende Verschiedenheit der Lage, wie sie auf den alten Karten und den meinigen angegeben ist, kommt blos von der Verminderung des Wassers im See von Tezcuco her.

Es wird nicht unnütz seyn, hier eine Stelle aus einem unter dem 30 Okt. 1520 von *Cortez* an Kaiser *Karl V* erlassenen Briefe anzuführen, worin er ein Gemählde von dem Thale von Mexiko entwirft. Es ist mit hoher Einfachheit verfaßt, und schildert zugleich die Polizey, welche in dem alten Tenochtitlan herrschte. »Die Provinz, sagt *Cortez*, in welcher die Residenz dieses großen Fürsten Muteczuma liegt, ist rings von hohen und durch Abgründe durchschnittenen Gebirgen umgeben. Die Ebene hat beynahe siebenzig Stunden im Umfange, und enthält zwey Seen, welche fast das ganze Thal ausfüllen, so daß die Einwohner von einem Umkreise von mehr als funfzig Stunden in Kähnen fahren.« (Hiebey ist zu bemerken, daß Cortez blos von zwey Seen spricht, weil er die von Zumpango und Xaltocan, zwischen denen er auf seiner Flucht von Mexiko nach Tlascallo vor der Schlacht von Otumba eiligst durchzog, nur unvollkommen kannte.) »Von diesen beyden großen Seen im Thale von Mexiko enthält der eine süßes, und der andere gesalzenes Wasser. Sie sind blos durch einen kleinen Strich von Gebirgen (die konischen und freystehenden Hügel bey Iztapalapan) von einander getrennt. Diese Gebirge erheben sich mitten in der Ebene, und die Wasser des Sees vermischen sich nur in einer schmalen Fuge, welche zwischen den Hügeln und der hohen Cordillera (wahrscheinlich auf der östlichen Senkung von Cerros de Santa Fe) liegt. Die vielen Städte und Dörfer, die auf beyden Seen gebaut sind, treiben ihren Handel auf Kähnen, und nicht über das feste Land hin. Die große Stadt Temixtitan (Tenochtitlan) steht mitten in dem Salz-See, der seine Ebben und Fluthen hat, gleich dem Meere. Von welcher Seite des Ufers man kommen mag, braucht man immer zwey Stunden, um sie zu erreichen. Vier Dämme führen nach dieser Stadt. Sie sind das Werk der Menschenhände, und immerhin zwey Lanzenlängen breit. Die Stadt selbst ist so groß als Sevilla oder Cordoba. Die Straßen, das heißt die Hauptstraßen, sind zum Theil sehr enge, zum Theil sehr weit; die einen halb trocken, die andern zur Hälfte von schiffbaren Kanälen durchschnitten, welche mit hübschgebauten hölzernen und so geräumigen Brükken versehen sind, daß zehen Reiter zugleich darüber setzen können. Der Markt ist doppelt so groß, als der von Sevilla, und mit einem ungeheuern Portikus umgeben, unter welchem alle Arten von Waaren, Lebensmitteln, Kleiderschmuck von Gold, Silber, Bley, Kupfer, edeln Steinen, Knochen, Muscheln und Federn, von Leder und Baumwollenstoffen, zum Verkaufe ausgestellt sind. Auch findet man hier gehauene Steine, Ziegel und

Zimmerholz. Einzelne Stellen sind für den Verkauf von Wildbret, andere von Gemüßen und Gartenkräutern eingerichtet. Hier befinden sich auch eigene Häuser, wo die Barbiere (mit Schermessern von Obsidian) die Kopfhaare rasiren, und andere, welche unsern Apothekerbuden gleichen, und wo schon völlig zubereitete Arzneimittel, Salben und Pflaster verkauft werden. In andern Häusern gibt man um's Geld zu essen und zu trinken, und man sieht überhaupt so vielerley Dinge auf dem Markte, daß ich nicht im Stande bin, sie Ew. Hoheit alle aufzuzählen. Um Verwirrung zu vermeiden, werden alle Waaren an abgesonderten Orten verkauft. Alles wird nach der Elle gemessen, und wir haben bis jetzt noch kein Gewicht brauchen sehen. Mitten auf dem großen Platze steht ein Haus, welches ich die Audiencia nennen möchte, und wo immer zehn bis zwölf Richter sitzen, welche über die bey'm Handel entstandenen Streitigkeiten entscheiden. Eine andre Art öffentlicher Personen ist unaufhörlich im Gedränge verbreitet, führt die Aufsicht darüber, daß um billige Preise verkauft wird, und man hat bemerkt, wie sie die falschen Maße, welche sie bey den Kaufleuten fanden, zerbrachen.«

2.

Das alte und neue Mexiko

Mit einer Menge von Teocallis geziert, welche sich, wie die Minarets, zum Himmel erhoben, umgeben von Wasser und Dämmen, auf Inseln gebaut, die mit Vegetation bedeckt waren, und bey der ewigen Bewegung mehrerer tausend Böte, durch die der See belebt wurde, muß das alte Tenochtitlan, nach dem Berichte der ersten Eroberer, Aehnlichkeit mit einigen Städten von Holland und China, oder mit dem Delta von Nieder-Aegypten gehabt haben. Die Hauptstadt, welche die Spanier auf demselben Boden wieder aufbauten, gewährt vielleicht keinen so lachenden, aber einen desto imposantern, majestätischern Anblick. Mexiko gehört zu den schönsten Städten, welche die Europäer in den beyden Hemisphären aufgeführt haben, und mit Ausnahme von Petersburg, Berlin, Philadelphia und einigen Quartieren von Westminster, gibt es vielleicht keine Stadt von demselben Umfange, deren Boden so gleichförmig wagerecht, deren Straßen so breit und regelmäßig, und deren öffentliche Plätze so groß wären, wie all dies bey der Hauptstadt von Neu-Spanien der Fall ist. Die Architektur ist im Durchschnitte von ziemlich reinem Stil, und manche Gebäude nehmen sich wirklich sehr schön aus. Das Aeußere der Häuser ist nicht mit Ornamenten überladen, und die beyden Arten von Quadersteinen, der poröse Mandelstein, Tetzontli genannt, und besonders ein Porphyr mit glasartigem Feldspath ohne Quartz, geben den mexikanischen Bauten ein gewisses Ansehen von Festigkeit und selbst von Pracht. Von den Balkons und Galerien, durch welche alle europäische Städte beyder Indien so sehr entstellt werden, weiß man hier nichts. Die Geländer und Gitter sind von biskayischem Eisen mit Bronze-Verzierungen, und statt der Dächer hat man, wie in Italien und allen südlichen Ländern, Terrassen auf den Häusern.

Seit dem Aufenthalte des Abbé *Chappe* im J. 1769 ist Mexiko außerordentlich verschönert worden. Das für die Bergschule bestimmte Gebäude, zu welchem die reichsten Männer des Landes eine Summe von mehr als drey Millionen Franken beygesteuert haben, würde den ersten Plätzen von Paris und London Ehre machen. Einige mexikanische Architekten, welche in der Akademie der schönen Künste in der Hauptstadt gebildet worden sind, haben vor Kurzem zwey große Hotels gebaut, von denen das eine in dem Quartier Traspana gelegene in seinem Hofe ein sehr schönes Peristyl von ovaler Form enthält. Mit allem Rechte bewundern die Reisenden auf der *Plaza major* von Mexiko, der Domkirche und dem Pallaste der Vice-Könige gegenüber, eine große, mit viereckigen Platten von Porphyr gepflasterte Einfassung, deren Gitter reich mit Bronze verziert sind, und auf deren Mitte die Statue *Karl's IV* zu Pferde auf einem Piedestal von mexikanischem Marmor steht. Bey allen Fortschritten, welche die schönen Künste seit dreißig Jahren in diesem Lande gemacht haben, ist indeß unläugbar, daß die Hauptstadt von Mexiko einem Europäer weniger wegen der Größe und Schönheit ihrer öffentlichen Denkmale, als wegen der Breite und Geradheit ihrer Straßen, weniger wegen ihrer einzelnen Gebäude, als wegen ihrer übereinstimmenden Regelmäßigkeit, ihrer Ausdehnung und Lage auffallen wird. Durch ein Zusammentreffen ungewöhnlicher Umstände sah ich in sehr kurzer Zeit hintereinander Lima, Mexiko, Philadelphia, Washington, Paris, Rom, Neapel und die größten Städte von Deutschland. Vergleicht man schnell auf einander folgende Eindrücke mit einander, so ist man oft im Stande, eine Meynung, der man sich zu unbedachtsam überlassen hatte, zu berichtigen. Allein trotz allen Vergleichungen, welche der Hauptstadt von Mexiko nicht durchgängig günstig seyn könnten, hat sie eine Idee von Größe in meinem Gedächtnisse zurückgelassen, welche ich besonders dem imposanten Karakter ihrer Lage und der sie umgebenden Natur zuschreiben muß.

Wirklich ist auch das Gemählde, welches das Thal an einem schönen Sommermorgen, und bey dem wolkenlosen dunkelazurnen Himmel, welcher der trockenen und dünnen Luft hoher Gebirge eigen ist, von einem der Thürme des Doms von Mexiko oder von dem Hügel von Chapoltepec herab betrachtet, darstellt, von wunderbarem Reichthum, und seltener Mannigfaltigkeit. Eine schöne Vegetation umgibt diesen Hügel. Alte Cypressenstämme, von mehr als funfzehen bis sechszehen Metern im Umfange, erheben ihre blätterlosen Scheitel über die Spitzen der Schinus, deren Wuchs den orientalischen Thränenweiden ähnlich ist. Von dieser einsamen Stelle auf der Höhe des Porphyrfelsen von Chaltopec herab beherrscht das Auge eine ungeheure Ebene, und die herrlich angebauten Gefilde, welche sich bis zu den kolossalen Gebirgen, auf welchen der ewige Schnee liegt, erstrecken. Die Stadt scheint von dem See von Tezcuco genetzt, dessen Umgebungen von Dörfern und Weilern an die schönsten Partien der Art in der Schweiz erinnern. Große Alleen von Ulmen und Pappeln führen auf allen Seiten nach der Stadt. Zwey Wasserleitungen durchschneiden auf sehr hohen Bogen die

Ebene, und gewähren einen eben so angenehmen, als merkwürdigen Anblick. Gegen Norden zeigt sich das prächtige Kloster der lieben Frau von Guadelupe, wie es sich an die Gebirge Tepeyacac lehnt, zwischen Schluchten, welche Dattelpalmen und baumähnliche Yuccas beherbergen. Gegen Süden ist das ganze Land zwischen Sant-Angelo, Tacubaya und Sant-Agostino de las Cuevas, einem ungeheuren Garten von Orangen, Pfirsichen, Aepfeln, Kirschen und andern europäischen Obstbäumen ähnlich. Diese herrliche Kultur macht einen großen Kontrast mit den kahlen Gebirgen, welche das Thal einschließen, und unter denen sich die berühmten Vulkane von Puebla, Popocatepetl und Iztaccihuatl auszeichnen. Der erste unter diesen Bergen bildet einen ungeheuern Kegel, dessen Krater unaufhörlich in Flammen ist, und aus der Mitte des ewigen Schnees Rauch und Asche auswirft.

Auch die gute Polizey, welche in Mexiko herrscht, zeichnet diese Stadt rühmlich aus. Die meisten Straßen haben auf beyden Seiten sehr breite Trottoirs, sind sehr reinlich, und des Nachts durch Spiegellaternen mit platten Dochten in Bänderform erleuchtet. Diese Vortheile verdankt die Stadt der Thätigkeit des Grafen von *Revillagigedo*, bey dessen Ankunft noch die äußerste Unreinlichkeit geherrscht hatte.

In sehr geringer Tiefe findet man überall auf dem Boden von Mexiko Wasser; es ist aber ein wenig salzig, wie das vom See von Tezcuco. Die beyden Wasserleitungen, welche der Stadt süßes Wasser zuführen, sind von neuer Architektur, aber der Aufmerksamkeit jedes Reisenden würdig. Die Quellen von trinkbarem Wasser befinden sich östlich von der Stadt, die eine auf dem kleinen isolirten Berge von Chapoltepec, und die andre auf den Cerros de Santa Fe, bey der Cordillera, welche das Thal von Tenochtitlan von dem von Lerma und Toluca scheidet. Die Bogen der Wasserleitung von Chapoltepec dehnen sich in einer Länge von 3300 Metern. Ihr Wasser kommt auf der Südseite der Stadt, bey dem Salto del Agua herein, ist aber nicht sehr klar, und wird nur in den Vorstädten von Mexiko getrunken. Am wenigsten mit luftsaurer Kalkerde geschwängert ist das Wasser des Aquädukt von Santa Fe, welcher sich längs der Alameda hinzieht, und über der Traspana, an der Brücke von Marescala endigt. Diese Wasserleitung hat beynahe 10 200 Meter Länge; allein die Senkung des Bodens machte nur für ein Drittheil ihrer Ausdehnung Bogen nöthig. Eben so beträchtliche Wasserleitungen hatte die alte Stadt Tenochtitlan. Bey'm Anfange der Belagerung zerstörten die beyden Hauptleute *Alvarado* und *Olid* die von Chapoltepec. *Cortez* redet, in seinem ersten Brief an *Karln V*, auch von der Quelle von Amilco, bey Churubusco, deren Wasser in Röhren von gebrannter Erde in die Stadt geführt wurde. Diese Quelle befindet sich ganz nahe bey Santa Fe, und man erkennt die Reste dieser großen Wasserleitung noch, welche doppelte Röhren hatte, von denen die eine das Wasser nach der Stadt führte, während die andre gereinigt wurde. Dieses Wasser wurde in den Kähnen verkauft, die in den Straßen von Tenochtitlan herumfuhren. Die Quellen von Sant-Augostino de las Cuevas sind indeß die schönsten und klarsten. Auch glaubte ich, auf dem Wege von diesem schönen Dorfe nach Mexiko Spuren einer alten Wasserleitung zu erkennen.

3.
Die alt-mexikanischen Tempel, Teocalli genannt

Der erste Teocalli, um welchen die neue Stadt gebaut wurde, war, wie der älteste griechische Tempel, der des Apollo zu Delphi, welchen Pausanias beschrieben hat, von Holz. Das steinerne Gebäude hingegen, dessen Architektur von Cortez und Bernal Diaz bewundert wurde, war von dem Könige Ahuitzotl im Jahre 1486 auf der nämlichen Stelle aufgeführt worden. Es bestand in einer Pyramidalform von 37 Metern Höhe, und lag mitten auf einem großen, mit Mauern eingeschlossenen Hofe. Man unterschied daran fünf Stockwerke, wie an verschiedenen Pyramiden von Sacara, und besonders an der von Mehedun. Der Teocalli von

Tenochtitlan stand, gleich allen egyptischen, asiatischen und mexikanischen Pyramiden, in genauer Richtung gegen die Himmelsgegenden, hatte eine Basis von 97 Metern, und war oben abgestumpft, so daß er in der Entfernung einem ungeheuern Cubus ähnlich sah, auf dessen Spitze kleine, mit hölzernen Kuppeln bedeckte, Altäre angebracht waren. Die Endspitze dieser Kuppeln erhob sich 54 Meter über die Basis des Gebäudes, oder über das Pflaster seiner Einfassung. Diese Umstände beweisen die große Aehnlichkeit, welche der Teocalli mit jenem alten Denkmale von Babylon hatte, das von Strabo das Mausoleum des Belus genannt wird, und nichts als eine dem Jupiter Belus geweihte Pyramide war. Weder der Teocalli, noch dieses babylonische Gebäude waren Tempel in dem Sinne, welchen wir nach den Ueberlieferungen der Griechen und Römer mit diesem Ausdrucke verbinden. Alle den mexikanischen Gottheiten geheiligten Gebäude waren abgestumpfte Pyramiden, wie das die großen bis auf den heutigen Tag erhaltenen Denkmale von Teotihuacan, Cholula und Papantla beweisen, und aus welchen wir schließen können, wie die kleinern Tempel in den Städten Tenochtitlan und Tecuco beschaffen gewesen seyn mögen. Bedeckte Altäre standen auf den Spitzen des Teocalli's, und wir dürfen sie daher wol in die Klasse der Pyramidal-Monumente von Asien setzen, von denen man erst kürzlich sogar Spuren in Arkadien gefunden hat; denn das konische Mausoleum des Callisthus, ein wahrer *Tumulus*, der mit Fruchtbäumen besetzt war, machte die Basis eines kleinen der Diana geweihten Tempels.

Wir kennen die Materialien nicht, aus welchen der Teocalli von Tenochtitlan gebaut war; denn die Geschichtschreiber berichten blos, er sey mit einem harten polirten Steine überzogen gewesen. Die ungeheuern Fragmente, welche man indeß von Zeit zu Zeit in der Gegend der heutigen Domkirche entdeckt, sind von Porphyr, mit einem Grunde von Grünstein, der voll Amphibolen und glasartigen Feldspaths ist. Als man vor Kurzem den Platz um die Domkirche pflasterte, fand man in einer Tiefe von 10 bis 12 Metern Stücke Bildhauerarbeit. Wenige Nationen haben wol größere

Massen in Bewegung gesetzt, als die Mexikaner. Der Kalender- und Opferstein, welche auf dem großen Platze stehen, haben 8 bis 10 Kubik-Meter. Die kolossale Statue des Teoyaomiqui, die mit Hieroglyphen bedeckt ist, und auf einer Diele des Universitätsgebäudes liegt, ist zwey Meter lang, und drey breit. Auch hat mich der Kanonikus Gamboa versichert, man sey bey einer Grabung in der Nähe der Kapelle des Sagrasio, neben einer ungeheuern Menge von Idolen, welche zum Teocalli gehörten, auch auf ein Stück Felsen mit Bildhauerarbeit gestoßen, das sieben Meter Länge, sechs Breite, und drey Höhe gehabt, und das man umsonst herauszuschaffen versucht habe.

Einige Jahre nach der Belagerung von Tenochtitlan, welche sich, wie die von Troja, mit einer allgemeinen Zerstörung der Stadt endigte, lag der Teocalli schon in Trümmern. Ich möchte daher glauben, daß die Aussenseite der abgestumpften Pyramide aus Thon bestanden, welcher mit dem porösen Mandelsteine, Tetzontli genannt, überzogen war. Wirklich fing man auch kurz vor dem Baue dieses Tempels, unter der Regierung des Königes Ahuitzotl, an, die Brüche dieses zellenförmigen, porösen Steins zu bearbeiten. Nichts war daher leichter, als Gebäude zu zerstören, welche aus so leichten, und so porösen Materialien, als der Bimsstein ist, aufgeführt waren. Ueber die Dimensionen dieses Teocalli stimmen die meisten Geschichtschreiber zwar miteinander überein; indeß dürften sie doch wol übertrieben seyn. Allein die Pyramidalform dieses mexikanischen Gebäudes, und seine große Aehnlichkeit mit den ältesten, asiatischen Denkmalen haben für uns weit mehr Merkwürdigkeit, als seine Masse und Größe.

4.
Andre mexikanische Alterthümer u. dgl.

Die einzigen alten Denkmale im Thale von Mexiko, welche einem Europäer durch ihre Größe und Masse auffallen können, sind die Reste der beyden Pyramiden von San Juan de Teotihuacan, nordöstlich vom See von Tezcuco. Sie waren der Sonne und dem Monde geweiht, und wurden von den Eingebornen Tonatiuh Ytzaqual, Haus der Sonne, und Meztli Ytzaqual, Haus des Mondes, genannt. Nach den Messungen, welche im Jahre 1803 von einem jungen mexikanischen Gelehrten, dem Doktor *Oteyza*, angestellt worden sind, hat die erste Pyramide, die am südlichsten gelegene, in ihrem gegenwärtigen Zustande, eine Basis von 208 Metern (645 Fuß) Länge, und 55 Metern (66 mexikanische Varen oder 171 Fuß) perpendikulärer Höhe. Die zweyte, die Mondpyramide, ist um 11 Meter (30 Fuß) niedriger, und hat auch eine kleinere Basis. Nach dem Berichte der frühsten Reisenden und nach ihrer heutigen Form selbst zu urtheilen, haben diese Denkmale den Aztekischen Teocallis zum Muster gedient. Die Völker, welche dieses Land bey der Ankunft der Spanier bewohnten, schrieben die Pyramiden von Teotihuacan der Tultekischen Nation zu, und ihre Erbauung stiege demnach bis in's achte oder neunte Jahrhundert hinauf, indem Tollan's Reich von 667 bis 1031 gedauert hat. Die Seiten dieser Gebäude stehen, auf etwa 52', genau von Norden nach Süden und von Osten nach Westen. Ihr Inneres besteht aus Thon mit einer Mischung von kleinen Steinen. Dieser Kern ist mit einer dicken Mauer von porösem Mandelstein bedeckt, und man erkennt noch die Spuren einer Kalklage, womit die Steine (der Tetzontli) überzogen waren. Einige Schriftsteller des sechzehnten Jahrhunderts behaupten, nach einer indianischen Tradition, daß das Innere dieser Pyramiden hohl sey. Indeß versichert der Chevalier Boturini, daß der mexikanische Geometer, Siguenza, vergebens den Versuch gemacht habe, diese Gebäude durch eine Galerie zu durchbrechen. Sie bildeten vier Terrassen, von denen heutzutage indeß nur noch drey sich erkennen lassen, indem die Zeit und die Vegetation der Cactus und Agaven sehr zerstörend auf das Aeußere dieser Denkmale gewirkt haben. Eine Treppe von großen Quadern führte ehemals auf die Spitze, wo nach dem Berichte der frühesten Reisenden Statuen aufgestellt waren, deren Ueberzug aus sehr dünnen Goldplatten bestand. Jede der vier Hauptterrassen war in kleine Stufen von etwa einem Meter Höhe abgetheilt, deren Fugen man noch unterscheiden kann. Diese Stufen sind mit Stücken von Obsidian bedeckt, welche ohne Zweifel Schneideinstrumente waren, womit die Tultekischen und Aztekischen Priester (Papahua Tlemacazque oder Teopirqui) in ihrem grausamen Götterdienste den menschlichen Schlachtopfern die Brust öffneten. Es ist bekannt, daß der Obsidian (Itztli) in großer Menge gebrochen wurde, und man sieht die Spuren solcher Brüche noch in vielen Brunnen zwischen den Bergwerken von Moran und dem Dorfe Atotonilco el Grande, in den Porphyrgebirgen von Oyamel und Jacal, einer Gegend, welche die Spanier das Messergebirge, el Cerro de las Navajas, nennen.

Man wünschte wol die Frage aufgelöst, ob diese merkwürdigen Gebäude, von denen das eine (der Tonatiuh Ytzaqual) nach den genauen Messungen meines Freundes, Hrn. *Oteyza*, eine Masse von 128 970 Kubiktoisen enthält, ganz von Menschenhänden erbaut sind, oder ob die Tulteken blos irgend einen natürlichen Hügel benutzt, und mit Steinen und Kalk überzogen haben. Diese Frage ist neulich bey Gelegenheit mehrerer Pyramiden von Gize und Sacara in Anregung gekommen, und durch die fantastischen Hypothesen, welche Herr *Witte* über den Ursprung der kolossalen Monumente von Egypten, Persepolis und Palmyra gewagt hat, doppelt merkwürdig geworden. Da weder die Pyramide von Cholula, von der wir in der Folge reden werden, noch die von Teotihuacan durchbrochen worden sind, so kann man unmöglich etwas Zuverlässiges von ihrem Innern sagen. Die indianischen Traditionen, denen zufolge sie hohl seyn sollen, sind unbestimmt und widersprechend. Durch ihre Lage in Ebenen, wo sich sonst kein Hügel findet, wird es sogar sehr wahrscheinlich, daß kein natürlicher Fels den Kern dieser Denkmale ausmacht. Was indeß noch sehr bemerkenswerth ist (besonders wenn man sich an Pococke's Behauptungen über die symmetrische Stellung der egyptischen Pyramiden erinnert), liegt in dem Umstande, daß man rings um die Häuser der Sonne und des Mondes von Teotihuacan eine Gruppe, und ich möchte sagen, ein System von Pyramiden findet, welche kaum 9 bis 10 Meter Höhe haben. Diese Denkmale, deren es mehrere hunderte sind, stehen in sehr breiten Straßen, welche genau der Richtung der Parallelen und Meridiane folgen, und sich auf die vier Seiten der zwey großen Pyramiden eröffnen. Auf der Südseite des Mondstempels sind diese kleinen Pyramiden häufiger, als auf der des Sonnentempels; auch waren sie ja, nach der Tradition des Landes, den Sternen geweiht. Indeß scheint es gewiß, daß sie Gräber der Stammhäupter gewesen sind. Diese ganze Ebene, welche die Spanier, nach einem Worte aus der Sprache der Insel Cuba, *Llano de los Cues* nennen, hatte einst in den aztekischen und tultekischen Sprachen den Namen *Micaotl*, Weg der Todten. Welche Aehnlichkeiten mit den Denkmalen des alten Kontinents! Woher hatte dieses tultekische Volk, welches, nach seiner Ankunft auf dem Boden von Mexiko, im siebenten Jahrhunderte, nach einem gleichförmigen Plane mehrere dieser Denkmale von kolossaler Form, diese abgestumpften und in verschiedene Terrassen, wie der Tempel des Belus in Babylon, abgetheilten Pyramiden erbaute, woher hatte es das Vorbild zu diesen Gebäuden erhalten? War es vom mongolischen Stamme? Und war es von demselben Ursprunge wie die Chinesen, die Hiongunu's und die Japaner?

Ein anderes altes, der Aufmerksamkeit des Reisenden sehr würdiges Denkmal ist die militärische Verschanzung von Xochicalco, welche süd-süd-westlich von der Stadt Cuernavacas bey Tetlama liegt, und in's Kirchspiel von Xochitepeque gehört. Sie besteht in einem isolirten Hügel von 117 Metern Höhe, der mit Gräben umgeben, und von Menschenhänden in fünf, mit Mauerwerk überkleidete, Terrassen abgetheilt ist. Das Ganze bildet eine abgestumpfte Pyramide, deren vier Seiten genau nach den vier Himmelsgegenden gerichtet sind. Die Steine von Porphyr, mit einer Basaltbasis, sind sehr regelmäßig geschnitten, und mit hieroglyphischen Figuren geziert, unter denen man Krokodile, welche Wasser aussprützen, und, was sehr merkwürdig ist, Menschen, welche nach asiatischer Weise auf den unterschlagenen

Beinen sitzen, unterscheidet. Die Plattform dieses außerordentlichen Denkmals hat etwa 9000 Quadratmeter Inhalt, und enthält die Ruinen eines kleinern Gebäudes, welches wahrscheinlich zur letzten Zuflucht der Belagerten diente.

Ich will diese flüchtige Uebersicht der aztekischen Alterthümer mit der Bezeichnung einiger Orte schließen, welche man, wegen des Interesse, das sie für die Kenner der Geschichte der Eroberung von Mexiko durch die Spanier haben, klassisch nennen kann.

Der Pallast des Motezuma stand genau auf derselben Stelle, wo sich heutzutage das Hotel des Herzoges von Monteleone, gewöhnlich Casa del Estado genannt, befindet, nämlich auf der *Plaza mayor*, südwestlich von der Domkirche. Dieser Pallast bestand, gleich den Pallästen der chinesischen Kaiser, von welchen uns Sir George Staunton und Hr. Barrow genaue Beschreibungen geliefert haben, aus einer großen Reihe geräumiger, aber sehr niedriger Häuser. Sie nahmen den ganzen Raum zwischen dem Empedradillo, der großen Straße von Tamba und dem Kloster de la Professa ein. Nachdem Cortez die Stadt erobert hatte, nahm er seine Wohnung den Ruinen des Pallastes der Aztekischen Könige gegenüber, wo heutzutage der Pallast der Vicekönige steht. Indeß fand man bald, daß Cortez Haus sich besser zu den Versammlungen der Audienzia schicke, und die Regierung ließ sich daher die Casa del Estado, oder das alte Hotel von Cortez Familie, welche den Titel vom Marquisat des Valle de Oaxaca führt, abtreten. Zur Entschädigung gab man ihr dafür den Platz des alten Pallastes von Motezuma, wo sie dann das schöne Gebäude aufführte, in welchem sich die Staats-Archive befinden, und das, mit der ganzen Erbschaft, an den neapolitanischen Herzog von Monteleone gekommen ist.

Als *Cortez* den 8 Nov. 1519 seinen ersten Einzug in Tenochtitlan hielt, wurde ihm und seinem kleinen Armee-Korps nicht im Pallaste des Motezuma, sondern in einem Gebäude, welches einst der König Axajacatl bewohnt hatte, Quartier angewiesen. In diesem Gebäude hielten die Spanier und ihre Bundsgenossen, die Tlascalteken, den Sturm der Mexikaner aus; und hier starb auch der unglückliche König Motezuma an den Folgen einer Wunde, die er, während er sein Volk haranguirte, erhalten hatte. Noch sieht man unbedeutende Reste dieses Gebäudes in den Mauerwerken hinter dem Kloster von St. Theresa, am Ende der Straßen von Tacuba und Indio triste.

Eine kleine Brücke bey Bonavista hat ihren Namen, Sprung des Alvarado (*Salto de Alvarado*), zum Andenken an den wunderähnlichen Sprung, welchen der tapfere Petro de Alvarado machte, als sich die Spanier in der *traurigen Nacht*, da die Mexikaner bereits den Damm von Tlacopan an mehrern Orten durchschnitten hatten, aus der Stadt nach den Gebirgen von Tepeyacac zurückzogen. Indeß scheint es, daß man schon zu Cortez Zeit sich über die historische Wahrheit dieses Ereignisses gestritten habe, ungeachtet sich die Volkstradition unter allen Klassen von Mexiko's Bewohnern erhalten hat. Bernal Diaz betrachtet die Geschichte des Sprunges als eine bloße Aufschneiderey seines Waffenbruders, dessen Muth und Geistesgegenwart er übrigens mehrmals anrühmt, und versichert, daß der Graben zu breit gewesen sey, um darüber wegzuspringen. Allein ich muß bemerken, daß diese Anekdote mit vieler Umständlichkeit in der Handschrift eines adeligen Metis aus der Republik von Tlascala, Diego Munoz Camargo, erzählt wird. Ich habe diese Handschrift, von welcher der Pater Torquemada auch Kenntniß gehabt zu haben scheint, im Kloster von San Felipe Neri nachgeschlagen. Ihr Verfasser war ein Zeitgenosse von Cortez, und er erzählt die Geschichte von Alvarado's Sprunge mit vieler Einfachheit, ohne Anschein von Uebertreibung, und ohne über die Breite des Grabens etwas Näheres zu sagen. In seiner naiven Darstellung glaubt man einen Helden des Alterthums zu erkennen, welcher, Arm und Schulter auf seine Lanze gestützt, einen ungeheuern Sprung macht, um sich vor seinen Feinden zu retten. Camargo setzt sogar noch hinzu, daß noch andre Spanier Alvarado's Beyspiel nachahmen wollten, aber, in Ermangelung gleicher Behendigkeit, in den Graben (Azequía) gefallen sind. Die

Mexikaner, sagt er, waren so erstaunt über die Geschicklichkeit dieses Mannes, daß sie, als sie ihn gerettet sahen, die Erde aßen, (eine figürliche Redensart, welche dieser Tlascalische Schriftsteller aus seiner Vatersprache entlehnte, und die das Erstaunen der Verwunderung ausdrückt). »Die Kinder Alvarado's, welcher *der Hauptmann vom Sprunge* genannt wurde, bewiesen durch Zeugen und vor den Richtern von Tezcuco diese Heldenthat ihres Vaters. Ein Prozeß zwang sie hiezu, in welchem sie die Thaten von *Alvarado de el Salto*, ihres Vaters, bey der Eroberung von Mexiko darstellten.«

Ferner zeigt man den Fremden die Brücke von Clerigo, bey der *Plaza major* von Tlatelolco, als die denkwürdige Stelle, wo der letzte aztekische König, Quauhtemotzin, Neffe seines Vorgängers, Königes Cuitlahuatzin und Schwiegersohn des Motezuma II, gefangen genommen wurde. Indeß erhellt aus den sorgfältigen Nachforschungen, welche ich mit dem Pater Pichardo angestellt habe, daß dieser junge König in einem großen Wasserbehälter, der einst zwischen der Garita del Peralvillo, dem Platze von Santiago de Tlatelolco und der Brücke von Amaxac war, in die Hände des Garci Holguin gefallen ist. Cortez befand sich auf der Terrasse eines Hauses von Tlatelolco, als man ihm den königlichen Gefangenen vorführte. »Ich ließ ihn sich setzen, sagt der Sieger selbst in seinem dritten Briefe an Kaiser Karl V, und behandelte ihn mit Zutrauen. Allein der junge Mensch legte die Hand an einen Dolch, den ich am Gürtel trug, und bat mich, ihn zu tödten, weil er, nachdem, was er sich selbst und seinem Volke schuldig gewesen, keinen andern Wunsch mehr habe, als zu sterben.« Dieser Zug ist der schönsten Zeit von Rom und Griechenland werth; denn die Sprache starker Seelen, die gegen das Unglück kämpfen, ist unter allen Zonen, und welche Farbe die Menschen tragen, dieselbe. Wir haben oben das tragische Ende dieses unglücklichen Quauhtemotzin gesehen!

Nach der gänzlichen Zerstörung des alten Tenochtitlan blieb Cortez noch vier oder fünf Monate mit seinen Leuten zu Colohuacan, einem Orte, für den er immer eine große Vorliebe gezeigt hat. Er war im Anfange unentschlossen, ob er die Hauptstadt nicht auf einer andern Stelle an dem See wieder aufbauen sollte. Indeß entschied er sich endlich für die alte Lage, »weil die Stadt Temixtitan einmal berühmt geworden war, weil ihre Lage wunderbarlich ist, und man sie von jeher als den Hauptort der mexikanischen Provinzen angesehen hatte (*Como principal y sennora de todas estas provincias*).« Uebrigens wäre es, wegen der häufigen Ueberschwemmungen, welche das alte und das neue Mexiko erlitten, klüger gewesen, die Stadt östlich von Tezcuco, oder auf die Anhöhen zwischen Tacuba und Tacubaya zu stellen. Wirklich sollte sie auch zur Zeit der großen Ueberschwemmung von 1607, nach einem förmlichen Befehle Philipp's III, auf diese Anhöhen verpflanzt werden; allein der Ajuntamiento, oder der Stadtmagistrat machte dem Hofe die Vorstellung, daß der Werth der Häuser, welche auf diese Weise zu Grunde gehen müßten, 105 Millionen Franken betrage. Man schien damals in Madrid nicht zu wissen, daß die Hauptstadt eines schon acht und achtzigjährigen Königreiches kein fliegendes Lager ist, welches man nach Gefallen von einem Orte zum andern rücken kann!

Es ist unmöglich, die Zahl der Bewohner des alten Tenochtitlan mit einiger Gewißheit anzugeben. Nach dem Mauerwerke der zerstörten Häuser, nach den Berichten der ersten Eroberer und besonders nach der Zahl der Streiter zu urtheilen, welche die Könige Cuitlahuatzin und Quauhtemotzin den Tlascalteken und Spaniern entgegenstellten, scheint die Bevölkerung von Tenochtitlan zum wenigsten dreymal größer gewesen zu seyn, als die des heutigen Mexiko ist. Nach der Versicherung des Cortez war das Zuströmen der mexikanischen Handwerksleute, welche nach der Belagerung für die Spanier als Zimmerleute, Maurer, Weber, Metallgießer u. dgl. arbeiteten, so groß, daß die Stadt Mexiko im Jahre 1524 bereits 30000 Einwohner zählte. Die neuern Schriftsteller haben aber die widersprechendsten Ideen über ihre Bevölkerung aufgestellt, und der Abbé Clavigero beweist in seinem vortrefflichen Werke über die alte Geschichte von Neu-Spanien, wie diese Angaben von 60000 bis auf anderthalb Millionen von einander abgehen. Diese Widersprüche dürfen uns aber nicht in Erstaunen setzen, wenn wir nur bedenken wollen, wie neu noch statistische Untersuchungen selbst in den kultivirtesten Theilen von Europa sind.

Nach den neuesten und am wenigsten verdächtigen Angaben scheint die gegenwärtige Bevölkerung der Hauptstadt von Mexiko (die Truppen mitgerechnet) von 135–40000 Seelen zu seyn. Die im Jahre 1790 auf Befehl des Grafen von Revillagigedo angestellte Zählung, gab für die Stadt nicht mehr als 112926 Menschen an; man weiß aber zuverlässig, daß dieses Resultat um ein Sechstheil zu klein ist. Die regulirten Truppen und die in der Hauptstadt garnisonirenden Milizen bestehen aus 5–6000 Mann unter den Waffen. Mit großer Wahrscheinlichkeit kann man die gegenwärtige Bevölkerung folgendermaßen bestimmen:

2.500 weisse Europäer
65.000 weisse Creolen
33.000 Eingeborne, (kupferfarbige Indianer)
26.500 Metis, gemischt von Weissen und Indianern
10.000 Mulatten
───────
137.000 Einwohner

So sind demnach in Mexiko 69.500 farbige Menschen, und 67.500 Weisse. Allein sehr viele Metis (Mestizos) sind beynahe eben so weiß, als die Europäer und die spanischen Creolen.

In den drey und zwanzig Klöstern, welche die Hauptstadt enthält, befinden sich beynahe 1200 Individuen, von denen 580 Priester und Choristen sind. Die funfzehn Frauen-Klöster enthalten 2100 Nonnen, von denen etwa 900 Profeß gethan haben.

Der Clerus von Mexiko ist sehr zahlreich, wiewol er immer noch um ein Viertheil geringer ist, als der von Madrid. Die Zählung von 1790 gab an:

In den Mönchsklöstern:

Priester und Choristen	573
Novizen	59
Dienende Brüder	235

In den Nonnenklöstern:

Nonnen, die Profeß gethan	888
Novizen	35
Präbendirte	26
Pfarrer	16
Vikarien	43
Weltgeistliche	517
Summe der Individuen	2.392

und, ohne die dienenden Brüder und Novizen, 2.063. Der Clerus von Madrid besteht, nach dem vortrefflichen Werke des Hrn. von *Laborde*, aus 3.470 Personen, so daß sich also in Mexiko der Clerus zur ganzen Bevölkerung wie 1 ½ zu 100, und in Madrid wie 2 zu 100 verhält.

5.
Die schwimmenden Gärten (Chinampas)

Die sehr sinnreiche Erfindung der Chinampas scheint bis zum Ende des vierzehnten Jahrhunderts aufzusteigen. Sie ist in der außerordentlichen Lage eines Volkes gegründet, das rings von Feinden umgeben, mitten auf einem an Fischen nicht sehr reichen See zu leben genöthigt ist, und natürlich auf alle mögliche Mittel zu seinem Lebens-Unterhalte sinnen muß. Wahrscheinlich hat die Natur selbst den Azteken die erste Idee zu diesen schwimmenden Gärten gegeben. An den sumpfigen Ufern der Seen von Xochimilco und Chalco reißt die starke Bewegung des Wassers, zur Zeit des hohen Standes desselben, Erdschollen ab, die mit Kräutern bedeckt und mit Wurzeln durchflochten sind. Diese Schollen treibt der Wind hin und her, bis sie sich zuweilen zu kleinen Flößen vereinigen. Ein Menschenstamm, welcher zu schwach war, um sich auf dem festen Lande zu halten, glaubte diese Stücke Boden benutzen zu müssen, den ihm der Zufall anbot, und dessen Eigenthum ihm von keinem Feinde streitig gemacht wurde. Die ältesten Chinampas waren daher nichts, als Stücke Rasen, welche von den Azteken künstlich waren zusammengefügt, alsdann aufgehackt und angesäet worden. Dergleichen schwimmende Inseln bilden sich unter allen Zonen, und ich habe deren in dem Königreiche Quito, auf dem Flusse Guayaquil gesehen, welche acht bis neun Meter lang waren, mitten auf dem Strome trieben, und junge Zweige von *Bambusa, Pistia stratiotes, Pontederia* und eine Menge anderer Vegetabilien trugen, deren Wurzeln sich leicht in einander verflochten. Auch sah ich in Italien auf dem kleinen *Lago di aqua solfa*, bey Tivoli, in der Nähe der Thermen des Agrippa, solche kleine Inseln, welche aus Schwefel, luftsaurer Kalkerde und Blättern des *Ulva thermalis* bestanden, und sich durch das leiseste Wehen des Windes in Bewegung setzten.

Bloße Erdschollen, welche sich vom Ufer abrissen, haben also Anlaß zur Erfindung der Chinampas gegeben; allein die Industrie der aztekischen Nation hat dieses System vom Gartenbaue nach und nach vervollkommnet. Die schwimmenden Gärten, welche die Spanier in großer Menge fanden, und von denen noch mehrere auf dem See von Chalco übrig sind, waren Flöße von Schilf, (Totora), Aesten, Wurzeln und Zweigen von Buschwerk. Diese Bestandtheile, welche sehr leicht sind, und sich ganz in einander verwickeln, bedecken die Indianer mit einer schwarzen Erde, welche von Natur mit Kochsalz geschwängert ist. Durch das Wasser, womit man die Erde aus dem See begießt, verflüchtigt sich dieses Salz nach und nach, und je öfter man diese Auslaugung vornimmt, desto fruchtbarer wird der Boden. Man wendet dieses selbst bey dem Salzwasser aus dem See von Tezcuco mit Vortheil an, indem dieses Wasser, dem noch viel zu seiner Saturation fehlt, wenn es durch den Boden filtrirt wird, das Salz vortrefflich auflöst. Oft enthalten die Chinampas sogar die Hütte des Indianers, welcher eine solche Gruppe schwimmender Gärten zu hüten hat. Man stößt sie mit langen Stangen weiter, oder rückt sie damit zusammen, und treibt sie so nach Gefallen von einem Ufer zum andern.

Pittoreske Ansichten in den Cordilleren

(Aus Hrn. v. Humboldts historischer Beschreibung seiner Reise.)

Natürliche Brücken über den Icononzo

Unter den mannigfaltigen majestätischen Scenen, welchen man in den Cordilleren begegnet, ergreifen die Thäler die Einbildungskraft des europäischen Reisenden am meisten. Nur aus einer sehr ansehnlichen Entfernung und von den Ebenen aus, die sich von den Küsten bis zum Fuße der Centralkette erstrecken, kann das Auge die ungeheure Höhe dieser Gebirge ganz ermessen. Die Plateaus, welche von ihren mit ewigem Schnee bedeckten Gipfeln eingefaßt werden, liegen größtentheils 2500 bis 3000 Meter über der Meeresfläche. Dieser Umstand schwächt den Eindruck von Größe, welchen die kolossalen Massen des Chimborazo, des Cotopaxi und Antisana, von den Plateau's von Riobamba und Quito aus betrachtet, machen, bis auf einen gewissen Punkt. Bey den Thälern aber verhält es sich anders, als bey den Gebirgen. Tiefer und enger als die Alpen- und Pyrenäen-Thäler enthalten die Thäler der Cordilleren Ansichten, welche den wildesten Karakter tragen, und die Seele mit Bewunderung und Schauder erfüllen. Sie sind Klüfte, deren Grund und Rand mit einer kraftvollen Vegetation geschmückt, und deren Tiefe oft so ansehnlich ist, daß man den Vesuv und den Puy-de-Dome hineinstellen könnte, ohne daß ihre Gipfel über der nächsten Gebirge Saum wegragten. Durch die merkwürdigen Reisen des Herrn *Ramond* ist das Thal von Ordesa bekannt geworden, das sich vom Mont-Perdu herabsenkt, und dessen mittlere Tiefe ungefähr 900 Meter (459 Toisen) enthält. Auf unsrer Reise auf dem Rücken der Anden, von Pasto nach der Stadt *Ibarra*, und beym Heruntersteigen von Loxa gegen die Ufer des Amazonen-Stroms haben wir, Herr *Bonpland* und ich, die berühmten Klüfte von Chota und Cutaco durchschnitten, von denen die eine über 1500, und die andre über 1300 Fuß perpendikuläre Tiefe hat. Allein um eine vollständigere Idee von der Größe dieser geologischen Phänomene zu geben, muß ich bemerken, daß der Grund dieser Klüfte nur um ein Viertheil niedriger über dem Meeresspiegel steht, als die Straßen über den St. Gotthard und den Mont-Cenis.

Das Thal von Icononzo oder Pandi ist weniger merkwürdig wegen seiner Dimensionen, als wegen der ungewöhnlichen Form seiner Felsen, welche von Menschenhänden ausgehauen zu seyn scheinen. Ihre nackten dürren Gipfel bilden den mahlerischsten Kontrast mit dem Buschwerk von Bäumen und kräuterartigen Pflanzen, welche den Rand der Kluft bedecken. Der kleine Waldstrom, welcher sich durch das Thal von Icononzo Bahn gemacht hat, trägt den Namen *Rio de la summa Paz*. Er stürzt sich von der östlichen Kette der Anden herab, welche im Königreiche Neu-Granadu das Bassin des Magdalenen-Flusses von den ungeheuren Ebenen des Meta, des Guaviar und des Orenoko scheidet. Dieser Waldstrom ist in ein beynah unzugängliches Bette eingezwängt, und würde nur schwer zu passiren seyn, wenn die Natur nicht zwey Felsenbrücken über ihn gebildet hätte, die man in dem Lande selbst mit allem Rechte für diejenigen Gegenstände ansieht, welche der Aufmerksamkeit der Reisenden am würdigsten sind. Im Monate September 1801 kamen wir auf unsrer Reise von Santa-Fe de Bogota nach Popayan und Quito über diese natürlichen Brücken von Icononzo.

Icononzo ist der Name eines alten Dorfes der Muyscas-Indianer, welches auf dem südlichen Rande des Thales liegt, und wovon nur noch einige zerstreute Hütten übrig sind. Der am nächsten liegende bewohnte Ort ist heutzutage das kleine Dorf Pandi oder Mercadillo, eine Viertel-Meile nordöstlich. Der Weg von Santa-Fe nach Fusagasuga (4° 20' 2" der nörd. Br. u. 5° 7' 14" der Länge) und von da nach Pandi ist einer der schwierigsten und am wenigsten besuchten Wege in den Cordilleren; denn man muß ein leidenschaftlicher Freund von Natur-Schönheiten seyn, um die gefahrvolle Straße, welche vom Paramo von San Fortunato,

Natürliche Brücken von Icononzo (*Vues des Cordillères*, Tafel IV)

und den Gebirgen vom Fusagasuga gegen die natürliche Brücke von Iconozo herabsteigt, dem gewöhnlichen Wege, der von dem Plateau von Bogota über die Mesa von Juan-Diaz nach den Ufern des Magdalenenstroms führt, vorzuziehen.

Die tiefe Kluft, durch welche sich der Waldstrom de la summa Paz herabstürzt, macht den Mittelpunkt des Thales von Pandi aus. Bey der Brücke nimmt sie auf mehr als 4000 Meter Länge ihre Richtung von Osten nach Westen. Wo der Fluß westwärts von Doa in die Kluft eintritt, und wo er ihn in seiner Senkung gegen Melgar zu wieder verläßt, bildet er zwey schöne Kaskaden. Sehr wahrscheinlich wurde diese Kluft durch ein Erdbeben bewirkt. Sie gleicht einem ungeheuern Flötz, aus welchem der Gangstein durch die Arbeit der Bergleute weggenommen worden ist. Die sie umgebenden Gebirge bestehen aus Sandstein mit einem Thon-Cement, und diese Bildung, welche auf dem Thonschiefer von Villeta ruht, erstreckt sich von dem Stein-Salz-Gebirge von Zipaquira bis gegen das Bassin des Magdalenen-Flusses hin. Auch enthält sie Lagen der Steinkohlen von Canvas oder Chipa, welche man in der Nähe des großen Wasserfalls von Tequendama bricht.

Im Thale vor Iconozo ist der Sandstein aus zwey verschiedenen Felsarten zusammengesetzt. Ein sehr kompakter und quarziger Sandstein, mit wenig Cement und beynahe ganz ohne Schichtenspaltungen, ruht auf sehr feinkörnigem und in unzählige sehr kleine und beynahe horizontale Lagen getheiltem Sandsteinschiefer. Man darf annehmen, daß die kompakte und quarzige Lage bey der Bildung der Kluft der Gewalt, welche diese Gebirge zerriß, widerstanden hat, und daß nur die ununterbrochene Fortsetzung dieser Lage die Brücke ausmacht, auf welcher man von einem Theile des Thals nach dem andern gelangt. Dieser natürliche Bogen hat 14½ Meter Länge, und 12 M. 7 Breite. Seine Dicke ist im Mittelpunkte 2 M. 4. Durch sehr sorgfältige Versuche, die wir mit dem Falle von Körpern angestellt, und vermittelst eines Chronometers von *Berthoud*, haben wir die Höhe der obern Brücke über der Wasserfläche des Waldstroms zu 97 M. 7 herausgebracht. Ein sehr aufgeklärter Mann, *Don Jorge Lozano*, welcher ein angenehmes Landgut in dem schönen Thale von Fusagasuga besitzt, hatte schon vor uns diese Höhe mit dem Senkbley gemessen, und sie von hundert und zwölf *Varas* (93 M. 4) gefunden, so daß die Tiefe des Stroms bey mittlerm Wasserstande sechs Meter zu seyn scheint. Die Indianer von Pandi haben zur Sicherheit der Reisenden, welche in diesem öden Lande indeß sehr selten sind, eine kleine Ballustrade von Rohren angelegt, die sich gegen den Weg, der nach der obern Brücke führt, verlängert.

Zehn Toisen unter dieser ersten natürlichen Brücke befindet sich eine andere, zu der wir auf einem engen Pfade, welcher an dem Rande der Kluft hinabsteigt, geführt wurden. Drey ungeheure Felsenmassen fielen nämlich gerade so, daß eine die andre stützt. Die in der Mitte bildet den Schlußstein des Gewölbes, und dieser Zufall hätte bey den Eingebornen leicht die Idee von Bogenmauerwerk erwecken können, das den Völkern der neuen Welt eben so unbekannt war, als den alten Bewohnern von Egypten. (*Zoega de Obeliscis,* S. 407.) Indeß will ich nicht entscheiden, ob diese Bruchsteine von fernher geschleudert worden, oder ob sie blos Fragmente eines zum Theil zerstörten Bogens sind, welcher ursprünglich der obern natürlichen Brücke ähnlich war. Letztere Vermuthung wird durch einen analogen Zufall in dem Kolosseum zu Rom wahrscheinlich, wo man an einer halb zusammengestürzten Mauer mehrere Steine bemerkt, die in ihrem Falle dadurch aufgehalten wurden, daß sie im Sturze zufälliger Weise ein Gewölbe bildeten.

Mitten in der zweyten Brücke von Icononzo befindet sich ein Loch von mehr als acht Quadratmetern Umfang, durch welches man in den Abgrund hinabsehen kann, und wo wir auch unsre Versuche über den Fall der Körper angestellt haben. Der Strom scheint in einer finstern Höhle zu fließen, und das klägliche Geräusch, das man hört, rührt von einer Menge Nachtvögel her, welche die Kluft bewohnen, und die man im Anfange gern für die gigantischen Fledermäuse halten möchte, die in den Aequinoctial-Gegenden so bekannt sind. Man sieht hier zu Tausenden über dem Wasser flattern.

Indeß haben uns die Indianer versichert, daß diese Vögel von der Größe eines Huhns sind, Eulenaugen und einen gekrümmten Schnabel haben. Man nennt sie *Cacas,* und die Einförmigkeit der Färbung ihres Gefieders, das ein bräunliches Grau ist, macht mich glauben, daß sie nicht zu dem Geschlechte des *Caprimulgus* gehören, dessen Gattungen auf den Cordilleren in so vieler Mannigfaltigkeit vorhanden sind. Wegen der Tiefe des Thals ist es unmöglich, ihrer habhaft zu werden, und wir konnten sie nicht anders untersuchen, als daß wir Feuerbrände in die Klüfte warfen, um ihre Wände zu erhellen.

Die Höhe der natürlichen Brücke von Iconozo über dem Meeres-Spiegel ist achthundert drey und neunzig Meters (458 Toisen). In den Gebirgen von Virginien, und zwar in der Grafschaft *Rock-Bridge*, ist ein ähnliches Phänomen, wie die obere Brücke, die wir eben beschrieben haben. Es wurde von Hrn. *Jefferson* mit der Sorgfalt untersucht, welche alle Beobachtungen dieses vortrefflichen Naturkundigen karakterisirt. (*Bemerkungen über Virginien,* S. 56.) Die natürliche Brücke von *Cedar-Kreck* in Virginien, ist ein Bogen von Kalkstein, welcher sieben und zwanzig Meter Oeffnung hat, und seine Höhe über der Wasserfläche des Stroms beträgt siebenzig Meter. Die Erdbrücke, (*Rumichaca*), die wir auf der Senkung der Porphyr-Gebirge von Chumban, in der Provinz *de los Pastos*, gefunden haben; die Brücke der *Mutter Gottes, Danto* genannt, bey Totonilco in Mexico, und der durchbrochene Felsen bey Grandola, in der portugiesischen Provinz Alentejo, sind geologische Phänomene, welche sämtlich mit der Brücke von Iconozo einige Aehnlichkeit haben. Indeß zweifle ich, ob man bis jetzt irgendwo auf dem Globus einem so außerordentlichen Zufalle begegnet ist, wie der, welcher durch drey Felsmassen, die sich gegenseitig stützen, ein natürliches Gewölbe gebildet hat.

Straße über den Quindiu in der Cordillera der Anden

In dem Königreiche Neu-Granada vom 20° 30′ bis zum 5° 15′ der nördl. Br. theilt sich die Anden-Cordillera in drey Parallel-Ketten, von denen blos die auf beyden Seiten liegenden in sehr beträchtlichen Höhen mit Sandstein und andern sekondären Bildungen bedeckt sind.

Die *östliche Kette* scheidet das Thal des Magdalenen-Flusses von den Ebenen des Rio Meta. Auf ihrem westlichen Abhange befinden sich die natürlichen Brücken von Icononzo, welche wir schon früher beschrieben haben. Ihre höchsten Gipfel sind der Paramo *de la summa Paz*, der von *Chingasa*, und die *Cerros de San-Fernando* und von *Tuquillo*. Indeß erhebt sich keine bis zur Region des ewigen Schnees, und ihre mittlere Höhe beträgt 4000 Meter, also 564 Meter mehr, als das höchste Gebirg in den Pyrenäen.

Die *Central-Kette* theilt ihre Wasser zwischen dem Bassin des Magdalenen-Flusses und dem des Rio Cauca. Oft erreicht sie die Region des ewigen Schnees, und überschreitet sie sehr ansehnlich in den kolossalen Gipfeln des Guanacas, des Baragan und des Quindiu, welche sich fünf bis sechsthalbtausend Meter über den Meeresspiegel erheben. Beym Aufgang und Untergang der Sonne gewährt diese Central-Kette den Bewohnern von Santa-Fe ein prächtiges Schauspiel, und erinnert, nur mit weit imposantern Dimensionen, an die Alpenansichten in der Schweiz.

Die *westliche Kette* der Anden trennt das Thal des Cauca von der Provinz Choco und den Küsten des Süd-Meeres. Ihre Höhe beträgt kaum 1500 Meter, und sie senkt sich zwischen den Quellen des Rio Atracto und des Rio San-Juan so stark, daß man ihre Verlängerung gegen den Isthmus von Panama nur mit Mühe verfolgen kann.

Diese drey Gebirgsketten treffen nordwärts unter dem Parallelkreise von Muzo und Antioquia dem 6° und 7° der nördl. Br. zusammen. Auch bilden sie im Süden von Popayan in der Provinz Pasto eine einzige Gruppe, *eine* Masse. Uebrigens muß man

Quindío-Paß, in der Kordillere der Anden (*Vues des Cordillères*, Tafel V)

sie ja mit der Eintheilung der Cordilleren nicht verwechseln, wie sie Bouguer und La Condamine im Königreiche Quito vom Aequator bis zum 2° der südl. Br. beobachtet haben.

Die Stadt Santa Fe de Bogota, die Hauptstadt von Neu-Granada, liegt erstlich von dem Paramo von *Chingasa* auf einem Plateau, das sich in einer absoluten Höhe von 2650 Metern auf dem Rücken der *östlichen Cordillera* hinzieht. Diese besondere Gestaltung der Anden macht, daß man, um von Santa-Fe nach Popayan und an die Ufer des Cauca zu kommen, entweder über *Mesa* oder über *Tocayma* oder über die natürlichen Brücken von Iconozno von der *östlichen Kette* herabsteigen, das Thal des Magdalenen-Flusses durchschneiden, und die *Central-Kette* passiren muß. Die gesuchteste Straße ist indeß die vom *Paramo de Guanacas*, welche Bouguer auf seiner Rückkehr von Quito nach dem amerikanischen Carthagena beschrieben hat. Auf diesem Wege legt der Reisende den Kamm der Central-Cordillera mitten in einem bewohnten Lande in *einem* Tage zurück. Indeß habe ich dieser Straße die über das Quindiu- oder Quindio-Gebirge zwischen den Städten Ibague und Carthago vorgezogen. Ich habe diese geographischen Bestimmungen für unerläßlich gehalten, um die Lage eine Ortes kennbar zu machen, den man auf den besten Karten vom mittäglichen Amerika, wie z. B. auf der von La Cruz, vergeblich suchen würde.

Das Quindiu-Gebirg (Br. 4° 36′, Länge 5° 12′) wird als die beschwerlichste Straße in der Cordillera der Anden angesehn. Es ist ein dichter, völlig unbewohnter Wald, den man auch in der besten Jahreszeit nicht schneller als in zehen oder zwölf Tagen zurücklegt. Hier findet man keine Hütte, keine Lebensmittel, und die Reisenden versehen sich in jeder Jahreszeit auf einen ganzen Monat mit Vorräthen, weil es nur zu oft geschieht, daß sie durch das Schmelzen des Schnees und das plötzliche Anschwellen der Giesbäche so sehr abgeschnitten werden, daß sie weder auf der Seite von Carthago noch auf der von Ibague herabkommen können. Der höchste Punkt des Weges, die Garita del Paramo, liegt 3505 Meter über der Fläche des Ozeans. Da der Fuß des Gebirges gegen die Ufer des Cauca hin nicht über 963 Meter erhaben ist, so genießt man daselbst im Durchschnitte ein sehr mildes und gemäßigtes Klima. Der Pfad über die Cordillera ist so eng, daß seine gewöhnliche Breite nicht über 3 bis 4 Decimeter beträgt, und er größtentheils einer offenen, durch den Felsen gehauenen Galerie ähnlich ist. In diesem Theile der Anden ist der Fels, wie beynahe fast überall, mit einer dicken Thonlage bedeckt. Die Wasserbäche, welche von dem Gebirge herabfließen, haben Schluchten von 6 bis 7 Meter Tiefe ausgespühlt. Diese Schluchten, in denen sich der Weg fortzieht, sind mit Morast angefüllt, und ihre Dunkelheit wird noch durch die dichte Vegetation, welche ihren Rand einfaßt, vermehrt. Die Ochsen, deren man sich in diesen Gegenden gemeiniglich als Saumthiere bedient, kommen nur mit größter Mühe in diesen Galerien fort, welche bis auf 2000 Meter Länge haben. Hat man das Unglück, solchen Saumthieren zu begegnen, so ist kein anderes Mittel, ihnen aus dem Wege zu gehen, als den Pfad wieder zurück zu wandeln, oder auf die Erdmauer zu steigen, welche die Schlucht einfaßt, und sich da an den Wurzeln festzuhalten, die von dem Baumwerke der Höhen hervorragen.

Als wir im Monate Oktober 1801 zu Fuß und mit zwölf Ochsen, welche unsre Instrumente und Sammlungen trugen, das Quindiu-Gebirge bereisten, litten wir sehr viel durch die beständigen Platzregen, denen wir die drey oder vier letzten Tage bey unsrem Herabsteigen von dem westlichen Abhange der Cordillera ausgesetzt waren. Der Weg führt durch ein sumpfiges, mit Bambusschilf bedecktes Land. Die Stacheln, womit die Wurzeln dieser gigantesken Grasart bewaffnet sind, hatten unsere Fußbekleidung so sehr zerrissen, daß wir genöthigt waren, wie alle Reisende, die sich nicht von *Menschen auf dem Rücken* tragen lassen wollen, barfuß zu gehen. Dieser Umstand, die beständige Feuchtigkeit, die Länge des Weges, und die Muskelkraft, welche man, um auf dichtem und schlammigem Thone zu gehen, anwenden muß, und die Nothwendigkeit, durch sehr tiefe Gießbäche von äußerst kaltem Wasser zu waten, machen diese Reise gewiß äußerst beschwerlich; aber in so hohem Grade sie das auch ist, so hat sie doch keine der Gefahren, womit die Leichtgläubigkeit des Volks die Reisenden schreckt. Der Pfad ist freylich schmal, aber die Stellen sind sehr selten, wo er an Abgründen wegführt. Da die Ochsen immer ihre Beine in dieselben Fußstapfen stellen, so bildet sich dadurch eine Reihe von kleinen Gräben, welche den Weg durchschneiden, und zwischen denen eine sehr enge Erderhöhung sich ansetzt. Bey starkem Regen stehen diese Dämme unter dem Wasser, und der Gang des Reisenden wird nun doppelt unsicher, da er nicht weiß, ob er auf den Damm oder in den Graben seinen Fuß setzt.

Da nur wenige wohlhabende Personen in diesen Klimaten die Gewohnheit haben, 15 bis 20 Tage hinter einander, und auf so beschwerlichen Wegen zu Fuß zu gehen, so läßt man sich von Menschen tragen, welche sich einen Sessel auf den Rücken gebunden haben, indem es beym gegenwärtigen Zustande der Straße über den Quindia unmöglich wäre, sie auf Mauleseln zurückzulegen. Man spricht daher in diesem Lande von *Reisen auf dem Rücken eines Menschen* (*andar en carguero*), wie man anderwärts von einer Reise zu Pferd redet. Auch verbindet man gar keine erniedrigende Vorstellung mit dem Gewerbe der *Cargueros*, und die, welche es treiben, sind keine Indianer, sondern Metis, und manchmal sogar Weiße. Oft hört man mit Erstaunen nakte Menschen, welche dieses in unsern Augen so entehrende Handwerk treiben, mitten im Walde sich herumstreiten, weil der eine dem andern, welcher eine weißere Haut zu haben behauptet, die hochtönenden Titel *Don* und *Sa Merced* verweigert. Die *Cargueros* tragen gewönlich 6 bis 7 *Arrobas* (75 bis 80 Kilogramme); und manche sind so stark, daß sie bis auf 9 Arrobas aufladen. Bedenkt man die ungeheure Anstrengung dieser Unglücklichen, welche oft 8 bis 9 Stunden machen müssen, die sie täglich in dem Gebirgslande zurücklegen; weiß man, daß ihr Rücken manchmal wund gedrükt wird, wie der Rücken der Saumthiere, und die Reisenden oft grausam genug sind, sie, wenn sie krank werden, mitten im Walde liegen zu lassen; weiß man überdies, daß sie auf einer Reise von Ibague nach Carthago, in einer Zeit von 15, und selbst von 25 bis 30 Tagen, nicht mehr als 12 bis 14 Piaster (60 bis 70 Fr.) gewinnen, so begreift man kaum, wie alle starke, junge Leute, die am Fuß dieser Gebirge wohnen, dieses Gewerbe der Cargueros, eines der mühseligsten von allen, denen sich die Menschen ergeben, freywillig wählen können. Allein der Hang zu einem freyen, herumstreifenden Leben und die Idee einer gewissen Unabhängigkeit in den Wäldern lassen sie diese beschwerliche Beschäftigung den monotonen und Sitz-Arbeiten der Städte vorziehen.

Indeß ist der Weg über das Quindiu-Gebirge nicht die einzige Gegend im südlichen Amerika, wo man *auf dem Rücken von Menschen* reist. Die ganze Provinz von Antioquia z. B. ist mit Gebirgen umgeben, über welche so schwer zu kommen ist, daß diejenigen, die sich der Geschicklichkeit eines *Carguero* nicht anvertrauen wollen, und nicht stark genug sind, um den Weg von Santa-Fe de Antioquia nach der Boca de Nares, oder nach dem Rio Samana zu Fuß zu machen, dieses Land gar nicht verlassen können. Ich habe einen Bewohner dieser Provinz gekannt, dessen Körperumfang ungewöhnlich groß war. Er hatte nur zwey Metis gefunden, welche im Stande waren, ihn zu tragen, und er hätte unmöglich wieder nach Hause zurückkehren können, wenn diese beyden *Cargueros* während seines Aufenthalts an den Ufern des Magdalenenflusses in Mompox oder in Honda gestorben wären. Der jungen Leute, die sich im Choco, in Ibague und in Medellin als Lastthiere gebrauchen lassen, sind so viele, daß man öfter ganzen Reihen von 50 bis 60 begegnet. Als man vor einigen Jahren den Plan hatte, den Gebirgsweg von dem Dorfe Nares nach Antioquia für die Maulthiere zu bahnen, so machten die *Cargueros* in aller Form Vorstellungen gegen die Verbesserung der Straße, und die Regierung war schwach genug, ihren Einwendungen zu willfahren. Indeß muß hier auch bemerkt werden, daß die mexikanischen Bergwerke eine Menschenklasse enthalten, die keine Beschäftigung hat, als – Andre auf ihrem Rücken zu tragen. In diesen Klimaten sind die Weissen so träge, daß jeder Bergwerksdirektor einen oder zween Indianer in seinem Solde hat, welche seine *Pferde* (*cavallitos*) heißen, weil sie sich alle Morgen satteln lassen, und auf einen kleinen Stock gestützt, und mit vorgeworfenem Körper ihren Herrn von einem Theile des Bergwerks nach dem andern tragen. Unter den *Cavallitos* und Cargueros unterscheidet und empfiehlt man den Reisenden diejenigen, die sichere Füsse und einen sanften, gleichen Schritt haben, und es thut einem recht wehe, von den Eigenschaften eines Menschen in Ausdrücken reden zu hören, mit welchen man den Gang der Pferde und Maulthiere bezeichnet.

Diejenigen, welche sich auf dem Sessel eines *Carguero* tragen lassen, müssen mehrere Stunden hintereinander unbeweglich und rückwärts den Körper gesenkt dasitzen. Die geringste Bewegung würde den, der sie trägt, stürzen machen, und ein Sturz ist hier um so gefährlicher, da der *Carguero*, in zu großem Vertrauen auf seine Geschicklichkeit, oft die steilsten Abhänge wählt, oder auf einem schmalen und glitschigen Baumaste über einen Waldstrom setzt. Indeß sind Unglücksfälle sehr selten, und müssen, wo sie auch geschehen sind, der Unklugheit der Reisenden beygemessen werden, welche, durch einen Mißtritt ihres *Carguero* erschreckt, von ihrem Sessel herabgesprungen sind.

Ist man in Ibague angekommen, und rüstet sich zu der Reise über den Quindiu, so läßt man in den benachbarten Gebirgen einige hundert *Vijao*-Blätter schneiden, eine Pflanze aus der Familie der Pisangs, welche ein neues, an das des Thalia gränzendes, Geschlecht bildet, und die man ja nicht mit der Heliconia Bihai verwechseln darf. Diese Blätter, welche häutig und glänzend sind, wie die des Musa, haben eine ovale Form, 54 Centimeter (20 Zoll) Länge, und 37 Centimeter (14 Zoll) Breite. Ihre untere Fläche ist silberweiß, und mit einer mehligen Materie bedeckt, die sich schuppenweise ablöst. Dieser eigenthümliche Firniß macht, daß sie dem Regen lange widerstehen können. Sammelt man sie, so macht man einen Einschnitt in die Haupt-Rippe, welcher die Stelle des Hacken vertritt, an den man sie aufhängt, wenn man das tragbare Dach aufrichtet; dann dehnt man sie aus, und rollt sie sorgfältig zu einem cylinderförmigen Packe zusammen. Um eine Hütte, in welcher 6 bis 8 Personen schlafen können, zu bedecken, braucht man 50 bis 60 Kilogramme Blätter. Kommt man mitten in den Wäldern auf eine Stelle, wo der Boden trocken ist, und man die Nacht zubringen will, so hauen die *Cargueros* einige Baumäste, die sie in Form eines Zelts zusammenstellen. In einigen Minuten in dieses leichte Gebälke mit Lianen- und Agaven-Fasern, die 3 bis 4 Decimeter von einander parallel laufen, in Quadrate getheilt. Während dieser Zeit hat man den Pak von Vijao-Blättern auseinander gerollt, und mehrere Personen sind beschäftigt, sie an dem Gegitter zu befestigen, das sie am Ende wie die Dachziegel bedecken. Dergleichen Hütten sind sehr frisch und bequem, ob man sie gleich in größter Eile aufführt. Bemerkt der Reisende bey Nacht, daß der Regen eindringt, so zeigt er nur die Stelle, welche tropft, und ein einziges Blatt hilft dem Uebelstande ab. Wir brachten im Thale von Boquia mehrere Tage unter einem solchen Blätterzelt, ohne naß zu werden, zu, obgleich der Regen sehr stark, und beynahe unaufhörlich war.

Das Quindiu-Gebirg ist eine der reichsten Gegenden an nützlichen und merkwürdigen Pflanzen. Hier fanden wir den Palmbaum (*Ceroxylon andicola*), dessen Stamm mit vegetabilischem Wachs bedeckt ist; Passionsblumen in Bäumen, und die prächtige *Mutisia grandiflora*, deren scharlachrothe Blumen 16 Centimeter (6 Zoll) lang sind. Die Wachs-Palme erreicht die ungeheure Höhe von 58 Meter, oder 180 Fuß, und der Reisende erstaunt, eine Pflanze aus diesem Geschlechte unter einer beynahe kalten Zone, und über 2800 Meter über die Meeresfläche zu finden. (Siehe mein *Essai sur la géographie des plantes*, S. 59, und mein *Recueil d'observations astronomiques*, B. II, S. 21, die *Plantes équinoxiales décrites et publiées par M. Bonpland*, B. I, S. 3, 76 u. 177, Pl. I., XXI u. L.)

Die Kaskade von Tequendama

Das Plateau, auf welchem die Stadt Santa-Fe de Bogota liegt, hat in mehrern Zügen Aehnlichkeit mit demjenigen, auf welchem sich die mexikanischen Seen befinden. Beyde sind höher als das Kloster auf dem Sankt Bernhard, und zwar ist das erste 2660 Meter (1365 Toisen) und das zweyte 2277 Meter (1168 Toisen) über dem Meeresspiegel erhaben. Das Thal von Mexiko ist mit einer Cirkelmauer von Porphyr-Gebirgen umgeben, und in seiner Mitte mit Wasser bedeckt, indem keiner der vielen Gießbäche, die sich in dieses Thal herabstürzen, ehe die Europäer den Kanal von Huehuetoca gegraben hatten, in demselben einen Ausfluß fand. Das Plateau von Bogota ist gleichermaßen mit hohen Gebirgen eingefaßt, und der wagerechte Zustand seines Bodens, seine geologische Beschaffenheit, die Form der Felsen von Suba und Facataliva, die sich wie Eilande in der Mitte der Steppen erheben, alles scheint hier das ehemalige Daseyn eines Sees zu verrathen. Der Fluß Funzha, welcher gewöhnlich Rio de Bogota heißt, hat sich, nachdem er alle Wasser des Thals aufgenommen, durch die Gebirge, die südwestlich von der Stadt Santa-Fe liegen, ein Bette gebrochen. Bey der Pächterey Tequendama verläßt er das Thal, und stürzt sich durch eine enge Oeffnung in eine Kluft, die sich gegen das Bassin des Magdalenen-Flusses herabzieht. Versuchte man es, diese Oeffnung, die einzige in dem Thale von Bogota, zu verschließen, so würden diese fruchtbaren Ebenen sehr bald in einen See, welcher den mexikanischen Seen ähnlich wäre, verwandelt seyn.

Es ist gar nicht schwer, den Einfluß zu entdecken, welchen diese geologischen Thatsachen auf die Traditionen der alten Bewohner der Gegenden gehabt haben. Indeß wollen wir nicht entscheiden, ob der Anblick dieser Orte selbst bey Völkern, welche von der Civilisation nicht mehr sehr fern waren, auf Hypothesen über die ersten Revolutionen des Globus geleitet hat, oder ob die großen Ueberschwemmungen im Thale von Bogota neu genug gewesen sind, um sich im Andenken der Menschen zu erhalten.

Ueberall vermischen sich historische Ueberlieferungen mit religiösen Meinungen; und es ist merkwürdig, hier an diejenigen zu erinnern, welche der Eroberer dieses Landes, Gonzalo Ximenez de Quesada, als er zuerst in die Gebirge von Cundinamarca eindrang, unter den Muyscas-, Panchas-, und Natagaymas-Indianern verbreitet gefunden hat. (Siehe *Lucas Fernandez Piedrahita, Obispo de Panama, Historia general del nuevo Reyno de Grenada*, S. 17, ein Werk, das nach Quesada's Handschriften ausgearbeitet ist).

In den ältesten Zeiten, ehe noch der Mond die Erde begleitete, erzählt die Mythologie der Muyscas- oder Mozcas-Indianer, lebten die Bewohner des Plateau von Bogota als Barbaren, nackt, ohne Ackerbau, ohne Gesetze und ohne Religion. Plötzlich erschien aber ein Greis unter ihnen, welcher aus den Ebenen östlich von der Cordillera von Chingasa kam, und von einer andern Race zu seyn schien, als der der Eingebornen, indem er einen langen starken Bart trug. Er war unter drey verschiedenen Namen bekannt, nämlich als Bochica, Nemquetheba und Zuhé. Dieser Greis lehrte die Menschen, gleich Manco-Capac, sich zu bekleiden, Hütten zu bauen, die Erde zu bearbeiten, und sich in Gesellschaft zu vereinigen. Bey sich hatte er eine Frau, welcher die Tradition gleichfalls die Namen gibt, und zwar Chia, Yubecayguaya und Huythaca. Dieses Weib, das außerordentlich schön, aber auch eben so boshaft war, arbeitete ihrem Manne in Allem, was er zum Glücke der Menschen unternahm, entgegen. Durch ihre Zauberkünste machte sie den Fluß Funzha anschwellen, dessen Wasser das Thal von Bogota überschwemmten. In dieser Fluth kamen die meisten Einwohner um, und nur einige retteten sich auf die Spitze der benachbarten Gebirge. In seinem Zorne hierüber verjagte der Greis die schöne Huythaca weit von der Erde; sie wurde zum Mond, der von da an unsern Planeten bey Nacht beleuchtet. Endlich zerriß Bochica, sich der auf den Gebirgen umherirrenden Menschen erbarmend, mit mächtiger Hand die Felsen, welche das Thal auf der Seite von Canoas und Tequendama schließen, ließ die Wasser des Sees von Funzha durch diese Oeffnung abfließen, vereinigte die Völker aufs Neue im Thal von Bogota, baute Städte, führte die Anbetung der Sonne ein, ernannte Oberhäupter, unter welche er die geistliche und weltliche Macht vertheilte, und zog sich am Ende unter dem Namen Idacanzas in das heilige Thal von Iraca bey Tunja zurück, wo er in Uebungen der strengsten Buße noch über 2000 Jahre lang fortlebte.

Reisende, welche die imposante Lage der großen Kaskade des Tequendama gesehen haben, werden sich nicht wundern, daß rohe Völker diesen Felsen, welche wie von Menschenhänden durchgehauen scheinen, diesem engen Schlunde, in den sich ein Fluß stürzt, der alle Wasser des Thals von Bogota aufnimmt, diesen Regenbogen, die in den schönsten Farben glänzen, und jeden Augenblick ihre Form verändern, dieser Dunstsäule, die sich wie eine dicke Wolke erhebt, und die man in einer Entfernung von 5 Meilen bey einem Spaziergange um die Stadt Santa-Fe noch erkennt: daß sie allem diesem einen wunderbaren Ursprung gegeben haben. Von solchem majestätischem Schauspiel kann ein Kupferstich nur eine schwache Vorstellung geben; denn, wenn es schwer ist, die Schönheiten einer Kaskade zu beschreiben, so ist es noch weit schwerer, sie in einer Zeichnung fühlbar zu machen. Der Eindruck, den sie auf die Seele des Beobachters machen, hängt von mehreren Umständen ab. Die Wassermasse, die sich herabstürzt, muß in richtigem Verhältnisse zur Höhe ihres Falls seyn, und die sie umgebende Gegend einen romantischen wilden Karakter haben. Die Pissevache und der Staubbach in der Schweiz haben eine sehr große Höhe, aber ihre Wassermasse ist unbeträchtlich. Der Niagara- und der Rhein-Fall hingegen zeigen eine ungeheure Wassermasse, aber ihr Fall ist nicht über 50 Meter Höhe. Eine Kaskade, die mit nur wenig erhabenen Hügeln umgeben ist, macht weniger Wirkung, als die Wasserfälle, die man in den tiefen Thälern der Alpen, der Pyrenäen, und besonders der Anden-Cordillera sieht. Außer der Höhe und dem Umfange der Wassersäule und außer der Gestaltung des Bodens und dem Anblicke der Felsen gibt die Kraft und die Form der Bäume und der Graspflanzen, ihre Vertheilung in Gruppen oder einzelne Sträuße, und der Kontrast zwischen den Steinmassen und der frischen Vegetation, solchen großen Naturscenen einen besondern Karakter. So würde der Sturz des Niagara noch weit schöner seyn, wenn seine Umgebungen, statt sich unter einer nördlichen Zone in der Gegend der Pinien und Eichen zu befinden, mit Heliconia, Palmen und baumartigem Farrenkraut geschmückt wären.

Der Fall (*Salto*) des Tequendama vereinigt Alles, was eine Gegend im höchsten Grade mahlerisch machen kann. Indeß ist er nicht die höchste Kaskade auf der Erde, wie man im Lande selbst glaubt, (*Piedrahita*, S. 19. *Julian, la Perla de la America, provincia de Santa Martha*, 1787, S. 9) und wie es die Physiker in Europa wiederholt haben (*Gehler physikalisches Wörterbuch*, B. IV, S. 655). Der Fluß stürzt sich nicht, wie *Bouguer* sagt, (*Figure de la terre*, S. 92.) in einen Abgrund von fünf bis sechshundert Meter perpendikulärer Tiefe; aber es wird kaum eine Kaskade geben, welche bey einer so ansehnlichen Fallhöhe eine so große Wassermasse enthält. Der Rio de Bogota hat, nachdem er die Sümpfe zwischen den Dörfern Facativa und Fontibon getränkt, noch bey Canoas, etwas über dem *Salto*, eine Breite von vier und vierzig Metern, und ist also halb so breit als die Seine in Paris zwischen dem Louvre und dem *Palais des arts*. Nahe bey dem Wasserfalle selbst, wo die Kluft, die durch ein Erdbeben gebildet zu seyn scheint, nur zehn bis zwölf Meter Oeffnung hat, verengt sich der Fluß sehr. Aber auch zur Zeit der Dürre hat die Wassermasse, die sich in zwey Streifen hundert und fünf und siebenzig Meter tief herabstürzt, ein Profil von neunzig Quadrat-Metern. Auf der Zeichnung dieser Kaskade hat man zwey Männer als Masstab für die Gesammt-Höhe des *Salto* angebracht. Der Punkt, auf welchem sie am obern Rande stehen, ist zwey tausend vierhundert sieben und sechszig Meter über den Meeresspiegel erhaben. Von diesem Punkte bis an den Magdalenen-Strom hat der kleine Fluß Bogota, welcher am Fuße der Kaskade die Namen Rio de la Mesa, oder de Tocayma, oder del Collegio an-

Wasserfall von Tequendama (*Vues des Cordillères*, Tafel VI)

nimmt, noch über zweytausend einhundert Meter Fall, welches über hundert und vierzig Meter auf die gewöhnliche Meile beträgt.

Der Weg, welcher von der Stadt Santa-Fe nach dem *Salto* des Tequendama führt, geht durch das Dorf Suacha und die große Pächterey Canoas, welche durch ihre schönen Weizen-Ernten bekannt ist. Man glaubt, daß die ungeheure Dunstmasse, die sich täglich aus der Kaskade erhebt, und durch den Kontakt der kalten Luft wieder niedergestürzt wird, viel zur großen Fruchtbarkeit dieses Theils des Plateau von Bogota beyträgt. In einer kleinen Entfernung von Canoas, auf der Höhe von Chipa, genießt man eine prächtige Aussicht, welche den Reisenden durch die Kontraste, die sie darstellt, in Erstaunen setzt. Man hat so eben die mit Weizen und Gerste bebauten Felder verlassen, sieht nun, außer den Aralia's, der *Alstonia theaeformis*, den Begonia und den gelben Fieberrinden-Baum, (*Cinchona cordifolia, Mut.*) Eichen, Ulmen und andre Pflanzen um sich her, deren Wuchs an europäische Vegetation erinnert, und entdeckt, wie von einer Terrasse herab, so zu sagen zu seinen Füßen, ein Land, wo Palmen, Pisangs und Zucker-Rohr wachsen. Da die Kluft, in welche sich der Rio de Bogota stürzt, an die Ebenen der heissen Region (*tierra caliente*) stößt, so haben sich einige Palmen bis an den Fuß der Kaskade herangemacht. Wegen dieses besondern Umstandes sagen die Bewohner von Santa-Fe, der Fall des Tequendama sey so hoch, daß das Wasser in Einem Sprunge aus dem kalten Lande (*terra fria*) in das heiße stürze. Indeß sieht man wol, daß eine Höhen-Verschiedenheit von blos hundert fünf und siebzig Metern nicht hinlänglich ist, um eine fühlbare Veränderung in der Luft-Temperatur hervorzubringen. Wirklich bewirkt die Höhe des Bodens den Kontrast zwischen der Vegetation des Plateau von Canoas und der in der Kluft nicht; denn wenn der Fels von Tequendama, welcher ein Sandstein auf einer Thon-Basis ist, nicht so schroff abgeschnitten, und das Plateau von Canoas eben so gut vor Wind und Wetter geschützt wäre, so hätten sich die Palmbäume, welche am Fuße der Kaskade wachsen, gewiß schon an dem obern Rande des Flusses fortgepflanzt. Uebrigens ist diese Vegetation für die Bewohner des Thals von Bogota um so merkwürdiger, da sie in einem Klima wohnen, wo der Thermometer sehr oft auf den Gefrierpunkt herabsinkt.

Nicht ohne Gefahr ist es mir gelungen, Instrumente in die Kluft selbst bis an den Fuß der Kaskade zu bringen. Auf einem engen Pfade (*Camino de la Culebra*), der nach der Kluft de la Povasa führt, braucht man drey Stunden zum Hinuntersteigen. Ungeachtet der Fluß in seinem Sturze eine Menge Wasser verliert, das sich in Dünste verwandelt, so ist der Strom unten dennoch so reißend, daß sich der Beobachter dem Bassin, welches sich der Wasserfall ausgehöhlt hat, auf hundert und vierzig Meter nicht nähern kann. Der Grund dieser Schlucht wird nur schwach vom Tageslicht erleuchtet. Die Einsamkeit des Orts, der Reichthum der Vegetation und das schreckliche Geräusch, welches man vernimmt, machen den Fuß der Kaskade des Tequendama zu einer der wildesten Gegenden in den Kordilleren.

Ueber die gleichwarmen Linien

von A. de Humboldt. (Mem. d'Arcueil Vul. III.
Annales de Chimie 17 u. Annales of Philos. 18).

H. stellt nicht theoretisch sondern nach den neuesten Beobachtungen die Vertheilung der Wärme über der Erdkugel dar. Zuvörderst untersucht er die verschiedenen Methoden, nach denen die Physiker die *mittleren Temperaturen* bestimmt haben.

Die *mittlere Temperatur eines Tages*, in der mathematischen Bedeutung, ist die mittlere von den Temperaturen aller Augenblicke, aus welchen der Tag besteht. Wenn man die Dauer dieser Augenblicke auf *eine Minute* bestimmen wollte, so müßte man die Summe von 1440 thermometrischen von einer Mitternacht zur folgenden angestellten Beobachtungen mit $1440 = 24 \times 60$ theilen, und man erhielte die gesuchte Zahl; die Summe aller dieser einzelnen Resultate mit 365 getheilt, gäbe die *mittlere Temperatur des Jahres*. Da die Extreme der Thermometer-Veränderungen in einem Tage im Ganzen sich sehr nahe stehen, so sind die *Grade der Wärme* einer Menge Augenblicke einerley, so daß jeder auf den Gehalt und die Dauer der endlich *Mittleren* einwirken wird.

H. ist unter diesem Gesichtspunct einige Reihen von Beobachtungen, die von Stunde zu Stunde, in verschiedenen Jahreszeiten, unter dem Aequator und zu Paris angestellt worden, durchgegangen. Es ergab sich daraus, daß die halbe Summe der *Maximum*- und *Minimum*-Temperaturen jedes Tages (die von 2 Uhr N.M. und bey Sonnen-Aufgang) im Allgemeinen nur um einige Zehntheile eines Grades von der strengen Mittleren abweicht, und diese ersetzen kann.

Indem Hr. *de H.* eine große Anzahl zwischen den Parallelen vom 46° und 48° angestellter Beobachtungen berechnete, fand er daß *die einzige Zeit des Sonnen-Untergangs* eine Temperatur giebt, die nur einige Zehntheile von derjenigen abweicht, welche durch die Beobachtungen beim Aufgang und um 2 Uhr gefunden worden.

Der höchste Punct in Europa, wo Beobachtungen angestellt werden, ist das Hospiz auf dem St. Gotthard etwa 6400 Fuß überm Meere; in Südamerika, Quito 9000 Fuß, Huancavelica 11600 Fuß, das Bergwerk *Santa Barbara* über 14400 Fuß, also mehr als das doppelte von St. Gotthard. Um die in der heißen Zone erhaltenen Resultate mit der mittlern Wärme der gemäßigten Zonen zu vergleichen, mußte man in Zwischenräumen von 10 Breitegraden aber in verschiedenen Meridianen Orte aufsuchen, deren mittlere Temperatur genau bekannt war. Diese bilden feste Puncte, durch welche die gleichwarmen Linien laufen. Diese sind besonders in Asien sehr schlecht bestimmt, und es ist in der That merkwürdig daß die Höhe von Bagdad, Aleppo, Ispahan, Delhi, und vieler großer und alter Städte in der alten Welt unbekannt ist, während man in der heißen Zone der neuen, die von mehr als 500 Oertern, worunter selbst Dörfer und Weiler, genau kennt. In der alten Welt sind nur die Beobachtungen, welche zwischen den Parallelen 30 und 70 N. B.; und 30° W. und 20° O. L. gemacht worden, brauchbar. Davon sind die entferntesten Puncte, Madera, Kairo und Nordcap, und begreifen etwa ½ des Erdumfangs von O. nach W.

Da Reisende selten Gelegenheit haben, an jedem Orte hinlängliche Beobachtungen zur Bestimmung der mittlern Temperatur des Jahres zu sammeln, so suchte *H.*, welche Monate sie unmittelbar liefern könnten. Folgende Tabelle zeigt, daß bis zu sehr hohen Breiten, die Monate April und October, besonders aber der letztere, diese besondere Eigenschaft haben.

Orte.	Mittlere Temperatur.		
	vom Jahr	von October	von April
	°	°	°
Cairo	22,4	22,4	23,5
Algier	21,0	22,3	17,0
Natchez	18,9	20,2	19,1
Rom	15,8	16,7	13,0

Mailand	13,0	14,5	13,1
Cincinnati	12,0	12,7	13,8
Philadelphia	11,9	12,2	12,0
Neu-York	12,1	12,5	9,5
Pecking	12,6	13,0	13,9
Ofen	10,9	11,3	9,5
London	11,0	11,3	9,9
Paris	10,6	10,7	9,0
Genf	9,6	9,6	7,6
Dublin	9,2	9,3	7,4
Edimburg	8,8	9,0	8,3
Göttingen	8,3	8,4	6,9
Franecker	11,3	12,7	10,0
Copenhagen	7,6	9,3	5,0
Stockholm	5,7	5,8	3,6
Christiania	5,9	4,0	5,9
Upsala	5,4	6,3	4,3
Quebeck	5,5	6,0	4,2
Petersburg	3,8	3,9	2,8
Abo	5,2	5,0	4,9
Drontheim	4,4	4,0	1,3
Uleo	0,6	3,3	1,2
Umeo	0,7	3,2	1,1
Nord-Cap	0,0	0,0	−1,0
Enontekies	−2,8	−2,5	−3,9
Nain	−3,1	+0,6	−2,3

Die mittleren Temperaturen der Jahre sind weit gleicher als man nach dem Zeugniß unserer Empfindung und dem unterschiedenen Ertrag der Erndten hätte glauben sollen. Die äußersten Oscillationen betragen kaum $2°$, Hundertgradig.

In Paris fand man von 1803 bis und mit 1816:
$+10°,6 - 11°,1 - 9°,7 - 11°,9 - 10°,8 - 10°,3 - 10°,6$
$10°,5 - 11°,5 - 9°,9 - 9°,9 - 9°,7 - 10°,5 - 9°,6$.

In Genf, zwischen 1803 bis und mit 1815, fand man

+ 10°,2 − 10°,6 − 8°,8 − 10°,8 − 9°,6 − 8°,3 − 9°,4.
− 10°,6 − 10°,9 − 8°,8 − 9°,2 − 9°,0 − 10°,0 − 0.

Die Unterschiede der mittlern Temperaturen des Monats Januar steigen auf 7°; für den Monat August selten auf 4°.

Vom Zeichnen der Isotherm-Linien.

Nachdem wir genau die Bedeutung, welche man dem Ausdrucke der mittlern Temperatur geben muß, angegeben haben, so können wir zur Zeichnung der *Isotherm-* oder *gleichwarmen Linien* über gehen. Von kleinen auf geringe Orts-Verhältnisse beschränkten Abweichungen muß man hier abstrahiren, wie z. E. die, welche man an den Küsten des Mittelmeers zwischen Marseille, Genua, Lucca und Rom beobachtet. Es würde recht gut seyn, wenn man sie in einzelnen Charten aufstellte.

»Die Anwendung der Bezeichnung durch Linien,« sagt Hr. *de H.*, »wird den Phänomenen, welche so sehr wichtig für den Akkerbau und den gesellschaftl. Zustand der Bewohner sind, vieles Licht geben. Wenn wir statt geographischer Charten nichts als Tabellen der Coordonaten der Breite, der Länge und der Höhe hätten, so würden sehr viele merkwürdige Verhältnisse welche die festen Länder in ihrer Bildung und ihrer ungleichen Fläche darbieten, auf immer unbekannt geblieben seyn.«

Will man Isotherm-Linien ziehen, so muß man die Puncte des Erdballs suchen, deren mittlere Temperaturen 0°, 5°, 10° oder 15° am nächsten stehen. Man sieht gleich, ob die Linien von diesem oder jenem Orte nach Süden oder Norden gehen; um genau zu bestimmen, wie weit der Abstand in der Breite beträgt, muß man die gewöhnlichen Interpolations-Methoden zu Hülfe nehmen, das heißt, die Beobachtungs-Tabellen, wo man für verschiedene Meridiane und nach der Meeres-Höhe sieht, wie die jährliche mittlere Temperatur je weiter man von Süden nach Norden kommt, abnimmt.

Auf 1° Abweichung in der jährlichen mittleren Temperatur fallen in verschiedenen Zonen die Veränderungen der Breite folgendermaßen zusammen.

	In der neuen Welt durch die Längen 70° bis 80° Westl.	In der alten Welt durch die Längen 2° bis 17° Oestl.
Zwischen 30° und 40° N. Br.	1°, 24''	2°, 30'
40 – 50 –	1°, 6' –	1°, 24'
50 – 60 –	1°, 18' –	1°, 48'

Nach diesen Daten findet Hr. *de H.* bei den genauesten mittleren Temperaturen die er hat erhalten können, (in der obigen Tabelle sind deren 30) und mit Berücksichtigung der Höhe der Oerter, wo die Beobachtungen angestellt worden, daß: 1) der *Isotherm-Strich* von 0° (32 Fah.) geht durch 3° 54 südlich von *Nain* in *Labrador* (Tafelbay 54° N.B.); durch den Mittelpunct von Lappland; und durch 1° nördlich v. *Ulea* (66° 68' N.B.), durch *Soliskarnsky*.

2) Der von 5° (41 F.) geht durch 0°,5 nördlich von Quebek und St. Georgsbay in Neufundland 48° N.B.; durch 1° nördlich v. *Christiania*; 0°,5 nördlich v. *Upsala* (60° N.B.), durch Petersburg und Moskau.

3) Der von 10° (50 F.) geht durch 42° 30' in vereinten Staaten bey Boston; durch 1° südlich von Dublin; 0°,5 nördlich v. Paris; 1°,5 südlich v. *Franecker* (51° N.B.); 0°,5 südlich von Prag; 1°,5 nördlich v. Ofen, 2° ¾ nördlich v. Peking.

4) der v. 15° (59° F.) geht durch 4°,5 nördlich v. *Natchez*; durch *Montpellier*; 1° nördlich v. Rom (43 N.B.) und 1°,5 nördlich v. *Nangasaki*.

5) Der v. 20° geht 2°,5 südlich v. *Natchez*, 50' nördlich v. *Funchal* und, soviel man nach den vorhandenen Materialien urtheilen kann, durch 33°,5 der Breite unter dem Meridian v. *Cypern*. (Man hat der mittleren Temperaturen von *Algier* und *Cairo*, welche der sie umgebende Sand, wie es scheint, auf 1° oder 2° zu hoch angegeben hat, sich nicht bedient.)

Aus diesen Daten ergiebt sich, daß die *Knoten* der Isotherm-

Linien oder ihre Durchschneidungen mit den Parallelen des Aequators folgendermaaßen liegen.

1) *Isoth.-Strich* von 0: Länge 94°, W.; Breite 54°,12'; – Länge 63°,40' W.; Breite 53°,15'; – Länge 18°,30' O.; Breite 65°,13'; – Länge 23° O.; Breite 66°,20'; – Länge 56° O.; Breite 62°,12'. Ein Zweig geht längs den nördl. Küsten durch die Länge 18° O., Breite 70°, Länge 23° ½, Breite 71°.

2) v. 5°: Länge 73°,30' W., Breite 47°,20' – Länge 5° ½ W., Breite 62°. – Länge 8° ½ O., Breite 61°,15'. – Länge 15°,18' O., Breite 60°,20'. – Länge 20° O., Breite 59°,37'. – Länge 35°,12' O., Breite 57°,45'.

3) v. 10°: Länge 86°,40' W., Breite 41°,20' – Länge 73°,30' W., Breite 42°,45. – Länge 8°,40' W., Breite 52°,20'. – Länge 5° W., Breite 51°. – Länge 3° W., Breite 52°. – Länge 0°, Breite 51°; – Länge 12° O., Breite 49°,30'. – Länge 16°,40' O., Breite 48°,50'. – Länge 114° O., Breite 43°,30'.

4) v. 15°. – Länge 93° W., Breite 36°. – Länge 1° O., Breite 45°,30'. – Länge 9° O., Breite 43°. – Länge 127°,30' O., Breite 34°,15'.

5) v. 20°; Länge 94° W., Breite 29°. – Länge 19°,15' W., Breite 33°,40'. – Länge 28° O., Breite 33°,30'.

Wirft man einen Blick auf die 1te Figur der Kupfer-Platte, so sieht man, wieviel der Isotherm-Linien von den Erd-Parallelen abweichen. Ihre höchsten in Europa convexen Puncte liegen fast unter demselben Meridian. Von diesen Puncten aus gegen West nähern diese Linien sich dem Aequator, dem sie von den atlantischen Küsten der neuen Welt bis zum Osten von Mississippi und Missouri fast parallel bleiben; ohne Zweifel entfernen sie sich wieder vom Aequator jenseits der Felsen-Gebirge an den entgegengesetzten Küsten von Asien, zwischen den 35ten und 55ten Grad Breite. Bekanntlich wird längs dem Canal von *Santa Barbara* in neu Californien der Oelbaum mit Glück angebaut, und zu *Noutka*, fast in der Breite von *Labrador*, frieren die kleinsten Bäche vor dem Januar nicht zu.

Auf nicht weniger auffallende Art beweißt die beigefügte Tabelle, daß von Europa nach Osten die Isotherm-Linien aufs neue sich dem Aequator nähern.

Breite		mittlere Temper.	Breite		mittlere Temper.
St. Malo	48°, 39'	+ 12°, 5'	Wien	48°, 11'	+ 10°, 3'
Amsterdam	52°, 22'	+ 11°, 9'	Warschau	52°, 14'	+ 9°, 2'
Neapel	40°, 50'	+ 17°, 4'	Pecking	39°, 54'	+ 12°, 7'
Copenhag.	55°, 41'	+ 7°, 6'	Moscau	55°, 45'	+ 4°, 5'
Upsala	59°, 51'	+ 5°, 5'	Petersb.	59°, 56'	+ 3°, 8'

(Die Höhe von Pecking ist unbeträchtl.; von Moskau ist sie 300 Meter.)

Es würde unnöthig seyn bei den *allgemeinen* Folgerungen, die sich beim ersten Anblick der Charte ergeben, stehen zu bleiben; wir wollen hier nur einige Resultate anführen, die sich bei der Kleinheit der Skale nicht so leicht auffinden lassen.

Zu der Bemerkung, die man schon vor mehr als einem Säkulo gemacht hatte, daß die Temperaturen in der ganzen Ausdehnung einer jeden Erd-Parallele nicht gleich sind und daß, wenn man vom 70° der Länge Oestl. oder Westlich vom Pariser Meridian geht, das Clima kälter wird, muß man noch hinzusetzen: *daß die Verschiedenheiten zwischen den Temperaturen der unter gleichen Parallelen gelegenen Oerter nicht in allen Breiten gleich groß sind.*

Breite	Mittl. Temper. im Westen der alten Welt	Mittl. Temper. im Osten d. neuen Welt	Unterschiede
30° N.	21°,4 Centigr.	19°,4 (66,8 F.)	2°,0 (3,3 F.)
40°	17°,3 (63,1 F.)	12°,5 (54,5 F.)	4°,8 (8,6 F.)
50°	10°,5 (50,8 F.)	3°,3 (37,9 F.)	7°,2 (12,9 F.)
60°	4°,8 (40,0 F.)	−4°,6 (24,0 F.)	9°,4 (16,0 F.)

Das Gesetz der Abnahme der mittl. Temperaturen findet man in folgender Tabelle:

Von 0° bis 20 Br.	in d. alt. Welt 2° (35,6)	in d. n. Welt	2° (35,6)
– 20 – 30 –	– 4° (39,2)	–	6° (42,8)
– 30 – 40 –	– 4° –	–	7° (44,6)
– 40 – 50 –	– 7° (44,6)	–	9° (48,2)
– 50 – 60 –	– 5°,7 (41,8)	–	7°,9 (45,1)

In beiden Welten liegt die Zone, in welcher die mittl. Temperatur am schnellsten abnimmt, zwischen den Parallelen von 40° und 45°; dieser Umstand muß einen günstigen Einfluß auf die Bildung und den Kunstfleiß der Völker haben, die die Nachbar-Länder der mittlern Parallele bewohnen. Es ist dieß der Punct, wo die Regionen des Weinstocks an die des Oliven- und Citronbaums stoßen. Nirgend anders auf der Erdkugel, von Norden nach Süden vor, »findet man ein merklicheres Zunehmen der Temperaturen; nirgend auch folgen die Erzeugnisse des Pflanzenreichs und die mannichfaltigen Gegenstände des Ackerbaus schneller auf einander. Eine große Verschiedenheit in den Erzeugnissen der Gränzländer belebt den Handel und vermehrt den Kunstfleiß der Ackerbauenden Völker.«

Man wird indeß doch leicht bemerken, daß in der heißen Zone niedriger als die Parallele von 30° die Isotherm-Linien nach und nach unter einander und mit dem Erd-Aequator parallel werden, so daß die lange Zeit angenommene Meynung, die alte Welt sey wärmer als die neue, selbst zwischen den Wendezirkeln, gar keinen Grund hat.

	Mittlere Temperatur.
Senegambia	(Breite 14°,40' Nördlich) – 26°,5
Madras	(Breite 13°, 5' Nördlich) – 26°,9
Batavia	(Breite 6°,12' Nördlich) – 26°,9
Manilla	(Breite 14°,36' Nördlich) – 25°,6
Cumana	(Breite 10°,28' Nördlich) – 27°,7

Antillen (Breite 16°, – Nördlich) – 27°,5
Vera-Crux (Breite 19°,12' Nördlich) – 25°,6
Havanna (Breite 23°, 9' Nördlich) – 25°,6
Merk: Wobey nicht F. (Fahrenheit) steht, ist das hundertgradige Therm. gemeynt.

A. Hohle Scheitel in Amerika.   Mittl. Temp. d. Jahrs

Natchez, Br.	31°,28' –	64,8° F.
Williamsburg	37°,18' –	58,1° –
Cincinnati	39°,0' –	53,8° –
Philadelphia	39°,56' –	59,6° –
Neu-York	40°,40' –	53,8° –
Cambridge	42°,25' –	50,4° –
Quebek	46°,47' –	41,8°
Nain	57°,0' –	26,4°

B. Erhobene Scheitel in Europa.
a. Clima im Land.

Rom	41°,53' F.	60,4° F.
Mailand	45°,28' –	55,8° –
Genf	46°,12' –	49,2° –
Ofen	47°,29' –	60,0° –
Paris	48°,50' –	60,0° –
Göttingen	51°,32' –	46,7° –
Upsal	59°,61' –	41,9° –
Petersburg	59°,56' –	38,8° –
Umea	63°,50' –	33,2° –
Ulea	65°,0' –	35,0° –
Enontekies	68°,30' –	27,0° –

b. Clima an der Küste.

Nantes	47°,13' F.	54,6° –
London	51°,30' –	51,6° –
Dublin	53°,21' –	48,4° –
Edimburg	57°,57' –	47,8° –

| Nord-Cap | 71,°0' – | 32,0° – |

B. Hohle Scheitel in Asien.
| Peking | 39°,54' F. | 54,8° F. |

Nach der Erklärung, die wir von den mittlern Temp. gegeben haben, ist es klar, daß eine gleiche Menge von jährlicher Wärme an verschiedenen Orten sehr ungleich in die verschiedenen Jahreszeiten vertheilt seyn kann. Die folgende Tabelle zeigt, wieviel die Winter und Sommer unter einander auf allen Isotherm-Linien, vom 28° und 30° nördl. Breite, bis zu den Parallelen von 55° und 60°, verschieden sind; ebenso wird man auch finden, daß in den beiden Strichen der alten und neuen Welt, welche zwey Systeme verschiedener Climaten bilden, die Vertheilung der jährlichen Wärme zwischen Winter und Sommer so geschieht, daß auf die Isotherm-Linie von 0°, der Unterschied der beiden Jahreszeiten fast das Doppelte beträgt von dem, der auf der Isotherm-Linie von 20° bemerkt wird.

		Strich diesseits des atl. Meers (Läng. 3°, West. u. 15° Ost)		Unterschied	Strich jenseits des atl. Meers (Läng. 50°–74°. Wstl.)		Unterschied
		Mittl. Temper.			Mittl. Temper.		
		v. Wint.	v. Somm.		v. Wint.	v. Somm.	
Isotherm-Linie von	20°	15°	27°	12°	12°	27°	15°
	15°	7°	23°	16°	4°	26°	22°
	10°	2°	20°	18°	– 1°	22°	23°
	5°	– 4°	16°	20°	– 10°	19°	29°
	0°	– 10°	12°	22°	– 17°	13°	30°

Cisatlantische Linie, Länge
29° Ostl. 20° Wstl.   nach Fahr.

Oerter.	Breite	Jahr	Winter	Sommer
(Pondichery)	11°, 35'	85, 4°	77, 0°	90, 8°
Kairo	30°, 2'	72, 6°	57, 6°	84, 6°
Funchal	32°, 37'	68, 4°	63, 8°	72, 5°
Rom	41°, 55'	60, 1°	45, 8°	75, 2°
Bourdeaux	44°, 50'	56, 5°	42, 0°	70, 9°
Paris	48°, 50'	51, 8°	38, 3°	66, 2°
Kopenhagen	55°, 41'	45, 6°	31, 0°	62, 6°
Stockholm	59°, 20'	42, 2°	26, 0°	61, 8°
Drontheim	63°, 24'	39, 7°	24, 0°	61, 3°
Umea	63°, 50'	31, 0°	13, 4°	54, 4°

Transalant. Linie, Länge
67° Ost. 97° West.

Oerter.	Breite	Jahr	Winter	Sommer
Cumana	10°, 27'	81, 6°	81, 3°	83, 3°
Havannah	23°, 10'	77, 7°	80, 4°	79, 9°
Natchez	31°, 28'	64, 8°	48, 6°	79, 0°
Cincinnati	39°, 6'	53, 6°	32, 9°	73, 0°
Philadelphia	39°, 56'	53, 1°	32, 2°	73, 8°
Neu-York	40°, 40'	53, 9°	30, 0°	79, 0°
Cambridge	42°, 25'	50, 4°	34, 0°	70, 4°
Quebec	46°, 47'	41, 6°	15, 0°	68, 0°
Nain	57°, 10'	26, 4°	0, 4°	48, 4°
Fort-Churchill	59°, 2'	25, 5°	6, 8°	52, 0°

Folgende Tabelle zeigt, wie die jährliche Wärme zwischen dem Winter und dem Sommer in allen Theilen der gemäßigten Zone vertheilt ist. Die Beobachtungen sind nach den Isothermallinien von West nach Ost genommen und die sind vorgezogen, welche den gekrümmtesten Theilen der Linie am nächsten liegen. Die Länge von Paris. Therm. nach F.

Isothermallinien von 32° bis 68°.

mittlere Temper.

		Winter	Somm.
Isoth. v. 68°	L. 84°,30' W.; Br. 29°,30' (Florida)	53,6	80,6
	L. 19°,19' W.; Br. 32°,37' (Madeira)	63,6	72,0
	L. 0°,40' O.; Br. 36°,48' (N. v. Africa)	59,0	80,6
Isoth. v. 63,5°	L. 92° W.; Br. 32°,30' (Mississippi)	46,4	77,0
	L. 11°,51' O.; Br. 40°,50' (Italien)	50,0	77,0
Isoth. v. 59°	L. 86°,30' W.; Br. 35°,30' (v. Ohio)	39,2	78,4
	L. 1°,2' O.; Br. 43°,30' (Süd. v. Frankreich)	44,6	75,2
Isoth. v. 54,5°	L. 87° W.; Br. 38°,30' (Amer. W. der *Alleghanys*)	34,7	75,2
	L. 76°,30' W.; Br. 40° (Amer. O. der *Alleghanys*)	32,7	77,0
	L. 3°,52' W.; Br. 47°,10' (W. v. Frankreich)	41,0	68,0
	L. 7° O.; Br. 45,30' (Lombardey)	34,7	73,4
	L. 114° O.; Br. 40° (östl. Asien)	26,6	82,4
Isoth. v. 50°	L. 86°,40' W.; Br. 41°,20' (Amer. W. d. *Alleghanys*)	31,1	71,6
	L. 73°,30' W.; Br. 40' (Amer. O. d. *Alleghanys*)	30,2	73,4
	L. 9° W.; Br. 52°,30' (Irland)	39,2	59,8
	L. 3° W.; Br. 53°,30' (England)	37,4	62,6
	L. 0°; Br. 51° (Belgien)	36,5	61,5
	L. 16°,40' O.; Br. 47°,3' (Ungarn)	31,1	69,8
	L. 114° O.; Br. 40° (östl. Asien)	23,0	78,8

Isoth. v. 45,5°	L. 23°,20' W.; Br. 44°,42' Am.	23,9	71,6
	L. 4°,30' W.; Br. 57° (Schottl.)	36,0	56,4
	L. 10°,15' O.; Br. 55°,40' (Dänemark)	31,3	62,6
	L. 19° O.; Br. 53°,5' (Polen)	28,0	66,2
Isoth. v. 41°	L. 73°,30 W.; Br. 47° (Canada)	14,0	68,0
	L. 7° O.; Br. 62°,45' (Westl. Norwegen)	24,8	62,6
	L. 15° O.; Br. 60°,30' (Schwed.)	24,8	60,8
	L. 22° O.; Br. 60° (Finnland)	23,0	63,5
	L. 34° O.; Br. 58°,30' (Mittelpunct v. Rußland)	13,0	68,0
Isoth. v. 36,5°	L. 74° W.; Br. 50° (Canada)	6,8	60,8
	L. 15°,45' O.; Br. 62°,30' (W. Küste d. botnisch. Meerbus.)	17,6	57,2
	L. 20° O.; Br. 62°,50' (O. Küste desselben)	16,7	59,0
Isoth. v. 32°	L. 60° W.; Br. 53° (Labrador)	3,2	51,8
	L. 17°,30' O.; Br. 65° (Schweden)	11,3	53,6
	L. 23° O.; Br. 71° (nördl. Theil v. Norwegen)	–	45,7

Die Ungleichheit des Winters in derselben Isothermlinie nimmt zu, wie die jährliche Wärme sich vermindert von Algier nach Holland, und von Florida nach Pensylvanien.

Wenn man, statt wie oben die mittlern Temperaturen der Jahrszeiten zu berücksichtigen, die mittleren des wärmsten und des kältesten Monats nimmt, so werden die Unterschiede noch größer als wir es eben gefunden haben.

Die Unterschiede zwischen den Jahrszeiten scheinen an die Gestalt der Isotherm-Linie gebunden zu seyn; sie sind an den gewölbten Gipfeln kleiner als in den hohlen, so daß dieselbe Ursache, welche diese Curven gegen den Pol erhöhet, auch dahin strebt die Temperaturen der Jahrszeiten gleichzustellen. Da die mittlere Temperatur des Jahres dem Viertel der thermometrischen Summe der Winter-, Frühlings-, Sommer- und Herbst-Temperaturen gleicht, so haben wir z. E. auf derselben Isotherm-Linie von 12°, dem hohlen Gipfel in America (77° Länge Westl. v. Paris)

$$12° = \frac{0° + 11°,3 + 24°,2 + 12°,5}{4};$$

beym gewölbten Gipfel in Europa, (im Meridian von Paris)

$$12° = \frac{+ 4°,5 + 11°,0 + 20°,2 + 12°,3}{4};$$

Auf dem hohlen Gipfel in Asien (114°, Oestliche Länge von Paris)

$$12° = \frac{- 4° + 12°,6 + 27° + 12°,4}{4}.$$

Wenn man auf einer Charte statt Isotherm-Linien, Linien der gleichen Winter-Temperatur zöge (*lignes isochimènes*), so würde man bald bemerken, daß sie viel mehr von den Erd-Parallelen abgehen als die ersten. Im Systeme der europäischen Climate können die geographischen Breiten zweier gleiche jährliche Temperatur habenden Gegenden nicht mehr als 4° bis 5° verschieden seyn; da zwey Oerter von gleicher mittleren Winter-Temperatur in geographischer Breite 9° bis 10° abweichen können; je mehr man nach Osten vorrückt desto schneller wachsen diese Unterschiede. In Niederland (geographische Breite 52°, Isoth. Breite 51,8°) und selbst in Schottland (geographische Breite 57°) sind die Winter milder als zu Mailand (geographische Breite 15°,28', Isoth. Breite 57°,7'). Irland hat sehr milde Winter und kalte Sommer; die mittl. Temp. v. Ungarn für den Monat August ist 71,6°, während zu Dublin 60,8° ist, die Winterlinien weichen mithin viel mehr von den Erdparallelen ab als die Sommerlinien. In den europäischen Climaten unterscheidet sich die Breite zweier Plätze, welche die nämliche Jahrestemperatur haben, nie mehr als 8 oder 9°, während Plätze die nämliche Wintertemperatur haben, und doch 18 oder 19° von einander liegen können. »Die Linien des gleichen

Sommers (*courbes isothères*) folgen einer den Winter-Curven ganz entgegengesetzten Richtung. Wir finden dieselbe Sommer-Temperatur zu Moskau im Mittelpuncte von Rußland, und an der Mündung der *Loire*, ungeachtet jenes 11°* nördlicher liegt.

Die südliche Halbkugel ist beträchtlich kälter als die nördliche; man glaubt weil die Sonne kürzere Zeit jenseits des Aequators weile, hängt aber wahrscheinlich von der größern Wassermasse ab. Um den Aequator scheint die Wärme beyderseits gleich zu seyn; den Unterschied fühlt man aber im atlantischen Meer auf 22° Br., und zwischen der mittl. Temperat. von Riojaneiro und Havannah ist ein großer Unterschied, obschon beyde gleich weit vom Aequator liegen; erstes hat 74,5°, zweytes 76,4° Wärme. Auf der südlichen Halbkugel findet man unter den isotherischen Linien von 46° und 50° Sommer, welche in unsrer Halbkugel mit 35,5° und 41° Wärme zusammentreffen. Wie sich die mittl. Temperat. eines Platzes über 50° südl. Br. verhält, wissen wir nicht.

Das Meerwasser soll am wärmsten seyn zwischen 5°,45' nördl. und 6°,15' südl. Br., und zwar 82,5° bis 84,5° Wärme; die Temperat. des Meeres in dieser Gegend ist 4 bis 5° höher als die der Luft darüber. Gegen die Pole bleibt zwischen der Temperatur des Wassers und der Luft kein bestimmtes Verhältniß.

Statt alle diese Systeme der Curven zu zeichnen, deren vielfältige Durchflechtungen nur verwirren würden, hat man sich begnügt den Isotherm-Linien an ihren Gipfeln die mittleren Sommer- und Winter-Temperaturen beizufügen. So findet man, wenn man der Linie von 10° folgt, in America Westl. von *Boston* angemerkt $\left(\frac{-1°}{+20°}\right)$, in Engeland $\left(\frac{+3°}{+17°}\right)$ in Ungarn $\left(\frac{-0,5°}{+21°}\right)$, in China $\left(\frac{-5°}{+26°}\right)$.

---

* In der Rechnung, worauf dieser Satz sich bezieht, hat man den Winter als ganz aus den Monaten December und den beiden folgenden bestehend angenommen, den Sommer von 1sten Juny bis den letzten August.

Die vorhergehenden Einzelheiten beziehen sich nur auf die Vertheilung der Wärme auf der Oberfläche des Erdballs. Begreiflich ist es hinlänglich um unter einer jeden Parallele die mittlere Temperatur zu finden, z. E. von 0°, über dem Horizonte einen hinlänglich hoch liegenden Ort auszusuchen. Diese Höhe würde sich mit der Breite verändern. Die Fläche, welche durch die Gipfel aller dieser vertikalen Coordinaten ginge, würde die *Isotherm-Fläche von 0°* heißen, und ihre Durchschneidung mit der Erdkugel wäre die correspondierende Isoth.-Linie.

In der Fig. 2. sind die mit einem transatlantischen Meridian in verschiedenen Isotherm-Flächen gemachten Abschnitte vorgestellt. Die Puncte, wo diese Curven der Erdkugel begegnen müssen, sind aus dem vorhergehenden bekannt; ihr Auslaufs-Punct am Aequator, ihre Höhen durch andere Breiten, gründen sich auf Untersuchungen einer Menge theils auf dem Rücken der Cordilleren zwischen 10° südl. und 10° nördl. Breite, theils in unsern Climaten angestellter Beobachtungen.

Hr. *de H.* hat daraus folgende Resultate gezogen.

Höhe	Aequator-Zone von 0° bis 10° Br.	Gemäßigte Zone v. 45° bis 47° Br.
0 Meter	+ 27°,5	+ 12°,0
974	+ 21°,8	+ 5°,0
1949	+ 18°,4	− 0°,2
2925	+ 14°,3	− 4°,8
3900	+ 7°,0	
4872	+ 1°,5	

In der Fig. B verhält sich die Skale der Breiten zu der der Höhen wie 1 zu 1000.

In folgender Tabelle sind die Isothermalstriche über eine große Menge von Plätzen nach Fahrenh. Thermometer angegeben, die Länge von Paris berechnet. December, Jänner und Hornung, sind für die mittlere Temperatur des Winters angenommen. Das vorgesetzte Sternchen bedeutet die Orte, deren mittlere Temperatur am genauesten, meist durch 8000 Beobachtungen bestimmt ist; diese Thermalcurven haben in Europa einen concaven Scheitel und zwey convexe (gewölbte) in Asien und Ostamerika.

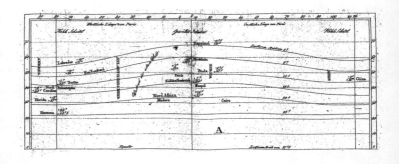

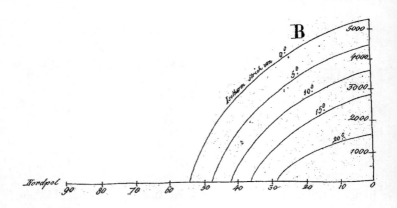

Isothermal-Strich	Namen der Oerter	Lage nach			Vortheil der Wärme in verschiedenen Jahres-Zeiten					Maximum und Minimum	
		Breite	Länge	Höhe nach Fuß	Mittl. Temper. d. Jahrs	mittl. Temp. Winter	m.T. Frühling	m.T. Sommer	m.T. Herbst	m.T.d. wärmst. Monate	m.T. der kältsten Monate
		° '	° '		°	°	°	°	°	°	°
Isothermal-Strich v. 32° bis 41°	Nain	57, 8	63,40 W.		26,8	0,4	23,7	48,4	33,4	51,8	11,2
	*Enontekies	68,30	18,27 O.	1356	27,0	0,4	25,0	54,8	27,4	59,6	0,6
	Hospiz auf St. Gotthard	46,30	6, 3 O.	6390	30,4	18,4	26,4	45,0	31,8	46,2	15,0
	Nord-Cap	71, 0	23,30 O.	0	32,0	23,8	29,4	43,2	32,2	50,2	22,1
	*Ulea	65, 3	23, 6 O.	0	33,0	11,8	27,2	57,8	36,0	61,6	7,7
	*Umea	63,50	17,56 O.	0	33,2	13,0	33,8	54,8	33,4	62,6	11,4
	*Petersburg	59,56	27,59 O.	0	38,8	17,0	38,2	62,0	38,6	65,6	8,6
	Drontheim	63,24	8, 2 O.	0	40,0	23,8	35,2	61,4	40,1	65,0	19,8
	Moskau	55,45	35,12 O.	970	40,2	10,8	44,0	67,1	38,3	70,6	6,0
	Abo	60,27	19,58 O.	0	40,4	20,8	38,3	61,8	40,6	–	–
Isothermal-Strich v. 41° bis 50°	*Upsala	59,51	15,18 O.	0	42,0	25,0	40,0	60,2	42,8	62,4	22,4
	*Stockholm	59,20	15,43 O.	0	42,2	25,6	38,3	61,8	43,2	64,0	22,8
	Quebeck	46,47	73,30 W.	0	41,8	14,2	38,9	68,0	46,0	73,4	13,8
	Christiania	59,55	8,28 O.	0	42,8	28,8	40,1	62,6	41,2	66,8	28,8
	*Kloster Peyssenburg	47,47	8,14 O.	3066	43,0	28,6	42,0	58,4	43,0	59,4	30,2
	*Copenhagen	55,41	10,15 O.	0	45,6	30,8	41,2	62,6	48,4	65,0	27,2
	*Kindal	54,17	5, 6 W.	0	46,2	36,8	45,2	56,8	46,2	58,1	34,8
	Malwinen	51,25	62,19 W.	0	47,0	39,6	46,6	53,0	48,4	55,8	37,4
	*Prag	50, 5	12, 4 O.	0	49,4	31,4	47,6	68,9	50,2	–	–

Isothermal-Strich	Namen der Oerter	Lage nach		Höhe nach Fuß	Vortheil der Wärme in verschiedenen Jahres-Zeiten					Maximum und Minimum	
		Breite	Länge		Mittl. Temper. d. Jahrs	mittl. Temp. Winter	m. T. Frühling	m. T. Sommer	m. T. Herbst	m. T. d. wärmst. Monate	m. T. der kältsten Monate
		° ′	° ′		°	°	°	°	°	°	°
	Göttingen	51,32	7,33 O.	456	47,0	30,4	44,2	64,8	48,6	66,4	33,2
	*Zürich	47,22	6,12 O.	1350	47,8	29,6	48,2	64,0	48,8	65,7	20,8
	*Edimburg	55,57	5,30 W.	0	47,8	38,6	46,4	58,2	48,4	59,4	38,3
	Warschau	52,14	18,42 O.	0	48,6	27,8	47,4	69,0	49,4	70,4	27,2
	*Chur	46,50	7,10 O.	1876	49,0	32,4	55,4	63,4	50,4	64,6	29,6
	Dublin	53,21	8,39 W.	0	49,2	39,2	47,3	59,6	50,0	61,0	35,4
	Bern	46, 5	5, 6 W.	1650	49,3	32,0	49,0	66,6	49,8	67,2	30,6
	*Genf	46,12	3,48 O.	1080	49,3	34,9	47,6	65,0	50,0	66,6	34,2
	Manheim	49,29	6, 8 O.	432	50,2	33,8	49,6	67,1	49,8	68,8	33,4
	Wien	48,12	14, 2	420	50,6	32,8	51,2	69,2	50,6	70,6	26,6
Isothermal-Strich v. 50° bis 59°	*Clermont	45,46	0,45	1260	50,0	34,7	50,6	64,4	51,2	66,2	28,0
	*Ofen	47,29	16,41	494	51,0	31,0	51,0	63,2	52,4	71,6	27,6
	Cambridge (V.S.)	42,25	73,23 W.	0	50,4	34,0	47,6	64,4	49,8	72,8	29,8
	*Paris	48,50	0, 0	222	51,0	38,6	49,2	64,6	51,4	65,3	36,0
	*London	51,30	2,25 W.	0	50,4	39,6	48,6	63,2	50,2	64,4	37,8
	Dünkirchen	51, 2	0, 2 O.	0	50,6	38,4	48,6	63,8	50,9	64,8	37,8
	Amsterdam	52,22	2,30 O.	0	51,6	36,8	51,6	65,8	51,6	67,0	35,4
	Brüssel	50,50	2, 2 O.	0	51,8	36,6	53,3	66,2	51,0	67,4	35,6
	*Franecker	52,36	4, 2 O.	0	51,8	36,6	51,0	67,2	54,4	69,0	32,9
	Philadelphia	39,56	77,36 W.	0	53,4	32,2	51,4	74,0	56,6	77,0	32,7
	Neu-York	40,40	76,18 W.	0	53,8	29,8	51,2	79,2	54,6	80,6	25,4

Isothermal-Strich	Namen der Oerter	Lage nach			Vortheil der Wärme in verschiedenen Jahres-Zeiten					Maximum und Minimum	
		Breite	Länge	Höhe nach Fuß	Mittl. Temper. d. Jahrs	mittl. Temp. Winter	m. T. Frühling	m. T. Sommer	m. T. Herbst	m. T. d. wärmst. Monate	m. T. kältsten Monate
		° ′	° ′		°	°	°	°	°	°	°
	*Cincinnati	39, 6	85, 0 W.	510	53,8	32,9	54,4	72,8	54,4	74,3	30,2
	St. Malo	48,39	4,21 W.	0	54,4	42,2	52,2	66,0	55,8	67,0	41,8
	Nantes	47, 1	3,52 W.	0	55,0	40,4	54,5	68,6	55,6	70,6	38,0
	Peking	39,54	114, 7 O.	0	55,2	26,8	56,3	82,6	54,2	84,4	39,4
	*Mailand	45,28	6,51 O.	390	55,8	36,4	56,1	73,0	56,8	74,6	36,2
	Bourdeaux	44,50	2,54 W.	0	56,4	42,0	56,8	70,8	56,3	72,8	41,0
Isothermal-Linie v. 59° bis 68°	Marseille	43,17	3, 2 O.	0	59,0	45,5	57,6	72,5	60,0	74,6	44,4
	Montpellier	43,36	1,32 O.	0	59,4	44,0	57,0	75,8	61,0	78,2	42,0
	*Rom	41,53	10, 7 O.	0	60,4	45,8	57,8	75,2	62,8	77,0	42,2
	Toulon	43, 7	3,30 O.	0	62,0	48,4	60,8	74,8	64,4	77,0	46,4
	Nangasaki	32,45	127,35 O.	0	60,8	39,4	57,6	83,0	64,2	86,9	37,4
	*Natchez	31,28	93,50 W.	180	64,8	48,6	65,4	79,2	65,8	79,7	47,0
Isothermal-Linie v. 68° bis 77°	*Funchal	32,37	19,16 W.	0	68,6	64,8	65,8	72,5	72,4	75,6	64,2
	Algier	36,48	0,41 O.	0	70,0	61,4	65,6	80,2	72,5	82,8	60,0
Isothermal-Linie v. 70°	*Kairo	30, 2	28,58 O.	0	72,4	58,4	73,6	85,1	70,5	85,8	55,8
	*Veracrux	19,11	98,21 W.	0	77,8	72,0	77,9	81,5	78,6	81,5	71,0
	*Havannah	23,10	84,33 W.	0	78,2	71,2	79,0	83,3	79,0	84,0	70,0
	*Cumana	10,27	67,35 W.	0	81,8	80,2	83,6	82,0	79,6	84,4	79,2

Ueber einen Nachtvogel Guacharo genannt

De Humboldt, über einen Nachtvogel *Guacharo* genannt, von der Ordnung der Sperlingsartigen, der zu Tausenden eine tiefe Höhle, die *Caripe* genannt, in den Missionen der indischen *Chaymas* zwischen dem Orenoch und den Küsten von *Cumana* bewohnt.

Dieser Vogel, der eine neue Sippe *Steatornis Caripensis* bildet, nähert sich der Alpen-Dohle und dem europäischen Ziegenmelker (*Engoulevent*), lebt von *Früchten.* Er hat die Größe eines Hahns, Rachen wie *Caprimulg.* und *Procnias,* Tracht wie Geyer, Hakenschnabel von steifen Borstenbüscheln umgeben. Gefieder braun-grau mit schwarzen Puncten gestreift, und mit weißen herzförmigen Flecken, Geschrey sehr stark und scharf; er unterscheidet sich wesentlich durch seinen großen, nackten, mit auseinander stehenden Zähnen versehenen Schnabel, und schwachen Füßen im Verhältniß mit dem starken Schnabel. Die Felshöhle, welche er bewohnt, ist 80 Fuß hoch. Nur erst 40 Fuß vom Eingange hört die Vegetation darinn auf, und 430 Fuß fällt erst das Tageslicht gänzlich weg. Dann hört man das Getöse der in ihrer Lieblingswohnung aufgestörten Nachtvögel, deren kreischende, durchdringende, von den Wänden wiederhallende Stimmen, betäubend sind. Ihre Nester sind in einer Höhe von 50 bis 60 Fuß. Die Einwohner aus der Nachbarschaft ziehen jährlich um Johanni in diese Höhle, und stoßen mit Stangen die Nester aus; die Jungen fallen dann herunter, werden ausgenommen, und das Fett, wovon sie eine Menge am Bauchfell haben, ausgebraten, das ein eßbares Oel giebt, *Manteca del guacharo* heißt, und ein Jahr lang sich gut hält. Es werden 150 bis 160 Flaschen davon zum Gebrauch eines benachbarten Klosters gefüllt. Diejenigen von diesen Vögeln, welche in den kleinen, der großen Höhle benachbarten, Grotten nisten, sind dort unerreichbar und pflanzen die Art fort. Ihr Kropf enthält oft Saamenkörner, die die

Indianer als specifisches Mittel gegen das Wechselfieber anwenden. Bis jetzt bekannte Nachtvögel sind Raubvögel, oder leben wenigst von Kerfen. Dieser ist daher sehr merkwürdig, (sollte er nicht zu den Papageyen?)

Eine gemeine Volkssage legt diesen Ziegenmelkern die Eigenschaft bey, daß sie, wenn sie bey der Nacht fliegen, einen leuchtenden Streif nachlassen. Wenn die Sache wahr ist, so lässet es sich durch die Electrizität erklären, welche durch die Reibung der Flügel des Vogels in der trocknen Luft erregt werden könnte.

Ueber die Milch des Kuhbaums
und die Milch der Pflanzen überhaupt

Wir hörten in den Thälern von Aragua seit mehrern Wochen von einem Baume reden, dessen Saft eine nährende Milch sey, den die Neger häufig tränken, und der *Kuhbaum (palo de vaca)* genannt wurde; da alle Milchsäfte der Pflanzen scharf, bitter und mehr oder weniger giftig sind; so kam uns das sonderbar vor; wir wurden aber von der Richtigkeit während unseres Aufenthaltes zu Barbula in der Provinz Caraccas durch eigene Versuche überzeugt. Dieser schöne Baum sieht wie der Caimitier (*Chrysophyllum Cainito*) aus, und scheint zur Familie der Sapoten zu gehören. Blätter länglich, spitzig, lederig, abwechselnd, 10 Zoll lang, Seitenadern parallel, unten vorspringend. Blumen nicht gesehen, Frucht etwas fleischig, enthält 1 bisweilen 2 Nüsse. Eingeschnitten gibt der Stamm eine klebrige, dickliche, angenehm balsamartig riechende Milch ohne alle Schärfe. Man gab sie uns in Früchten von Tutumo oder in Calebassen, und wir tranken Abends und Morgens viel ohne Schaden. Die Einwohner tunken Brod von Mais oder Manioc hinein, Aropa und Cassave, wovon sie fett werden. An der Luft bekommt der Saft eine gelbliche, fädige Haut wie Käs, und fast wie Katschuk, fault aber nachher wie Gallert. Der Quark oder Zieger heißt da Käs und wird in 5 bis 6 Tagen sauer.

Der Baum scheint den Strand-Cordilleren eigen zu seyn, besonders von Barbula bis an den See von *Maracaybo*. Es gibt auch einige Stämme beym Dorf *San Mateo*, und nach *Bredmeyer,* welcher die schönen Gewächshäuser von Schönbrunn und Wien so bereichert hat, auch in dem Thal von Caucagua, drey Tagreisen östlich von Caraccas, wo ihn die Einwohner Milchbaum (*Arbol de leche*) nennen.

Lang ehe die Chemiker im Blühtenstaub, im Laubfirniß und im weißen Zwetschen- und Traubenthau das Bischen Wachs entdeckt haben, machten die Einwohner von der Anden *Quindiu*

Kerzen aus der dicken Wachsschicht, welche den Stamm einer Palme überzieht. Vor wenig Jahren entdeckte man in Europa den *Kässtoff* in der Mandelmilch; in dem Küstengebürge von Venezuela genießt man seit Jahrhunderten die Milch und deren Käs von einem Baum. Das Stärkemehl unsrer Getraidkörner findet sich in einem scharfen und manchmal giftigen Saft in der Wurzel von *Arum*, *Tacca pinnatifida* und *Jatropha Manihot*. Die Wilden wissen diese Stärke zu reinigen. In den Pflanzenmilchen sind sehr nahrhafte Theile, wie Eyweiß, Kässtoff, Zucker mit Katschuck, ätzenden und giftigen Stoffen verbunden, wie die Morphine, die Blausäure. Jene in den Mohngewächsen, Katschuck in *Hevea* und *Castilloa*; im Papayabaum und Kuhbaum ist Eiweiß und Kässtoff. Die Milchpflanzen gehören vorzüglich drey Familien an, den Euphorbiaceen, Urticeen, Apocyneen, von denen am meisten Gattungen in den Niedrigungen der heißen Zone wachsen, und man daher schließen darf, daß eine sehr hohe Temperatur zur Ausarbeitung der Milchsäfte, zur Bildung des Katschuks des Eyweißes und des Kässtoffes beyträgt. Obschon die Sippen *Euphorbia* und *Asclepias* im allgemeinen ätzende Stoffe liefern, gibt es doch auch einige Gattungen mit milden und unschuldigen Säften, wie *Tabayba dulce* (*Euph. balsamifera*) der canarischen Inseln und *Asclep. lactifera* von Ceylon, wo man nach Burrmann die Milch genießt, und sie mit Gemüße kocht wie thierische Milch. Vielleicht nimmt man sie aber nur von jungen Pflanzen, in denen der scharfe Stoff noch nicht entwickelt ist; so ißt man in verschiedenen Ländern die ersten Sprossen von Apocyneen. Der Milchsaft von *Cactus mammillaris* ist auch mild. Man kann die Milchsäfte, welche sich in den Pflanzen bewegen, mit den Milchen vergleichen, welche man aus den Früchten der Mandel- und Palmbäume macht. Ich habe in den Thälern von Aragua den Saft der *Carica papaya* untersucht, den seitdem *Vauquelin* zerlegt, und auch das Eyweiß und den Kässtoff gefunden hat. Doch hatte sein Saft schon gegohren. Je jünger die Frucht, je mehr gibt sie Milch; mit dem Reifen nimmt sie ab, und wird wäßriger. Gerinnt mit Säuren; das Geronnene scheint aus Katschuck, Eyweiß und

Kässtoff zu bestehen. So kann man auch aus der Milch der Euphorbien, Veilchen und der *Hevea* (Katschukbaum) das Katschuck fällen. Dieses bildet sich übrigens noch schneller an der Luft. Zur Bildung der Butter ist bekanntlich Sauerstoffgas nicht erforderlich. Im spanischen America macht man die wasserdichten Mäntel, indem man eine Schicht Milch von der *Hevea* zwischen Zeug und Futter bringt. Die Frucht des Brodbaums ist nicht mehr Brod, als es die Bananen vor ihrer Reife sind, oder die knolligen stärkehaltigen Wurzeln von Manioc, *Dioscorea*, *Convolv. Batatas* und den Kartoffeln. Die Milch des Kuhbaums dagegen enthält schon die käsige Materie geformt wie thierische Milch, das Katschuck ist vielleicht als die Butter der Pflanzenmilch zu betrachten. In der Pflanzenmilch findet man Kässtoff und Katschuk beysammen wie in der Thiermilch Käs und Butter.

Beiträge zur Naturgeschichte der Mosquitos

Humboldt theilt in seinem kürzlich erschienenen Werke: *Voyage aux Régions équinoxiales du nouveau Continent*, eine sehr unterhaltende Zusammenstellung der Erfahrungen mit, die er, während seines langen Aufenthalts in dem tropischen Amerika, über die Mosquitos gesammelt hat, die über die Naturgeschichte, die geografische Verbreitung und die Eigenthümlichkeiten dieser grausamen Feinde des Menschen viel Licht verbreitet; und dieß um so mehr, da wir dieselben bisher nur aus vagen und ungründlichen Notizen anderer Reisenden kannten.

Wer (sagt Humboldt) nie auf den großen Südamerikanischen Flüssen, als dem Orinoko oder dem Rio de la Magdalena geschifft hat, der kann sich keinen Begriff davon machen, wie man jeden Augenblick des Lebens durch diese geflügelten Insekten gequält werden und wie ganze Landstriche durch sie fast unbewohnbar gemacht werden können. Mag man immer die größten Schmerzen ohne Murren ertragen können; mag man auch das lebhafteste Interesse an den Gegenständen haben, die man untersuchen will, dennoch wird man unaufhörlich durch die Mosquitos, Zancudos, Jejen und Tempraneros davon abgezogen, die sich in Schaaren auf Gesicht und Hände niederlassen, die Kleider mit ihren nadelförmigen Rüsseln durchbohren, die in Nase und Mund fliegen, und so ein unaufhörliches Husten und Nießen erzeugen, sobald man in freier Luft sprechen will. Auch giebt die *plaga de las moscas*, »die Qual der Fliegen« in den Missionen, die hart am Orinoko, von ungeheuern Waldungen umgeben, liegen, einen unerschöpflichen Stoff zur Unterhaltung. Begegnen sich am Morgen zwei Personen, so sind die ersten Fragen, welche sie an einander richten, folgende: Wie haben Sie diese Nacht die Zancudos gefunden? Wie werden es heute die Mosquitos treiben?

Die geografische Vertheilung dieser mückenartigen Insekten bietet sehr merkwürdige Erscheinungen dar. Sie scheint sich nicht einzig nach der Wärme des Klima's, nach der großen Feuchtigkeit und Undurchdringlichkeit der Wälder, sondern außerdem nach lokalen, sehr schwer zu charakterisirenden Umständen zu richten. Gleich zu Anfang will ich erwähnen, daß diese Landplage in der heißen Zone nicht so allgemein verbreitet ist, als man wohl denken dürfte. Auf den Hochebenen, die über 400 Toisen über der See liegen, z. B. zu Cumana, Calabozo u. s. w. sieht man nicht mehr Schnaken, als in den bewohntesten Gegenden Europa's. Dagegen vermehren sie sich zu Nueva Barcelona und mehr westlich an der Küste, die sich nach dem Kap Codera erstreckt, ungeheuer. Zwischen dem kleinen Hafen Higuerote und an der Mündung des Rio Unare, scharren sich die unglücklichen Einwohner des Nachts 3 bis 4 Zoll tief in Sand, und lassen nur den Kopf frei, den sie mit einem Tuche bedecken. Segelt man zwischen dem 7. und 8. Breitegrad von Cabruta nach Angostura stromaufwärts und von Cabruta nach Urunna stromabwärts, so ist die Plage der Insekten ziemlich erträglich. Aber jenseits der Mündung des Rio Arauca, wenn man die enge Stelle von Bareguan im Rücken hat, ist es mit der Ruhe des Reisenden vorbei. Dort scheinen die untern Luftschichten, vom Boden bis zu 15 bis 20 Fuß Höhe, durch die Unzahl dieser giftigen Insekten wie mit einem dichten Dampfe angefüllt. Stellt man sich an einen dunkeln Ort, z. B. in die Grotten bei den Katarakten, die durch einen überhängenden Granitblock gebildet werden, und blickt dann nach der von der Sonne beschienenen Oeffnung hin, so sieht man Wolken von Mosquitos, die mehr oder weniger dicht sind, je nachdem diese Thiere sich vermöge ihrer langsamen und taktmäßigen Bewegungen, vereinigen oder zerstreuen. In der Mission San Borga sind die Mosquitos schon unerträglicher als zu Carichara; allein in den *Raudales* zu Arurès und hauptsächlich zu Maypurès erreicht diese Qual, so zu sagen, ihr *Maximum*. Ich zweifle daran, daß es ein Land giebt, wo der Mensch, während der Regenzeit, größern Leiden unterworfen ist. Ueber den 5ten Breitegrad hinaus wird man etwas weniger gestochen; aber auf dem obern Orinoko sind die Stiche weit schmerzhafter, weil die Hitze und gänzliche Windstille die Haut reizbarer machen.

Gelangt man weiter nach Süden, wo die Flüsse mit braungelbem Wasser ihren Anfang nehmen, die man gewöhnlich *schwarze Wasser* (*aquas negras*) nennt, z. B. an die Ufer des Atabapo, Temi, Tuamini und Rio Negro, so genießt man einer Ruhe, ich möchte fast sagen, eines unerwarteten Glücks. Diese Flüsse laufen gleichfalls durch dichte Waldungen, allein die schnakenartigen Insekten fliehen, gleich den Krokodilen, die schwarzen Gewässer, die ein wenig kälter als die farblosen Wasser und in chemischer Hinsicht von diesen verschieden sind. Vielleicht können die Larven dieser Thiere, die man als wahre Wasserthiere ansehen kann, nicht gedeihen. Nur einige kleine Flüsse, der Toparo, Malaveni und Zama, deren Farbe entweder tiefblau oder braungelb ist, wimmeln dennoch von Mosquitos. Als wir den Rio Negro hinabfuhren, konnten wir in den, an der Brasilianischen Grenze liegenden Dörfern, Maroa, Davipe und San Carlos frei athmen; allein die Verbesserung unserer Lage war nur von kurzer Dauer. – Zu L'Esmeralda, am östlichen Ende des obern Orinoko, jenseits welcher das Land den Spaniern nicht mehr bekannt ist, sind die Mosquitowolken fast eben so dicht, als bei den großen Wasserfällen. – Zu Mandavaca trafen wir einen alten Missionär, der uns sagte: er habe seine 20 Mosquitosjahre in Amerika verlebt. Er machte uns auf den Zustand seiner Beine aufmerksam, damit wir einst zu Hause erzählen könnten, was die armen Mönche in den Wäldern des Cassiquiare von den Mosquitos zu leiden hätten. Da jeder Stich einen kleinen schwarzbraunen Punkt hinterläßt, so waren seine Beine so getigert, daß man nur mit Mühe die weiße Farbe seiner Haut durch die Flecken hindurch erkennen konnte. – So erklärt es sich, wie der Pater Guardian einen Laienbruder, an dem er sich rächen will, gewöhnlich nach Esmeralda schickt, oder: »zu den Mosquitos verurtheilt.« In den farblosen Gewässern scheinen sich meist Species aus dem *Genus Simulium* aufzuhalten, während am Atabapo und Rio Negro meist nur solche vom *Genus Culex* hausen.

So weit von der geographischen Verbreitung dieser Thiere. Es wäre zu wünschen, daß ein geschickter Entomolog die verschiedenen Species dieser schädlichen Insekten an Ort und Stelle studiren könnte, die trotz ihrer Winzigkeit in dem Haushalte der Natur eine wichtige Rolle spielen. Wichtig und bewiesen ist, daß die verschiedenen Arten nicht zusammen, sondern jede zu einer gewissen Tageszeit schwärmen, oder wie sich die Missionärs recht naiv ausdrücken, »die Wache beziehn.« Zwischen jedem Wechsel hat man einige Minuten und oft eine Viertelstunde Ruhe. Von halb 7 Uhr Morgens bis 5 Uhr Abends, wimmelt die Luft von Mosquitos, die nicht, wie einige Reisende behaupten, die Gestalt unsrer Mücken, sondern die der Fliegen haben. Dieß sind die Simulien von der Familie der Nemocères des Latreille. Ihr Stich ist so schmerzhaft, wie derjenige der Stomoxes (*Conops calcitrans*). Da, wo der Saugerüssel die Haut durchbohrt hat, bleibt ein kleiner braunrother Fleck zurück, der von extravasirtem Blut herrührt. Eine Stunde vor Sonnenuntergang werden die Mosquitos von einer kleinen Art Mücken, den Tempraneros, abgelöst, die deshalb so heißen, weil sie auch bei Sonnenaufgang erscheinen, und die kaum 1½ Stunde bleiben. Nachdem sie zwischen 6 und 7 Uhr verschwunden sind, und man nur wenige Minuten Ruhe gehabt hat, wird man von den Zancudos, einer andern Mückenart mit sehr langen Füßen, angefallen. Der Stich dieses Thiers ist äußerst schmerzhaft, und die darnach folgende Geschwulst dauert mehrere Wochen. Es summt wie unsre Mücken, nur stärker und gedehnter, und ist ein wahres Nachtinsekt, während der Tempranero die Dämmerung liebt.

Auf der Reise von Carthagena nach Sta. Fe de Bogota bemerkten wir im Thale des Rio grande de la Magdalena zwischen Mompox und Honda, daß die Zancudos die Luft von 8 Uhr Abends bis Mitternacht verdunkeln, gegen Mitternacht aber abnehmen und 4 Stunden lang verschwinden, dann aber in Masse und blutdürstig wiederkehren. Auf dem Orinoko sieht man selten wirkliche Tagmücken, und die Zancudos auf beiden Strömen gehören gewiß verschiedenen Arten an.

Wir haben so eben gesehn, wie diese Tropeninsekten bei ihrem Erscheinen und Verschwinden nach gewissen Regeln verfahren. Zu bestimmten und unveränderlichen Stunden bevölkert sich in derselben Jahreszeit und Breite die Luft mit denselben Bewohnern; und unter einer Zone, wo der Barometer zur Uhr dienen kann, wo alles so wunderbar regelmäßig auf einander folgt, könnte man beinahe mit geschlossenen Augen bei Tag und Nacht die Stunde bestimmen; da man diese an den verschiedenen Gesumse und Stechen der Insekten erkennen könnte.

Auf den Flüssen Magdalena und Guayaquil allein unterschied ich 5 sehr deutlich verschiedene Arten von Zancudos.* Die Culex Südamerika's sind gewöhnlich an Flügeln, Bruststück und Füßen azurfarben geringelt, und schillern durch ihre verschiedene Punktirungen metallartig. Hier, wie in Europa sind die Männchen, welche sich durch ihre flaumigen Fühlhörner aus-

---

* 1) Culex cyanopennis *abdomine fusco, piloso, annulis sex albis; alis caeruleis, tarsis albo annulatis.*
Thorax fusco-ater, pilosus. Abdomen supra fusco-caerulescens, hirtum, annulis sex albis. Alae caeruleae, splendore semi-metallico, viridenti-venosae, saepe pulverulentae, margine externo ciliato. Pedes fusci, tibiis hirtis, tarsis nigrioribus, annulis quatuor niveis. Antennae maris pectinatae.
Habitat locis paludosis ad ripam Magdalenae fluminis, prope Teneriffe; Mompox, Chilloa, Tamalameque caet. (Regno Novogranadensi.)
2) Culex lineatus, *violaceo-fuscescens; thorace fusco, utrinque linea longitudinali, maculisque inferis argenteis; alis virescentibus; abdomine annulis sex argenteis; pedibus atro-fuscis; posticorum tibiis apicibusque albis.*
Habitat ad confluentem Tamalamequen in ripa Magdalenae fluminis. (Regno Novogranadensi.)
3) Culex ferox *supra caeruleo aureoque varius, annulis quinque albis inferis, alis virescentibus; pedibus nigricanti-caeruleis, metallico splendentibus; posticis longissimis, basi apiceque niveis.*
Omnium maximus differt 1 a C. haemorrhodali Fab. cui pedes quoque caerulei, thorace superne caeruleo et auro maculato; 2 a C. cyanopenni corpore superne caeruleo, pedibus haud annulatis, haud fuscis. An, Nhatin Marcgr. p. 257?
Habitat ad ripam inundatam fluminis Guayaquilensis, prope San Borondon. (Regno Quitensi.)

zeichnen, sehr selten, und man wird nur von den Weibchen gestochen. Da jedes der Letztern mehrere hundert Eier legt, so erklärt sich hieraus, wie sich dieß Ungeziefer so schnell vermehrt. Schifft man die großen Ströme Südamerika's hinauf, so bemerkt man, daß die Erscheinung einer neuen Species von Culex jedesmal einen Nebenfluß ankündigt.

Bringen wir also die bisher angeführten Beobachtungen in eine kurze Uebersicht, so ergiebt sich Folgendes. Die Mustikos und Maringouins erheben sich nicht auf die Berghöhen der Cordilleren bis in die gemäßigte Region, wo die mittlere Temperatur unter 19 bis 20 Centigrade ist. – Sie fliehen, bis auf wenige Ausnahmen die schwarzen Gewässer, und trockne, unbewaldete Stellen, und halten sich daher nur an solchen auf, wo der Saum des Waldes nicht durch dürre Ebenen von den Flüssen getrennt ist. Man kann also von dem allmähligen Auslichten der Wälder eine Verminderung dieser schädlichen Insekten erwarten.

Die Eingebornen, sie mögen Weiße, Mulatten, Neger oder Indianer seyn, haben alle, so gut wie die Europäer, von dem Stiche der Insekten zu leiden. Nur die Wirkungen die derselbe hervorbringt sind bei den verschiedenen Menschenklassen verschieden. Wird dieselbe giftige Flüssigkeit in die Haut eines kupferfarbenen Indianers und in die eines neulich angekommenen Europäers deponirt, so verursacht sie bei dem Ersten keine Geschwulst, während sie bei dem Letztern harte, von heftiger Entzündung begleitete Blattern zur Folge hat, die mehrere Tage lang schmerzen.

So verschieden ist die Thätigkeit des Hautsystems nach den verschiedenen Graden der Irritabilität der Organe bei jeder

---

4) Culex chloropterus, *viridis, annulis quinque albis; alis virescentibus, pedibus fuscis ad basim subtus albis.*
Habitat cum praecedente.

5) Culex maculatus *viridi-fuscescens, annulis octo albis, alis virescentibus, maculis tribus anticis, atrocaeruleis, auro immixtis; pedibus fuscis, basi alba.*
Habitat cum C. feroce *et* C. chloroptero *in ripa fluminis Rio de Guayaquil propter* las Bodegas de Babaoyo.

Menschenrace, ja, jedem Individuum. – Doch daß die Indianer eben sowohl durch die Stiche leiden, geht daraus hervor, daß sie sich beim Rudern unaufhörlich mit der flachen Hand schlagen um die Insekten zu vertreiben. Die Otomaquer, eines der barbarischsten Völker, kennen den Gebrauch der Mückenflore, die sie aus Palmfasern weben. Zu Higuerote schlafen die farbigen Leute, wie gesagt, häufig im Sande verscharrt. In den Dörfern des Rio Magdalena luden uns die Indianer häufig ein, auf dem Hauptplatz neben der Kirche, wo sich alles Hornvieh der Umgegend versammelt, auszuruhn, indem die Nähe des Viehes den Menschen einige Ruhe verschafft. Die Indianer am obern Orinoko und am Cassiquiare haben kleine Zimmer ohne Fenster (s. g. *hornitos*), in welche man durch eine sehr niedrige Oeffnung auf dem Bauche kriechen muß. Sobald man nun die Insekten durch Räuchern daraus vertrieben hat, so verstopft man die Oeffnung. Allein die Abwesenheit der Mosquitos muß man durch die heiße und stockende Luft theuer erkaufen.

Die in Südamerika gebornen, oder lange wohnhaften Europäer leiden weit mehr als die Indianer, aber unendlich weniger als ihre erst neuerdings ausgeschifften Landsleute. Also liegt nicht in der Dicke der Haut, wie einige Reisende behaupten die Ursache, daß die Stiche in dem Augenblicke, wo man sie empfängt, weniger schmerzhaft sind. Auch ist nicht in der besondern Organisation der Integumente der Indianer der Grund zu suchen, daß dem Stiche weniger Geschwulst und entzündliche Symptome folgen; sondern dieß liegt an der verschiedenen nervösen Reizbarkeit des Hautsystems. Diese Reizbarkeit wird vermehrt, durch sehr warme Kleider, durch den Genuß geistiger Getränke, durch die Gewohnheit an den Wunden zu jucken und, wie auch selbst die Erfahrung gelehrt hat, durch zu schnell hintereinander wiederholte Bäder. Diese letzten machen zwar die alten Stiche schmerzloser, aber gegen die frischen empfindlicher.

Da die Mustikos und die Maringouins zwei Drittel ihres Lebens im Wasser zubringen, so darf man sich nicht wundern, daß diese schädlichen Insekten in den Wäldern desto seltener werden, je mehr man sich von den großen Strömen entfernt, welche diese durchschneiden. Sie scheinen die Orte zu lieben, wo ihre Verwandlung statt gehabt hat, und wohin sie wieder ihre Eier legen wollen. Daher gewöhnen sich die Indianer so schwer an das Leben in den Missionen, weil sie daselbst unter einer Qual seufzen, die sie in ihren ursprünglichen Wohnsitzen kaum kennen, und fliehen bald wieder den Wäldern zu. Die Missionen sind in dieser Hinsicht sehr fehlerhaft angelegt.

Die kleinen Insekten aus der Familie der Nemocères sollen von Zeit zu Zeit Wanderungen machen. Zuweilen sieht man an gewissen Orten zu Anfang der Regenzeit Arten erscheinen, deren Stiche man früher noch nicht gefühlt hat. So sagte man uns zu Simiti am Magdalenenfluß, man habe vor Zeiten hier von Culex-Arten nur den Jejen (Xexen) gekannt, und daher die Nacht über Ruhe gehabt. Seit dem Jahr 1801 aber, habe sich die große Mücke mit blauen Flügeln (*Culex cyanopterus*) so häufig eingestellt, daß die armen Einwohner zu Simiti nicht mehr ruhig schlafen könnten. In den morastigen Canälen der Insel Barù hält sich die kleine Fliege Cafafi auf, die dem unbewaffneten Auge kaum erkennbar ist, und sehr schmerzhafte Geschwülste hervorbringt. Man muß die baumwollenen Gewebe, die als Mückennetze dienen, naß machen, wenn der Cafafi nicht durch die Zwischenräume dringen soll. Dieß Insekt, welches glücklicherweise sonst ziemlich selten ist, zieht im Januar durch den Canal von Mahates bis Morales hinauf.

Geringe Modifikationen in der Nahrung und im Klima, scheinen bei den nämlichen Arten der Mustikos und Maringouins in der Wirksamkeit des Gifts, welches die Thiere aus ihrem scharfen und am untern Ende gezähnten Saugerüssel entladen, Veränderungen hervorzubringen. Auf dem Orinoko finden sich die blutgierigsten[*] Insekten bei den großen Catarakten, zu L'Esme-

---

[*] Man muß sich wundern, bei Insekten, die sich doch von Pflanzensäften nähren, diesen Blutdurst anzutreffen. »Wovon sollten diese Thiere leben, wenn wir nicht hier durchreisten?« pflegen die Creolen zu sagen; da es in jenen Gegenden nur bepanzerte Krokodile und langhaarige Affen giebt.

ralda und Mandavaca. Auf dem Magdalena wird der *Culex cyanopterus* vor Allem zu Mompox, Chilloa und Tamalameque gefürchtet. Dort ist er größer und stärker und hat schwärzere Beine. Man kann sich des Lachens nicht erwehren, wenn man die Missionäre über die Größe, Gefräßigkeit und Blutgier der Mosquitos in verschiedenen Gegenden des Flusses streiten hört. Diese Erscheinungen sind zwar recht sehr merkwürdig; allein ähnliche auch bei größern Thiergattungen bemerkbar. So verfolgt das Krokodil zu Angostura den Menschen, während man sich zu Neu Barcelona im Rio Neveri mitten unter diesen Carnivoren furchtlos badet. Die Jaguars von Maturin, Cumanacoa und von der Landenge von Panama sind, im Vergleich mit denen am obern Orinoko, feig. Die Indianer wissen sehr gut, daß die Affen aus dem oder jenem Thale leicht zu zähmen sind, während andere von derselben Species, die anderswo gefangen werden, lieber Hungers sterben, ehe sie sich der Dienstbarkeit unterziehen. Noch näher liegt das Beispiel vom Scorpion zu Cumana, der von demjenigen auf der Trinitatisinsel, Jamaika, zu Carthagena und Guayaquil sehr schwer zu unterscheiden, aber nicht fürchterlicher, als der *Scorpio europaeus* des südlichen Frankreichs ist; während der andere weit beunruhigendere Zufälle veranlaßt, als selbst der *Scorpio occitanus* von Spanien und der Berberei.

Die Leute in Amerika haben sich, gerade wie die Gelehrten in Europa, über die Heilsamkeit der Klimate und die pathologischen Erscheinungen, Systeme gebildet, die sich häufig in den verschiedenen Provinzen schnurgerade entgegenlaufen. So hält man am Magdalenenfluß die Mosquitos zwar für lästig, aber für sehr zuträglich. »Diese Thiere, sagen die Einwohner, verursachen kleine Aderlässe, die uns in diesem heißen Klima, vor dem Tabardillo, Scharlachfieber und andern entzündlichen Krankheiten bewahren.« Dagegen schiebt man an den äußerst ungesunden Ufern des Orinoko die Schuld der Krankheiten auf die Mosquitos. »Diese Insekten, sagt man, entstehen aus verfaulten Stoffen und vermehren die Verderbniß: sie entzünden das Blut.«

Daß die erstere Ansicht nicht die richtigere ist, bedarf keiner Erinnerung.

Die Häufigkeit der Mustikos und Maringouins charakterisirt indeß die ungesunden Klimate nur in so fern, als die Entwickelung und Vermehrung dieser Insekten von denselben Ursachen abhängt, welche die Miasmen erzeugen. Diese schädlichen Thierchen lieben einen fruchtbaren mit Vegetation bedeckten Boden; stockende Gewässer, eine feuchte Luft, die nie durch den Wind bewegt wird. Sie besuchen vorzugsweise solche Orte, wo jener mittlere Grad von Licht, Wärme und Feuchtigkeit herrscht, der chemischen Processen so günstig ist, und also die Fäulniß organischer Substanzen befördert. Ob die Moquitos selbst zu der Ungesundheit der Atmosphäre beitragen? Bedenkt man, daß bis zu 4 Toisen Höhe auf jedem Kubikfuß Luft oft eine Million geflügelter Insekten kommen, die ein kaustisches und giftiges Fluidum bei sich führen; erinnert man sich, daß sich in diesen Schwärmen eine Menge todter Insekten befinden die der Luftzug von unten oder von der Seite herbeiführt, so dringt sich die Frage auf, ob nicht durch die Gegenwart so vieler animalischer Substanzen eigenthümliche Miasmen entstehen dürften? Ich glaube allerdings, daß diese Substanzen anders auf die Atmosphäre einwirken, als Sand und Staub. Doch es würde vorlaut seyn, jetzt etwas Bestimmtes darüber auszusprechen.

Weniger ungewiß und, so zu sagen, durch tägliche Erfahrungen bestätigt, ist, daß an dem Orinoko, Cassiquiare, Rio Caura und überhaupt da, wo eine sehr ungesunde Luft herrscht, der Stich der Moquitos die Organe zur Einsaugung der Miasmen geneigter macht. Ist man Monate lang bei Tag und Nacht der Qual dieser Insekten ausgesetzt, so verursacht die beständige Reizung der Haut fieberhafte Bewegungen, und unterdrückt, vermöge der schon vor Alters erkannten Wechselwirkung des Haut- und gastrischen Systems die Funktionen des Magens. Man fängt an, an Unverdaulichkeit zu leiden, die Entzündung der Haut erzeugt häufigen Schweiß; man kann seinen Durst nicht löschen; und auf die immer wachsende Ungeduld folgt bei Personen von schwacher Konstitution eine Niedergeschlagenheit des Geistes, welche das Einwirken aller krankheiterzeugenden Einwirkungen sehr befördert. Heut zu Tage sind es nicht die Gefahren der Schifffahrt, die wilden Indianer, Schlangen, Jaguars und Krokodile, die man auf den Reisen durch jene Flußkanäle fürchtet, sondern »*el sudar y las moscas*« (der Schweiß und die Fliegen).

Wer lange Zeit in den, von Mosquitos befeindeten Ländern gelebt hat, der wird, wie wir, die Erfahrung gemacht haben, daß es gegen diese quälenden Insekten kein gründliches Mittel gebe. Die Indianer salben sich mit Onoto, Siegelerde oder Schildkrötenfett ein, und suchen dennoch die Insekten unaufhörlich durch Schläge mit der flachen Hand zu verjagen. Alle Mückenflöre, Toldos ec. sind wegen der großen Hitze die sie hervorbringen und der vollkommenen Unthätigkeit, die sie erheischen, unerträglich. Ein schwacher Wind, Räucherungen und starke Gerüche schaffen in Gegenden, wo die Mosquitos sehr zahlreich und hungrig sind nur unerhebliche Erleichterung. Mit Unrecht behauptet man, daß diese kleinen Thiere den eigenthümlichen Geruch des Krokodils fliehen. Bei Bataillez, zwischen Carthagena und Honda, wurden wir fürchterlich von den Mosquitos gepeinigt, während wir ein 11 Fuß langes Krokodil secirten, welches die ganze Umgegend mit seinem Duft erfüllte. Die Indianer empfehlen den Geruch von verbranntem Kuhmist als sehr wirksam. Weht ein starker von Regen begleiteter Wind, so verschwinden die Mosquitos auf einige Zeit. Am grausamsten stechen sie, wenn ein Gewitter im Anzuge ist, sonderlich wenn keine Regengüsse auf die Entladung der Elektricität folgen. – Stete Bewegung ist noch das beste Mittel gegen den Stich der Insekten. Der Zancudo summt lange umher, bevor er sich niederläßt. Hat er sich aber einmal fest gesaugt, so kann man ihm an die Flügel greifen, ohne daß er Furcht zeigt. Während er saugt, hält er die beiden hintersten Füße in der Luft schwebend, und läßt man ihn nach Gefallen, ohne ihn zu stören, saugen, so wird die Stelle nicht schwellen und vollkommen schmerzlos sein. Entladet nun das Insekt die ätzende Feuchtigkeit erst im Augenblick wo es verjagt wird? oder saugt es dieselbe wieder ein, wenn man es nach Gefallen seinen Durst stillen läßt. Ich würde mich für die letztre Meinung entscheiden. Denn wenn ich dem *Culex cyanopterus* ruhig die Rückseite meiner Hand hinhielt, so war anfangs der Schmerz sehr heftig und verringerte sich in dem Maaße, als das Insekt fortfuhr zu saugen. Auch stellte ich den Versuch an, daß ich mich mit einer Nadel in die Hand stach, und die Wunde mit zerquetschten Mustikos einrieb, dennoch blieb ich von aller Geschwulst befreit. Die reizende Feuchtigkeit der Diptères, Nemocères, in welcher die Chemiker indeß noch keine ätzenden Eigenschaften haben erkennen können, befindet sich, wie bei den Ameisen und andern Hymènoptères in besondern Drüschen; und wird wahrscheinlich zu sehr vertheilt und folglich geschwächt, wenn man sich die Haut mit dem ganzen zerquetschten Thier einreibt.

Ueber die künftigen Verhältnisse von Europa und Amerika

Bevor ich die Küsten des Festlandes verlasse, um von der politischen Wichtigkeit der Insel Cuba, des größten der Antillen-Eilande, zu sprechen, will ich noch aus einem Standpunkte alles dasjenige überblicken, was eine richtige Ansicht der künftigen europäischen Handelsverhältnisse mit den vereinten Staaten von Venezuela zu geben vermögend ist. Als ich bald nach meiner Rückkunft nach Deutschland den politischen Versuch über Neu-Spanien (*Essai politique sur la Nouvelle-Espagne*) herausgab, machte ich zugleich einen Theil der Materialien bekannt, welche ich über den Territorial-Reichthum von Süd-Amerika besitze. Diese vergleichende Schilderung der Bevölkerung, der Agrikultur und des Handels aller spanischen Kolonien ward in einem Zeitpunkt abgefaßt, wo die Fortschritte der Gesittung, durch mangelhafte gesellschaftliche Institutionen, durch das Prohibitiv-System und durch mehr andere verderbliche Irrthümer der Staatsverwaltung gehemmt wurden. Seitdem ich jene unermeßlichen Hülfsmittel dargestellt und entwickelt habe, welche die Völker beyder Amerika's, unter dem Schutz einer weisen Freyheit, in ihrer individuellen Lage und in ihren Verhältnissen zum handeltreibenden Europa und Asia finden können, hat eine der großen Revolutionen, welche von Zeit zu Zeit das Menschengeschlecht in stürmische Bewegung bringen, den Stand der Gesellschaft in den weitläufigen von mir durchwanderten Ländern umgewälzt. Das Festland der neuen Welt findet sich gegenwärtig zwischen drey Völker europäischer Herkunft gleichsam getheilt: das eine, und das mächtigste, ist von germanischer Abstammung; die beyden andern gehören durch ihre Sprache, Literatur und Sitten dem lateinischen Europa an. Die westlichst gelegenen Theile der alten Welt, die iberische Halbinsel und die brittischen Eilande sind auch diejenigen, deren Kolonien den weitesten Umfang besaßen; allein viertausend Meilen Küstenlandes, von den Abkömmlingen der Spanier und Portugiesen ausschließlich bewohnt, bezeugen das Uebergewicht, welches im fünfzehnten und sechszehnten Jahrhundert die Völker der Halbinsel durch ihre Unternehmungen zur See vor den übrigen Schifffahrtsvölkern sich erworben hatten. Man kann sagen, ihre von Kalifornien bis zum Rio de la Plata, auf dem Rücken der Kordilleren, wie in den Wäldern vom Amazonenstrom, verbreiteten Sprachen sind Denkmale des Nationalruhms, welche alle politischen Revolutionen überleben werden.

Gegenwärtig bilden die Bewohner vom spanischen und portugiesischen Amerika zusammen eine zweymal größere Bevölkerung, als jene von englischer Abstammung ist. Die französischen, holländischen und dänischen Besitzungen auf dem neuen Festlande sind von geringem Umfang: um aber die Aufzählung derjenigen Völker, welche auf die Schicksale der andern Halbkugel Einfluß haben können, zu vervollständigen, dürfen wir weder der Kolonisten slavischer Herkunft, die sich von der Halbinsel Alaska bis in Kalifornien anzusiedeln trachten, noch die freyen Afrikaner auf Haiti vergessen, welche die im Jahr 1545 von dem mailändischen Reisenden Belzoni ausgesprochene Prophezeihung in Erfüllung gebracht haben. Die Stellung der Afrikaner auf einer Insel, die dritthalb Mal größer ist als Sicilien, in Mitte des mittelländischen Antillenmeeres, erhöht ihr politisches Gewicht. Alle Freunde der Menschheit vereinbaren ihre Wünsche für die Entwicklung einer Gesittung, welche, nach so vielfacher Wuth und Blutvergießen, auf unerwartet gedeihliche Weise vorschreitet. Das russische Amerika gleicht bis dahin weniger einer landwirthschaftlichen Kolonie, als jenen Comptoirs, welche die Europäer zum größten Unglück der Landeseingebornen auf den afrikanischen Küsten errichtet haben. Es besteht dasselbe lediglich in Militär-Posten, und Stationen von Fischern sowohl als siberischen Jägern. Eine auffallende Erscheinung ist es unstreitig, den Ritus der griechischen Kirche auf amerikanischem Boden anzutreffen, und zu sehen, wie zwey Nationen, welche die östlichen und westlichen Endtheile von Europa bewohnen, die Russen und die Spanier, auf einem Festlande, welches sie von entgegengesetzten Richtungen aus erreicht haben, Nachbarn werden; allein der beynahe wilde Zustand der unbevölkerten Küsten von Ochotsk und Kamtschatka, der Mangel aller Unterstützungen aus den asiatischen Häfen und das bis dahin in den slavischen Kolonien der neuen Welt befolgte Regime sind eben so viele Hemmungen, welche dieselben auf lange Zeit im Zustand der Kindheit erhalten werden. Aus Vorstehendem erhellt, daß, wenn man bey staatswirthschaftlichen Unternehmungen sich gewöhnt hat, nur Massen in's Auge zu fassen, das amerikanische Festland alsdann unverkennbar, genau gesprochen, unter drey große Nationen, von englischer, spanischer und portugiesischer Herkunft getheilt erscheint. Die erste dieser drey Nationen, die der Anglo-Amerikaner, ist zugleich diejenige, welche, nach den europäischen Britten, mit ihrer Flagge die größte Ausdehnung der Meere bedeckt. Ohne entfernte Kolonien hat ihr Handelsverkehr einen Umfang erhalten, welchen kein anderes Volk der alten Welt erreichen mochte, außer etwa demjenigen, welches nach dem amerikanischen Norden seine Sprache, den Glanz seiner Literatur, seine Arbeitslust, seine Freyheitsliebe und einen Theil seiner bürgerlichen Institutionen übertragen hat.

Durch die brittischen und portugiesischen Kolonisten wurden einzig nur die Europa gegenüber liegenden Küsten bevölkert; die Kastilianer hingegen haben gleich zu Anfang der Eroberung die Andenkette überstiegen und ihre Ansiedlungen bis in die westlichsten Landschaften ausgedehnt. Hier nur, in Mexiko, in Cundinamarca, in Quito und Peru, haben sie die Spuren einer vormaligen Gesittung, Landwirthschaft treibende Völker, blühende Reiche angetroffen. Dieser Umstand, der Zuwachs einer Bevölkerung von Landeseingebornen und Bergbewohnern, der fast ausschließliche Besitz großer Metall-Reichthümer und eines seit Anfang des sechszehnten Jahrhunderts mit dem indischen Archipel gepflognen Handelsverkehrs mußten den spanischen Besitzungen im äquinoktialen Amerika einen eigenthümlichen

Charakter verleihen. In den östlichen, den brittischen und portugiesischen Kolonisten zu Theil gewordenen Landschaften waren die Landeseingeborne jagdtreibende Völker von unstäten Wohnsitzen. Statt zur Bildung einer landbautreibenden und arbeitsfleißigen Bevölkerung beyzutragen, wie dieß auf dem Plateau von Anahuac, in Guatimala und Ober-Peru der Fall war, haben sie bey Annäherung der Weißen meist sich zurückgezogen. Der Arbeitsbedarf, der Vorzug, welchen die Kulturen des Zukkerrohrs, des Indigo und der Baumwolle erhielten, die Habsucht, welche öfters den Gewerbsfleiß begleitet und ihn herabwürdigt, haben daselbst jenen schändlichen Negerhandel eingeführt, der für beyde Halbkugeln gleich verderblich geworden ist. Glücklicherweise ist es der Fall, daß auf dem Festlande vom spanischen Amerika die Zahl der afrikanischen Sklaven verhältnißmäßig zur Sklavenbevölkerung von Brasilien oder vom südlichen Theile der vereinten Staaten gering, und nicht stärker denn 1 zu 5 ist. Alle spanischen Kolonien, die Inseln Kuba und Portoriko mitgerechnet, haben auf einer Landesfläche, welche die von Europa mindestens um einen fünften Theil übersteigt, nicht so viel Negersklaven, als der einzige Staat von Virginien deren besitzt. Die spanischen Amerikaner gewähren unter der heißen Zone das einzige Beyspiel, einer Nation von acht Millionen Einwohner, die, nach europäischen Gesetzen und Institutionen regiert, Zucker, Kakao, Getreide und Wein pflanzt und die fast keine dem afrikanischen Gebiet entrissene Sklaven hat.

Noch übersteigt die Bevölkerung des amerikanischen Festlandes die von Frankreich oder Deutschland nur wenig. In den vereinten Staaten verdoppelt sie sich in drey-und-zwanzig bis fünf-und-zwanzig Jahren; in Mexiko hat sie sich, sogar unter der Herrschaft des Mutterlandes, in vierzig bis fünf-und-vierzig Jahren verdoppelt. Ohne eitlen Hoffnungen für die Zukunft Raum zu geben, läßt sich annehmen, daß keine anderthalb Jahrhunderte verfließen werden, bevor die amerikanische Bevölkerung die von Europa erreicht hat. Dieser edle Wetteifer in Gesittung, Kunstfleiß und Handelsverkehr wird aber, weit entfernt, (wie vielfältig prophezeiht worden ist) die Verarmung des alten Festlandes zum Vortheil des neuen herbeyzuführen, vielmehr den Verbrauchsbedarf, die Masse der produktiven Arbeit und die Thätigkeit des Tauschverkehrs steigern. Freylich muß nach großen Umwälzungen der menschlichen Gesellschaften das Staatsvermögen, welches ein Gemeingut der Gesittung ist, zwischen den Völkerschaften beyder Halbkugeln sich ungleich vertheilt finden; allein nach und nach stellt das Gleichgewicht sich her, und es wäre ein verderbliches, ich möchte beynahe sagen gottloses Vorurtheil, im zunehmenden Wohlstand irgend einer andern Gegend unsers Planeten den Untergang oder das Verderben des alten Europa erblicken zu wollen. Die Unabhängigkeit der Kolonien wird keineswegs ihre Trennung und Absonderung befördern, sondern vielmehr sie den Völkern früherer Gesittung annähern. Der Handelsverkehr strebt dasjenige zu vereinbaren, was eine eifersüchtige Staatskunst lange Zeit getrennt hielt. Und mehr noch: es liegt in der Natur der Gesittung, daß sie vorwärts schreitet, ohne darum da zu erlöschen, wo sie zuerst entstanden war. Ihre fortschreitende Bewegung von Ost nach West, von Asien nach Europa, beweist nichts gegen diese Behauptung. Eine helle Lichtflamme behält ihren Glanz, auch wenn sie einen größeren Raum erleuchtet. Die intellektuelle Bildung, diese fruchtbare Quelle des Nationalreichthums, theilt sich überall hin mit und dehnt sich aus, ohne deßhalb den Ort zu ändern. Ihre Bewegung ist nicht eine Wanderung: wenn sie uns im Orient also vorkam, so geschah es, weil barbarische Horden sich Aegyptens, Kleinasiens und jenes vormals freyen Griechenlandes, dieser verlassenen Wiege der Gesittung unsrer Altvordern, bemächtigt hatten.

Die Verwilderung und Versunkenheit der Völker ist eine Folge erlittener Bedrückung, sey es nun, daß einheimischer Despotismus oder ein fremder Eroberer dieselbe ausübt: der Despotismus ist allzeit von fortschreitender Verarmung und Abnahme des öffentlichen Wohlstandes begleitet. Freye und kräftige, dem Vortheile Aller entsprechende Staatseinrichtungen wenden diese

Gefahren ab; und die wachsende Gesittung der Welt, die Konkurrenz von Arbeit und Tauschverkehr richten diejenigen Staaten nicht zu Grund, deren Wohlstand aus natürlicher Quelle herfließt. Das gewerbfleißige und handeltreibende Europa wird von der im spanischen Amerika sich entwickelnden neuen Ordnung der Dinge Vortheil ziehen, wie ihm solcher hinwieder auch durch vermehrten Verbrauch und Absatz aus Ereignissen zufließen würde, welche in Griechenland, auf den Nordküsten Afrika's und in andern der Tyranney der Osmanen unterworfenen Landschaften, der Barbarey ein Ziel setzen möchten. Was den Wohlstand des alten Festlandes bedrohen kann, ist einzig nur die Verlängerung jener innern Kämpfe, welche die Erzeugnisse hemmen und zugleich Zahl und Bedürfnisse der Konsumenten vermindern. Im spanischen Amerika nähert sich nun dieser, sechs Jahre nach meiner Abreise begonnene Kampf seinem Ende. In kurzer Zeit werden wir unabhängige Völkerschaften an beyden Ufergestaden des atlantischen Weltmeeres erblicken, die bey sehr abweichenden Regierungsformen, hinwieder durch die Erinnerung an die gemeinsame Herkunft, durch die gleiche Sprache und durch gleichartige Bedürfnisse, wie sie aus der Gesittung überall hervorgehen, vereinbart erscheinen. Durch die unermeßlichen Fortschritte, welche die Kunst des Seefahrers gemacht hat, sind, möchte man sagen, die Wasserbecken der Meere verengert worden. Der atlantische Ozean stellt sich uns in Gestalt eines schmalen Kanales dar, welcher die europäischen Handelsstaaten von der neuen Welt nicht weiter entfernt, als in der Kindheit der Schifffahrtskunde das Wasserbecken vom Mittelmeere die Griechen des Peloponnes von den Bewohnern Ioniens, Siciliens, Cyrenea's entfernt hielt.

Eröffnungsrede zur Versammlung deutscher Naturforscher und Ärzte in Berlin

Wenn es mir durch Ihre ehrenvolle Wahl vergönnt ist, diese Versammlung zu eröffnen, so habe ich zuerst eine Pflicht der Dankbarkeit zu erfüllen. Die Auszeichnung, welche dem zu Theil geworden, der noch nie Ihren denkwürdigen Vereinen beiwohnen konnte, ist nicht der Lohn wissenschaftlicher Bestrebungen, einzelner schwacher Versuche, in dem Drange der Erscheinungen das Beharrende aufzufinden, aus den schwindelnden Tiefen der Natur das dämmernde Licht der Erkenntnis zu schöpfen. Ein zarteres Gefühl hat Ihre Aufmerksamkeit auf mich geleitet. Sie haben aussprechen wollen, daß ich in vieljähriger Abwesenheit, selbst in einem fernen Weltheile, nach gleichen Zwecken mit Ihnen hinarbeitend, Ihrem Andenken nicht fremd geworden bin. Sie haben meine Rückkunft gleichsam begrüßen wollen, um durch die heiligen Bande des Dankgefühls mich länger und inniger an das gemeinsame Vaterland zu fesseln.

Was aber kann das Bild dieses gemeinsamen Vaterlandes erfreulicher vor die Seele stellen, als die Versammlung, die wir heute zum ersten Male in unsern Mauern empfangen. Von dem heitern Neckar-Lande, wo *Kepler* und *Schiller* geboren wurden, bis zu dem letzten Saume der baltischen Ebenen; von diesen bis gegen den Ausfluß des Rheins, wo, unter dem wohlthätigen Einflusse des Welthandels, seit Jahrhunderten, die Schätze einer exotischen Natur gesammelt und erforscht wurden, sind, von gleichem Eifer beseelt, von einem ernsten Gedanken geleitet, Freunde der Natur zu diesem Vereine zusammengeströmt. Ueberall, wo die deutsche Sprache ertönt, und ihr sinniger Bau auf den Geist und das Gemüth der Völker einwirkt; von dem hohen Alpengebirge Europa's, bis jenseits der Weichsel, wo, im Lande des Copernicus, die Sternkunde sich wieder zu neuem Glanz erhoben sieht; überall in dem weiten Gebiete deutscher Nation, nennen wir unser jedes Bestreben, dem geheimen Wirken der Naturkräfte nachzuspüren, sey es in den weiten Himmels-Räumen, dem höchsten Problem der Mechanik, oder in dem Innern des starren Erdkörpers, oder in dem zartgewebten Netze organischer Gebilde.

Von edlen Fürsten beschirmt, hat dieser Verein alljährig an Interesse und Umfang zugenommen. Jede Entfernung, welche Verschiedenheit der Religion und bürgerlicher Verfassung erzeugen könnten, ist hier aufgehoben. Deutschland offenbart sich gleichsam in seiner geistigen Einheit; und, wie Erkenntniß des Wahren und Ausübung der Pflicht der höchste Zweck der Sittlichkeit sind; so schwächt jenes Gefühl der Einheit keine der Banden, welche jedem von uns Religion, Verfassung und Gesetze der Heimath theuer machen. Eben dieß gesonderte Leben der deutschen Nation, dieser Wetteifer geistiger Bestrebungen, riefen (so lehrt es die ruhmvolle Geschichte des Vaterlandes) die schönsten Blüthen der Humanität, Wissenschaft und Kunst hervor.

Die Gesellschaft deutscher Naturforscher und Aerzte hat, seit ihrer letzten Versammlung, da sie in München eine so gastliche Aufnahme fand, durch die schmeichelhafte Theilnahme benachbarter Staaten und Akademieen, sich eines besondern Glanzes zu erfreuen gehabt. Stammverwandte Nationen haben den alten Bund erneuern wollen zwischen Deutschland und dem gothisch-skandinavischen Norden. Eine solche Theilnahme verdient um so mehr unsre Anerkennung, als sie der Masse von Thatsachen und Meynungen, welche hier in einen allgemeinen, fruchtbringenden Verkehr gesetzt werden, einen unerwarteten Zuwachs gewährt. Auch ruft sie in das Gedächtniß der Naturkundigen erhebende Erinnerungen zurück. Noch nicht durch ein halbes Jahrhundert von uns getrennt, erscheint *Linne*, in der Kühnheit seiner Unternehmungen, wie durch das, was er vollendet, angeregt und beherrscht hat, als eine der großen Gestalten eines früheren Zeitalters. Sein Ruhm, so glänzend er ist, hat dennoch Europa nicht undankbar gegen Scheele's und Bergmann's Verdienste gemacht. Die Reihe dieser gefeyerten Namen ist nicht geschlossen geblieben; aber in der Furcht, edle Bescheidenheit zu verletzen, darf ich hier nicht von dem Lichte reden, welches noch jetzt in reichstem Maße von dem Norden ausgeht; nicht der Entdeckungen erwähnen, welche die innere chemische Natur der Stoffe (im numerischen Verhältniß ihrer Elemente) oder das wirbelnde Strömen der electro-magnetischen Kräfte enthüllen. Mögen die trefflichen Männer, welche durch keine Beschwerden von Land- und Seereisen abgehalten wurden, aus Schweden, Norwegen, Dänemark, Holland, England und Polen unserm Vereine zuzueilen, andern Fremden, für kommende Fahrt, die Bahn bezeichnen, damit wechselweise jeder Theil des deutschen Vaterlandes den belebenden Einfluß wissenschaftlicher Mittheilung aus den verschiedensten Ländern von Europa genieße.

Wenn ich aber, im Angesichte dieser Versammlung, den Ausdruck meiner persönlichen Gefühle zurückhalten muß, so sey es mir wenigstens gestattet, die Patriarchen vaterländischen Ruhmes zu nennen, welche die Sorge für ihr der Nation theures Leben von uns entfernt hält: *Goethe*, den die großen Schöpfungen dichterischer Phantasie nicht abgehalten haben, den Forscherblick in alle Tiefen des Naturlebens zu tauchen, und der jetzt, in ländlicher Abgeschiedenheit, um seinen fürstlichen Freund, wie Deutschland um eine seiner herrlichsten Zierden trauert; *Olbers*, der zwey Weltkörper da entdeckt hat, wo er sie zu suchen gelehrt; den größten Anatomen unseres Zeitalters, *Sömmering*, der mit gleichem Eifer die Wunder des organischen Baues wie der Sonnenfackeln und Sonnenflecken (Verdichtungen und Oeffnungen im wallenden Lichtmeere) durchspäht; *Blumenbach*, auch meinen Lehrer, der durch seine Werke und das belebende Wort überall die Liebe zur vergleichenden Anatomie, Physiologie und gesammten Naturkunde angefacht, und wie ein heiliges Feuer, länger als ein halbes Jahrhundert, sorgsam gepflegt hat. Konnte ich der Versuchung widerstehen, da die Gegenwart solcher Männer uns nicht vergönnt ist, wenigstens durch Namen, welche die Nachwelt wiedersagen wird, meine Rede zu schmükken?

Diese Betrachtungen über den geistigen Reichthum des Vaterlandes, und die davon abhängige fortschreitende Entwickelung unsers Instituts, leiten unwillkührlich auf die Hindernisse, die ein größerer Umfang (die anwachsende Zahl der Mitarbeiter) der Ausführung eines ernsten wissenschaftlichen Unternehmens scheinbar entgegenstellen. Der Hauptzweck des Vereins (Sie haben es selbst an Ihrem Stiftungstage ausgesprochen) besteht nicht, wie in andern Academieen, die eine geschlossene Einheit bilden, in gegenseitiger Mittheilung von Abhandlungen, in zahlreichen Vorlesungen, die alle zum Drucke bestimmt, nach mehr als Jahresfrist in eignen Sammlungen erscheinen. Der Hauptzweck dieser Gesellschaft ist die persönliche Annäherung derer, welche dasselbe Feld der Wissenschaften bearbeiten; die mündliche und darum mehr anregende Auswechselung von Ideen, sie mögen sich als Thatsachen, Meynungen oder Zweifel darstellen; die Gründung freundschaftlicher Verhältnisse, welche den Wissenschaften Licht, dem Leben heitre Anmuth, den Sitten Duldsamkeit und Milde gewähren.

Bey einem Stamme, der sich zur schönsten geistigen Individualität erhoben hatte, und dessen spätesten Nachkommen, wie aus dem Schiffbruche der Völker gerettet, wir noch heute unsre bangen Wünsche weihen, in der Blüthezeit des hellenischen Alterthums, offenbarte sich am kräftigsten der Unterschied zwischen Wort und Schrift. Nicht die Schwierigkeit des Ideenverkehrs allein, nicht die Entbehrung einer deutschen Kunst, die den Gedanken wie auf Flügeln durch den Raum verbreitet und ihm lange Dauer verheißt, geboten damals den Freunden der Philosophie und Naturkunde, Hellas, oder die dorischen und jonischen Colonien in Groß-Griechenland und Klein-Asien, auf langen Reisen zu durchwandern. Das alte Geschlecht kannte den Werth des lebendigen Wortes, den begeisternden Einfluß, welchen durch ihre Nähe hohe Meisterschaft ausübt, und die aufhellende Macht des Gesprächs, wenn es unvorbereitet, frey und schonend zugleich, das Gewebe wissenschaftlicher Meynungen und Zweifel durchläuft. Entschleierung der Wahrheit ist ohne Divergenz der Meynungen nicht denkbar, weil die Wahrheit nicht in ihrem ganzen Umfang auf einmal, und von allen zugleich, erkannt wird. Jeder Schritt, der den Naturforscher seinem Ziele zu nähern scheint, führt ihn an den Eingang neuer Labyrinthe. Die Masse der Zweifel wird nicht gemindert, sie verbreitet sich nur, wie ein beweglicher Nebelduft, über andre und andre Gebiete. Wer golden die Zeit nennt, wo Verschiedenheit der Ansichten, oder wie man sich wohl auszudrücken pflegt, der Zwist der Gelehrten, geschlichtet seyn wird, hat von den Bedürfnissen der Wissenschaft, von ihrem rastlosen Fortschreiten, eben so wenig einen klaren Begriff, als derjenige, welcher in träger Selbstzufriedenheit, sich rühmt, in der Geognosie, Chemie oder Physiologie, seit mehreren Jahrzehenden, dieselben Meynungen zu vertheidigen.

Die Gründer dieser Gesellschaft haben, in wahrem und tiefem Gefühle der Einheit der Natur, alle Zweige des physicalischen Wissens (des beschreibenden, messenden und experimentierenden) innigst mit einander vereinigt. Die Benennungen Naturforscher und Aerzte sind daher hier fast synonym. Durch irdische Bande an den Typus niederer Gebilde gekettet, vollendet der Mensch die Reihe höherer Organisationen. In seinem physiologischen und pathologischen Zustande bietet er kaum eine eigene Classe von Erscheinungen dar. Was sich auf diesen hohen Zweck des ärztlichen Studiums bezieht, und sich zu allgemeinen naturwissenschaftlichen Ansichten erhebt, gehört vorzugsweise für diesen Verein. So wichtig es ist, nicht das Band zu lösen, welches die gleichmäßige Erforschung der organischen und unorganischen Natur umfaßt; so werden dennoch der zunehmende Umfang und die allmähliche Entwickelung dieses Instituts die Nothwendigkeit fühlen lassen, außer den gemeinschaftlichen öffentlichen Versammlungen, denen diese Halle bestimmt ist, auch sectionsweise ausführlichere Vorträge über einzelne Disciplinen zu halten. Nur in solchen engeren Kreisen, nur unter Männern, welche Gleichheit der Studien zu einander hinzieht, sind mündliche Discussionen möglich. Ohne diese Art der Erörterung, ohne Ansicht der gesammelten, oft schwer zu bestimmenden, und darum streitigen Naturkörper, würde der freymüthige Verkehr Wahrheit-suchender Männer eines belebenden Princips beraubt seyn.

Unter den Anstalten, welche in dieser Stadt zur Aufnahme der Gesellschaft getroffen worden sind, hat man vorzüglich auf die Möglichkeit einer solchen Absonderung in Sectionen Rücksicht genommen. Die Hoffnung, daß diese Vorkehrungen sich Ihres Beyfalls erfreuen werden, legt mir die Pflicht auf, hier in Erinnerung zu bringen, daß, obgleich Ihr Vertrauen zweyen Reisenden zugleich die Geschäftsführung übertragen hat, doch nur einem allein, meinem edlen Freunde, Herrn *Lichtenstein*, das Verdienst sorgsamer Vorsicht und rastloser Thätigkeit zukommt. Den wissenschaftlichen Geist achtend, der die Gesellschaft deutscher Naturforscher und Aerzte beseelt, und die Nützlichkeit ihres Bestrebens anerkennend, ist das Königliche Ministerium des Unterrichts, seit vielen Monaten, jedem unsrer Wünsche mit der aufoperndsten Bereitwilligkeit zuvorgekommen.

In der Nähe der Versammlungsorte, welche auf diese Weise für ihre allgemeinen und besonderen Arbeiten vorbereitet worden, erheben sich die Museen, welche der Zergliederungskunst, der Zoologie, der Oryctognosie und der Gebirgskunde gewidmet sind. Sie liefern dem Naturforscher einen reichen Stoff der Beobachtung und vielfache Gegenstände critischer Discussionen. Der größere Theil dieser wohlgeordneten Sammlungen zählt, wie die Universität zu Berlin, noch nicht zwey Decennien; die ältesten, zu welchen der botanische Garten (einer der reichsten in Europa) gehört, sind in dieser Periode nicht bloß vermehrt, sondern gänzlich umgeschaffen worden. Der frohe und lehrreiche Genuß, den solche Institute gewähren, erinnert mit tiefem Dankgefühle, daß sie das Werk des erhabenen *Monarchen* sind, der, geräuschlos, in einfacher Größe, jedes Jahr diese Königsstadt mit neuen Schätzen der Natur und der Kunst ausschmückt, und, was einen noch höheren Werth hat, als diese Schätze selbst, was dem preußischen Volke jugendliche Kraft und inneres Leben und gemüthvolle Anhänglichkeit an das alte

Herrscherhaus gibt, der sich huldreich jedem Talente zuneigt, und freyer Ausbildung des Geistes vertrauensvoll seinen königlichen Schutz verleiht.

Briefe aus Sibirien an François Arago

I.

Ust-Kamenogorsk, am oberen Irtysch, in Sibirien,
den 1./13. August 1829

Nun befinde ich mich schon seit mehr als zwei Monaten außerhalb der Grenzen von Europa, östlich des Ural, und angesichts des bewegten Lebens, das wir führen, hatte ich bisher kaum Gelegenheit, Dir ein Lebenszeichen und einen freundschaftlichen Gruß zukommen zu lassen. Es ist unmöglich, in diesem hastig niedergeschriebenen Brief (wir sind gegen vier Uhr morgens in dieser kleinen Befestigung an der Grenze zur Kirgisen-Steppe eingetroffen und werden voraussichtlich noch diese Nacht wieder aufbrechen Richtung Osten, nach Buchtarminsk, Narym und zum ersten Posten der chinesischen Mongolei), ich sagte, es ist unmöglich, Dir ausführlich von all unseren Entdeckungen zu berichten, die wir seit unserer Abreise von Sankt Petersburg am 8./20. Mai gemacht haben; diese Zeilen können lediglich dazu dienen, Dir mitzuteilen, daß meine Reise ihre wissenschaftliche Zielsetzung vollkommen und in einem Maße erfüllt hat, das meine Erwartungen übertrifft; daß ich mich, trotz der Anstrengungen und der Entfernungen, die wir zurücklegen (seit Sankt Petersburg haben wir bereits über 5.600 Werst hinter uns gelassen, 320 davon in diesem Teil Asiens), guter Gesundheit erfreue; daß ich mit Geduld und Zuversicht alles ertrage; daß ich über meine Begleiter (die Herren Rose und Ehrenberg) nur Gutes zu sagen weiß, und daß wir damit rechnen, beladen mit geologischen, botanischen und zoologischen Sammlungen aus dem Ural, dem Altai, vom Ob, vom Irtysch und aus Orenburg, ungefähr Ende November wieder in Berlin einzutreffen. Ich kann gar nicht all die liebenswürdigen Vorkehrungen aufzählen, die die russische Regierung getroffen hat, damit diese Exkursion ihr Ziel so leicht wie möglich erreichen kann. Wir reisen mit drei Wagen, unter der Führung eines Bergoffiziers, und ein Kronkurier reitet uns voraus. Manchmal benötigen wir an einer Station 30 bis 40 frische Pferde auf einmal, und der Austausch findet stets, ob es nun Tag ist oder Nacht, in allergrößter Ordnung statt. Ich kann nicht umhin, dies alles als Anzeichen des Wohlwollens und der persönlichen Wertschätzung zu interpretieren: Es handelt sich um eine öffentliche Verbeugung vor der Wissenschaft, um eine edle Freigiebigkeit zugunsten des Fortschritts der modernen Zivilisation. Unsere Route führte uns über Moskau, Nischni-Nowgorod, und von dort aus auf der Wolga nach Kasan und zu den Ruinen der tatarischen Stadt Bolgari.

Dieser Teil Rußlands, der von muslimischen Tataren bewohnt wird und in dem sowohl Kirchen als auch Moscheen stehen, ist sehr interessant, er weckt, wie auch der Ural, Baschkirien und der Altai, ein lebhaftes Interesse an Herrn Klaproths schönen Forschungen der *Asia Polyglotta*. Von Kasan aus haben wir uns durch die malerischen Täler von Kungur und Perm in den Ural hinaufbegeben. Während der gesamten Reise von Nischni-Nowgorod nach Katharinenburg und zu den Platinwäschen von Nischne-Tagilsk begleitete uns der Graf Polier, den Du in Paris bei der Duchesse de Duras kennengelernt hast, wie Du Dich sicherlich erinnerst. Er hat sich hier, in dieser wilden Gegend, als Landschaftsmaler betätigt, wofür er ein ausgezeichnetes Talent besitzt. Aufgrund seiner Ehe fest an Rußland gebunden, kümmert er sich mit großem Eifer darum, die Erträge der Bergwerke und Fabriken zu steigern. Später erwartete mich auf der asiatischen Seite des Ural dieselbe Kalesche, die mich von Paris nach Verona, nach Neapel und nach Berlin gebracht hatte – was für ein merkwürdiger Umstand. Sie war in hervorragendem Zustand und macht der pariserischen Bauweise alle Ehre. Wir haben einen Monat damit zugebracht, die Goldminen von Beresowsk, die Malachitminen von Gumeschewskoi und von Tagilsk, die Eisen- und Kupferwerke, den Abbau von Beryll und Topas sowie Gold- und Platinwäschen zu besichtigen. Man staunt über jene Goldklumpen von 2 bis 3, manchmal sogar von 18 bis 20 Pfund, die man einige Zoll unter dem Rasen findet und die über Jahrhunderte hinweg unentdeckt geblieben sind. Etwas über die Lage und die mögliche Entstehung dieser Anschwemmungen herauszufinden, die meist mit Brocken von Grünstein, Chloritschiefer und Serpentin vermischt sind, war ein Hauptziel dieser Reise. Jährlich werden bis zu sechstausend Kilogramm Waschgold gewonnen. Die neuen Funde oberhalb des 59. und 60. Breitengrades gewinnen sehr an Bedeutung. Wir besitzen fossile Elefantenzähne, die in diese Anschwemmungen von goldhaltigem Sand eingeschlossen waren. Vielleicht ist ihre Entstehung, infolge von lokalen Zerstörungen und Aufschlüssen, sogar erst nach der Vernichtung jener großen Tiere anzusetzen. Der Bernstein und die Braunkohle, die man am östlichen Abhang des Urals findet, sind mit Sicherheit älter. In dem goldhaltigen Sand finden sich auch Körner von Zinnober, von gediegenem Kupfer, Ceylonite, Granate, kleine weiße Zirkone, die einen sehr schönen, diamantenen Glanz besitzen, Anatas, Albit etc. Auffällig ist, daß Platin im mittleren und nördlichen Ural nur auf der westlichen und europäischen Seite vorkommt. Die reichen Goldwäschen der Familie Demidow, in Nischne-Tagilsk, befinden sich auf der asiatischen Seite, auf beiden Seiten der Bertewaja, wo allein in der Anschwemmung von Wilkni bereits über 2.800 Pfund Gold gewonnen wurden. Das Platin befindet sich eine Meile östlich der Wasserscheide (nicht zu verwechseln mit der Achse der höchsten Punkte des Gebirges) auf der europäischen Seite in der Nähe der Zuflüsse der Ulka, in Sucho-Wissim und Martian. Herr Schwetsow, der das Glück hatte, unter Herrn Berthier zu studieren, und dessen Kenntnisse und Fleiß uns bei unseren Erkundungen des Ural eine große Hilfe waren, hat Chromeisenerz entdeckt, worin Platinkörnchen enthalten sind und welches von einem talentierten Chemiker in Katharinenburg, Herrn Helm, analysiert worden ist. Die Platinwäschen von Nischne-Tagilsk sind so reich, daß aus 100 Pud Sand (à 40 russische Pfund) 30 (manchmal 50) Solotnik Platin gewonnen wird, wohingegen die Anschwemmungen von Wilkni, die sehr reich an Gold sind, und weitere Goldwäschen auf der asiatischen Seite nur 1¼ bis 2 Solotnik pro 100 Pud Sand einbringen. In Süd-Amerika trennt ebenfalls eine relativ niedrige Kette der Kordilleren bei Cali die goldhaltigen Sande, die kein Platin enthalten, auf der östlichen Seite (bei Popayán), von den platinhaltigen Sanden, die kein Gold enthalten, am Isthmus der Raspadura von Chocó. Möglicherweise hat Herr Boussingault zu diesem Zeitpunkt bereits neue Einblicke in diese Lagerstätte in Amerika eröffnet, und diese Beobachtungen sind vielleicht im Zusammenhang mit den Beobachtungen, die wir hier machen konnten, von noch größerem Interesse. Wir besitzen Platinklumpen, die mehrere Zoll lang sind, und Herr Rose hat darin eine schöne Ansammlung von kristallisiertem Platin entdeckt. Was den Grünsteinporphyr von Laja angeht, in dem Herr Engelhardt kleine Platinkörnchen entdeckt hat, so haben wir ihn an Ort und Stelle gründlich untersucht, doch bisher hält Herr Rose die einzigen Metallkörnchen, die wir in den Felsen von Laja und dem Grünstein im Berg von Belaja Gora finden konnten, für Pyrit; dieses Phänomen wird Gegenstand weiterer Forschungen sein. Herrn Engelhardts Werk über den Ural hat unserer Ansicht nach großes Lob verdient. Osmium und Iridium haben auch besondere Lagerstätten, sie sind nicht in den stark platinhaltigen Anschwemmungen von Nischne-Tagilsk enthalten, sondern kommen in der Nähe von Bilimbajewsk und Kyschtymsk vor. Ich weise nachdrücklich auf die geognostischen Eigenschaften hin, über die diese Metalle Auskunft geben, die in Chocó, in Brasilien und im Ural zusammen mit dem Platin vorkommen.

II.

Ust-Kamenogorsk, 8./20. August

Diese letzten Zeilen schreibe ich am 20. August. Vor einer Woche legte ich die Feder nieder, um Mondentfernungen zu ermitteln, denn die geographische Bestimmung dieser südlichen Gegend Sibiriens, in der die Quellen des Ob und die Grenzen zur chinesischen Mongolei liegen, muß mit größter Sorgfalt vorgenommen werden, da das Funktionieren der Chronometer allein durch die Schnelligkeit der Reise beeinträchtigt sein kann. In der Zwischenzeit, am 13., habe ich das chinesische Pikett (den Vorposten) in der Dsungarei besucht. Wir hatten unsere Wagen in Ust-Kamenogorsk zurücklassen müssen und mußten uns stattdessen, auf furchtbar schlechten Wegen, jener langen sibirischen Wagen bedienen, in die man sich hineinlegt. Doch bevor ich nun von dem Tag erzähle, den wir im Himmlischen Reich der Mitte verbracht haben, muß ich noch den weiteren Verlauf unserer Reise beschreiben. Nachdem wir uns über Werchoture und Bogoslowsk in den nördlichen Ural begeben hatten, wo wir Azimute gemessen haben, um die Positionen der nördlichen Berggipfel zu bestimmen, und nachdem wir die Beryll- und Topasminen von Mursinsk besichtigt hatten, brachen wir am 6./18. Juli von Katharinenburg nach Tobolsk auf, über Tjumen, wo früher einmal die Nachkommen von Batu-Khan residiert haben. Eigentlich hatten wir vorgehabt, anschließend direkt über Slatoust nach Omsk weiterzureisen, doch das schöne Wetter veranlaßte uns, den ursprünglichen Entwurf unserer Route um den Altai und den oberen Irtysch zu erweitern (ein Umweg von 3.000 Werst). Der Generalgouverneur von West-Sibirien, General Weljaminow, ließ uns von einem seiner Adjutanten begleiten, Herrn von Jermolow. General Litwinow, der den Befehl über die ganze kirgisische Linie hat, begab sich persönlich von Tomsk aus zu den Bergen von Koliwan, um uns zu treffen und zu dem chinesischen Posten zu bringen. Wir sind über Kainsk und die Baraba-Steppe hierhergelangt, wo die Moskitos denen des Orinoco in nichts nachstehen und wo man unter einer Maske aus Pferdehaar beinahe erstickt; und vorbei an den schönen Fabriken von Barnaul, dem romantischen See von Koliwan, den berühmten Minen des Schlangenberges (Lagerstätte im Porphyr), von Riddersk und Syrjanowsk, die im Jahr 40.000 Pfund goldhaltiges Silber liefern. Von Ust aus kann man zum ersten Mal die Kette der Kirgisischen Berge erblicken.

Ein Bote war im voraus zu einem der chinesischen Posten der Mongolei (Dsungarei) geschickt worden, um zu erfragen, ob man bereit sei, uns dort zusammen mit General Litwinow zu empfangen. Die Erlaubnis wurde erteilt, zusammen mit der Mitteilung, daß der chinesische Kommandeur von Baty trotz des Rangunterschiedes erwartete, daß wir ihn, wie es der chinesischen Etikette entspricht, zuerst in seinem Zelt aufsuchen sollten, denn er würde sich, sollte er jemals russisches Territorium betreten, genauso verhalten. Wir nahmen die Straße nach Baty, die über die kleine Befestigung von Buchtarminsk und Krasnojarsk führt, wo wir die ganze Nacht vom 16. auf den 17. August (neuen Stils) mit Observationen verbrachten, und wo ich eigentümliche Erscheinungen von Polarbanden beobachtete. (Ich möchte Dich bei dieser Gelegenheit bitten, Deine magnetischen Register zu überprüfen). In Baty gibt es zwei chinesische Lager, zu beiden Seiten des Irtysch; es handelt sich um elende *Jurten,* in denen mongolische oder chinesische Soldaten leben. Auf einem kahlen Hügel steht ein kleiner chinesischer Tempel. Im Tal weiden baktrische Kamele mit zwei Höckern. Die beiden Kommandanten, von denen einer erst vor einer Woche aus Peking gekommen war, sind von reiner chinesischer Rasse. Sie werden alle drei Jahre ausgetauscht. Sie waren in Seide gekleidet, mit einer hübschen Pfauenfeder an der Mütze, und empfingen uns mit großem Ernst, was sehr vergnüglich war. Im Tausch gegen ein paar Ellen Tuch und roten Samt schenkte man mir ein chinesisches Buch in fünf Bänden, ein geschichtliches Werk, das mir, so gewöhnlich es auch sein mag, teuer sein wird als Andenken an diesen kleinen Ausflug. Glücklicherweise war diese Grenze der Mongolei auch für Herrn Ehrenberg eine ergiebige Quelle neuer Pflanzen und Insekten. Doch was diese Reise durch den Altai für uns so bedeutsam macht, ist die Tatsache, daß nirgendwo sonst in beiden Welten der Granit aus grobem, gewöhnlichem Feldspat, ohne Albit, ohne Gneis und ohne Glimmer (Schiefergruppen), die gleichen Anzeichen für Eruptionen und Ergießungen zeigt wie im Altai. Man sieht den Granit nicht nur in Adern, die sich *nach oben* im Tonschiefer verlieren, durch diesen Fels zutage treten, sondern auch sichtbar und kontinuierlich auf mehr als 2.000 Toisen Länge über ihn sich ergießen, außerdem kegelförmige Hügel und kleine Granitglocken neben einigen Kuppeln aus Trachyt-Porphyr, des weiteren Dolomit im Granit, Porphyradern etc., etc.

Herr Rose hat im nördlichen Ural eine Stelle entdeckt, wo aufgesprungener und zum Teil kugelförmiger Porphyr durch Kontakt den Kalkstein in Jaspis verwandelt, der sich in parallele Bänder aufteilt. Solche Streifen und Verkieselungen habe ich auch in Pedrazio gesehen. Auffällig ist im Ural außerdem die enge Verbindung von Euphotid (chlorithaltiger Serpentin) und Grünstein mit Pyroxen, der jedoch mehr Amphibol als Pyroxen einschließt. Ich habe versucht, an den Orten, welche die Herren Hansteen und Erman nicht aufgesucht haben, die Erdtemperatur (sie liegt oft über 2°) sowie die magnetische Inklination und Intensität zu ermitteln. Eben diese Punkte belegen die Bewegung der Knoten von Osten nach Westen, die Du in Deinem Bericht über die Reise von Herrn Freycinet erneut hervorgehoben hast. Die Post bricht jetzt auf, ich kann diesen konfusen Brief weder durchlesen noch überarbeiten oder korrigieren. Ich hoffe, Dich im nächsten Sommer umarmen zu können. Tausend Grüße an Gay-Lussac.

Rede, gehalten von Herrn Alexander von Humboldt
bei der außerordentlichen Sitzung
der Kaiserlichen Akademie der Wissenschaften
zu Sankt Petersburg am 16./28. November 1829

Meine Herren!

Wenn ich, während dieser feierlichen Sitzung, in der sich der edle Wille offenbart, die Leistungen der menschlichen Intelligenz voranzutreiben und zu ehren, mir erlaube, um Ihre Aufmerksamkeit zu bitten, so tue ich dies nur, um eine Pflicht zu erfüllen, die mir von Ihnen auferlegt worden ist. Vor einiger Zeit, als ich gerade in mein Vaterland zurückgekehrt war, nachdem ich die vereisten Gipfel der Kordilleren und die Wälder der flachen Äquinoktialgegenden durchquert hatte, als ich mich wieder im erregten Europa befand, nachdem ich lange die Stille der Natur und den imposanten Anblick ihrer ungezähmten Fruchtbarkeit genossen hatte, wurde mir die Ehre zuteil, als ein öffentliches Zeichen Ihres Wohlwollens, in diese berühmte Akademie aufgenommen zu werden. Noch heute rufe ich mir gern jene Epoche meines Lebens ins Gedächtnis, als dieselbe eloquente Stimme, die zur Eröffnung dieser Sitzung zu Ihnen gesprochen hat, mich in Ihre Mitte rief und es ihr beinahe gelang, mich mit ihren geistreichen Schmeicheleien davon zu überzeugen, daß ich die Ehrung, die Sie mir zuteil werden ließen, verdient hätte. Wie weit entfernt war ich damals davon, ahnen zu können, daß ich an einer Sitzung unter Ihrem Vorsitz, mein Herr, teilnehmen würde, nachdem ich von den Ufern des Irtysch, den äußersten Grenzen der chinesischen Dsungarei und der Küste des Kaspischen Meeres zurückgekehrt bin! Dank einer Verkettung glücklicher Umstände in einem unruhigen und oft arbeitsreichen Leben konnte ich die goldhaltigen Gegenden des Ural und von Neu-Granada miteinander vergleichen, die höher gelegenen Porphyr- und Trachytformationen von Mexiko mit denen des Altai-Gebirges und die Savannen (*Llanos*) des Orinoco mit den Steppen im südlichen Sibirien, wo sich viele Möglichkeiten für die friedlichen Eroberungen der Landwirtschaft bieten sowie für jene industriellen Verfahren, die den Völkern nicht nur zu Wohlstand verhelfen, sondern auch ihre Sitten und Gebräuche sanfter werden lassen und so nach und nach den Zustand der Gesellschaften verbessern.

Zum Teil konnte ich die gleichen Instrumente, oder solche von vergleichbarem, lediglich verbessertem Aufbau, zu den Ufern des Ob mitnehmen wie zu denen des Amazonas. Innerhalb der langen Zeitspanne, die zwischen meinen beiden Reisen lag, hat sich das Antlitz der physischen Wissenschaften, insbesondere das der Geognosie, der Chemie und der Theorie des Elektromagnetismus beachtlich gewandelt. Neue Apparate, ich würde fast sagen, neue Organe sind geschaffen worden, die dem Menschen einen noch engeren Kontakt zu den geheimnisvollen Kräften ermöglichen, welche die gesamte Schöpfung beleben, und deren ungleicher Kampf, deren wahrnehmbare Schwankungen ewigen Gesetzen unterliegen. Wenn die modernen Reisenden in kürzerer Zeit einen größeren Teil der Erdoberfläche ihren Observationen unterziehen können, so verdanken sie die Vorteile, deren sie sich erfreuen, dem Fortschritt der mathematischen und der physischen Wissenschaften, der größeren Genauigkeit der Instrumente, der Verbesserung der Methoden sowie der Kunst, die Fakten zu ordnen und daraus allgemeine Überlegungen abzuleiten. Der Reisende setzt in die Tat um, was unter dem hilfreichen Einfluß der Akademien und durch die Studien derer, die ein seßhaftes Leben führen, in der Stille der Arbeitszimmer vorbereitet wurde. Um die Verdienste der Reisenden verschiedener Epochen richtig und gerecht einschätzen zu können, muß man zunächst wissen, wie weit die angewandte Astronomie, das geognostische Wissen, das Studium der Atmosphäre und die Naturgeschichte zur entsprechenden Zeit entwickelt waren. So muß die mehr oder weniger gedeihende Kultur im großen Feld der Wissenschaften auf den Reisenden einwirken, der dem Kenntnisstand seines Jahrhunderts gerecht werden möchte; und genauso müssen die Reisen, die unternommen werden, um das Wissen über die physische Gestalt des Erdballs zu erweitern, zu verschiedenen Zeiten unterschiedliche Züge tragen, die Physiognomie der jeweiligen Epoche zeigen; sie müssen der Ausdruck des Kulturzustandes sein, den die Wissenschaften nach und nach durchschritten haben.

Indem ich also die Verdienste derjenigen beschreibe, welche die gleiche Laufbahn verfolgt haben wie ich und deren Beispiel meinen Eifer in schwierigen Momenten oft neu entfacht hat, habe ich verwiesen auf die Quelle der bescheidenen Erfolge einer Hingabe, die Ihre gütige Großzügigkeit, meine Herren, durch Ihren öffentlichen Beifall zu vergrößern geruhte.

Da ich gerade von einer weiten Reise zurückkehre, die ich unter günstigen Vorzeichen auf Befehl eines großzügigen Monarchen unternehmen konnte und auf der ich von der Klugheit zweier Gelehrter profitieren konnte, deren Arbeiten in Europa sehr geschätzt werden, der Herren *Ehrenberg* und *Rose*, könnte ich mich nun darauf beschränken, Ihnen meinen lebhaft empfundenen, respektvollen Dank auszusprechen; ich könnte denjenigen, der es schon in sehr jungen Jahren gewagt hat, in die antiken *Mysterien* einzudringen (jene denkwürdigen Quellen der Religion und der Politik in der Zivilisation Griechenlands), darum ersuchen, mir mit der Kunst der schönen Rede behilflich zu sein, damit ich die Gefühle, die mich bewegen, in angemessener Weise ausdrücken könnte. Doch ich bin mir bewußt, meine Herren, daß die Schönheit der Rede, selbst wenn sie der Lebhaftigkeit der Gefühle entspricht, an diesem Ort nicht ausreicht. Sie sind in diesem großen Reich mit der wichtigen und edlen Mission betraut, der Entwicklung der Wissenschaften und der Literatur allgemeine Impulse zu geben, die Arbeiten zu fördern, die sich im Einklang mit dem aktuellen Wissensstand der Menschheit befinden, und das Wissen im Gebiet der höheren Mathematik, der physischen Erdbeschreibung und der Völkergeschichte, welcher Zeugnisse aus verschiedenen Zeitaltern zu neuen Erkenntnissen verhelfen, lebendig zu erhalten und voranzutreiben. Ihre Blicke sind in die Zukunft gerichtet, auf den Weg, der noch vor uns liegt, und die Gabe, die Ausdruck meiner Dankbarkeit sein soll, die einzige Gabe, die Ihrer Institution würdig ist, ist mein feierliches Versprechen, bis ins letzte Stadium einer bereits fortgeschrittenen Laufbahn der Kultur der Wissenschaften treu zu bleiben, ohne Unterbrechung die Natur zu erforschen und weiterhin einen Weg zu beschreiten, den Sie und Ihre berühmten Vorgänger gewiesen haben.

Dieses gemeinschaftliche Vorgehen in den gründlichen Studien, die Hilfe, die sich die verschiedenen Zweige menschlichen Forschens gegenseitig leisten, die Anstrengungen, die gleichzeitig auf beiden Kontinenten und in der unermeßlichen Weite der Meere unternommen worden sind, haben den physischen Wissenschaften zu einer rasanten Entwicklung verholfen, genauso wie nach Jahrhunderten der Barbarei die gleichzeitig unternommenen Anstrengungen zum Fortschritt der Vernunft geführt haben. Ein Land darf sich glücklich schätzen, das eine Regierung besitzt, welche die Literatur und die schönen Künste unter ihren erhabenen Schutz stellt, denn sie beflügeln nicht nur die Einbildungskraft der Menschen, sondern stärken auch ihre intellektuellen Fähigkeiten und regen zu edlen Gedanken an; eine Regierung, die das gleiche auch mit den physischen und mathematischen Wissenschaften tut, die sich so günstig auf den industriellen Fortschritt und den allgemeinen Wohlstand auswirken; und die auch die Bemühungen der Forschungsreisenden beschützend begleitet, welche versuchen, in unerforschte Gegenden vorzudringen, die Bodenschätze des Vaterlandes zu untersuchen oder durch ihre Messungen das nützliche Wissen über dessen Gestalt zu vervollständigen. Wenn ich nun einen kleinen Teil dessen aufzähle, was in diesem Jahr geschehen ist, das nun bald zu Ende geht, so ist dies zugleich eine Ehrung des *Fürsten*, die diesem, gerade aufgrund ihrer Schlichtheit, nicht mißfallen wird.

Herr *Rose*, Herr *Ehrenberg* und ich haben auf unserer Reise vom Ural und dem Altai bis zum Kaspischen Meer in gemeinsamer Arbeit die geognostische Beschaffenheit des Bodens untersucht und durch barometrische Messungen die Beziehungen zwischen Erhebungen und Senkungen ermittelt, außerdem die Veränderungen des Erdmagnetismus auf verschiedenen Breitengraden (insbesondere die Zunahme der Inklination und der Intensität der magnetischen Kräfte), die Temperatur im Inneren des Erdballs, den Feuchtigkeitsgehalt der Atmosphäre (mittels eines psychrometrischen Instruments, das noch nie zuvor auf einer so weiten Reise eingesetzt worden war), die astronomische Position einiger Orte und die geographische Verbreitung von Pflanzen und mehrerer bisher kaum untersuchter Gruppen der Tierwelt. Zur gleichen Zeit haben Wissenschaftler und furchtlose Reisende sich den Gefahren gestellt, die von den schneebedeckten Gipfeln des Elbruz und des Ararat ausgehen.

Ich freue mich, daß auch derjenige glücklich in den Schoß der Akademie zurückgekehrt ist, von dem wir wertvolle Bemerkungen über die stündlichen Veränderungen der Magnetnadel erhalten haben und dem die Wissenschaft (neben einfallsreichen und sorgfältigen Forschungen zur Kristallographie) die Entdeckung vom Einfluß der Temperatur auf die Intensität der elektromagnetischen Kräfte verdankt. Herr *Kupffer* ist vor kurzem aus den Kaukasischen Alpen zurückgekehrt, wohin sich im Zuge langer Wanderungen des Menschengeschlechts, im großen Untergang der Völker und Sprachen so viele verschiedene Rassen geflüchtet haben. Zum Namen dieses Reisenden, unseres gelehrten Kollegen, gesellt sich aufgrund der Ähnlichkeit der unternommenen Anstrengungen der Name des Physikers, der mit edler Beharrlichkeit an den Hängen des Ararat, welcher als der klassische Boden der ersten und ehrwürdigen Zeugnisse der Geschichte angesehen wird, mit den Hindernissen kämpfte, die sowohl die Dichte als auch die Weichheit des ewigen Schnees darstellen. Fast fürchte ich, die Bescheidenheit des Vaters zu beschämen, wenn ich hinzufüge, daß Herr *Parrot*, der Reisende vom Ararat, dem hohen Ansehen in der Wissenschaft alle Ehre macht, dessen Glanz durch Vererbung auf ihn übergegangen ist.

In den östlicheren Gebieten des Reiches, die mein Landsmann *Pallas* in seinen Werken ein für allemal beschrieben hat (verzeihen Sie, meine Herren, wenn ich mir erlaube, einen Teil des Ruhmes für Preußen zu beanspruchen, der doch aber ausreicht, zwei Nationen gleichzeitig mit Stolz zu erfüllen!), in den Bergen des Ural und von Kolywan haben wir uns auf den noch frischen Spuren der wissenschaftlichen Expeditionen der Herren *Ledebour*, *Meyer* und *Bunge* sowie der Herren *Hofmann* und *Helmersen* bewegt. Die schöne und vielfältige Flora des Altai hat bereits die botanische Einrichtung bereichert, deren diese Hauptstadt sich rühmt, und die es, dank des unermüdlichen und klugen Fleißes ihres Direktors, wie von Zauberhand zu einem Platz unter den ersten Rängen der botanischen Gärten in Europa gebracht hat. Die gelehrte Welt erwartet mit Ungeduld die Veröffentlichung des Werkes über die Flora des Altai, von der Doktor *Bunge* persönlich meinem Freund Herrn *Ehrenberg* in der Gegend um Smeïnogorsk einige interessante Hervorbringungen zeigen konnte. Es war mit Sicherheit das erste Mal, daß ein Reisender, der bereits Abessinien, Dongola, den Sinai und Palästina bereist hatte, die von ewigem Schnee bedeckten Berge von Riddersk erklomm.

Mit der geognostischen Beschreibung des südlichen Teils des Ural waren zwei junge Gelehrte betraut, die Herren *Hofmann* und *Helmersen*, von denen der eine als Erster die Vulkane der Südsee präzise beschrieben hat. Diese Wahl ist einem aufgeklärten Minister zu verdanken, einem Freund der Wissenschaften und derer, die sie vorantreiben, dem Grafen von *Cancrin*, dessen liebenswürdige Bemühungen und vorausschauendes Handeln uns, meinen Mitarbeitern und mir, unauslöschlich in Erinnerung bleiben. Die Herren *Hofmann* und *Helmersen*, die an der berühmten Schule von Dorpat studiert haben, erforschten zwei Jahre lang erfolgreich die verschiedenen Verzweigungen der Berge des Ural, vom großen Taganai und dem Granitgestein des Iremel bis über das Plateau von Guberlinsk hinweg, das weiter im Süden auf die Mugodschar-Berge und auf den Ust-Urt zwischen dem Aral-See und dem Becken des Kaspischen Meeres stößt. Am selben Ort ließ sich Herr *Lemm* durch die Strenge des Winters nicht davon abhalten, die ersten präzisen astronomischen Beobachtungen anzustellen, die wir von dieser kargen und unbewohnten Gegend besitzen. Wir hatten das große Vergnügen, einen Monat lang von Herrn *Hofmann* und Herrn *Helmersen* begleitet zu werden, und sie waren es auch, die uns als Erste eine Formation vulkanischer Mandelsteine in der Nähe von Grjasnuschinskoi zeigten, die einzigen, die bis heute in jener langen Bergkette des Ural bekannt sind, welche Europa und Asien voneinander trennt, deren östliche Abhänge große Mengen metallischer Eruptionen aufweisen, und die, sei es in Adern, sei es in Anschwemmungen, Gold, Platin, Osmium-Iridium und Diamanten enthält, die der Graf von *Polier* in den Anschwemmungen westlich des hohen Berges Katschkanar entdeckt hat, außerdem Zirkon, Saphir, Amethyst, Rubin, Topas, Beryll, Granat, Anatas, die Herr *Rose* bestimmt hat, weiterhin Ceylonit und andere wertvolle Substanzen Ost-Indiens und Brasiliens.

Ich könnte die Liste der wichtigen Arbeiten im gegenwärtigen Jahr der Herrschaft Seiner Majestät noch fortführen, etwa indem ich von den trigonometrischen Berechnungen im Westen spräche, die, zusammen mit den Arbeiten von General *Schubert* und General *Tenner* sowie des großen Astronomen von Dorpat, Herrn *Struve*, unser Wissen über die Gestalt der Erde in erheblichem Maße erweitern werden; von der geologischen Beschaffenheit des Baikal-Sees, die Herr *Hess* beschrieben hat; oder von der magnetischen Expedition der Herren *Hansteen*, *Erman* und *Dowe*, die in ganz Europa mit Recht gefeiert wurde, war sie doch die größte und mutigste, die auf der Erde jemals unternommen worden ist (von Berlin und Christiania bis nach Kamtschatka, wo sie an die großen Arbeiten der Kapitäne *Wrangel* und *Anjou* anschließt); und schließlich von der Weltumsegelung, die Kapitän *Lütke* auf Befehl des Souveräns unternahm, eine Reise, die durch die Zusammenarbeit dreier herausragender Naturforscher, Doktor *Mertens*, Freiherr von *Kittlitz* und Herrn *Postels*, zu vielfältigen und schönen astronomischen, physikalischen, botanischen und anatomischen Erkenntnissen führte.

Ich habe soeben die gemeinsamen Anstrengungen dargestellt, durch die mehrere Teile des Reiches erkundet werden konnten, indem man sich auf modernes Wissen stützte, auf neue Instrumente und Methoden, auf Erkenntnisse, welche sich aus der Analogie von Fakten ergeben, die früher nicht bekannt waren. Wohl nicht zuletzt auch aufgrund der gemeinsamen Ziele war es mir, der ich mich selbst noch einmal auf die Reise gemacht habe, eine Freude, meine Rede mit Namen zu schmücken, die der Welt der Wissenschaft teuer geworden sind. Wenn man den Reichtum der mineralischen Hervorbringungen und die Wunder der physischen Natur bestaunt hat, möchte man (und diese Aufgaben zu erfüllen fällt im Ausland besonders leicht, in der Mitte dieser Versammlung, die mir Gehör schenkt) auch auf die intellektuellen Reichtümer einer Nation eingehen, auf die Arbeit jener fleißigen und in ihrer Hingabe an die Wissenschaften uneigennützigen Menschen, die ihr Land durchreisen oder die in aller Einsamkeit die Entdeckungen nachfolgender Generationen in ihren Gedanken vorwegnehmen und mit ihren Berechnungen und Experimenten vorbereiten.

Wenn, und das haben wir ja soeben anhand von neueren Beispielen bewiesen, das weite Russische Reich, das an Ausdehnung den sichtbaren Teil des Mondes übertrifft, die Zusammenarbeit einer großen Zahl von Forschern erfordert, so bringt dieselbe Ausdehnung gleichzeitig auch Vorteile anderer Art mit sich, die Ihnen, meine Herren, längst bekannt sind, die mir jedoch in ihrer Beziehung zu den aktuellen Bedürfnissen der physischen Erdbeschreibung nicht ausreichend gewürdigt erscheinen. Ich werde nicht davon sprechen, in welch großem Umfang man – nämlich von Livland und Finnland bis zur Südsee, die das östliche Asien und Russisch-Amerika umspült –, ohne die Grenzen eines einzigen Reiches zu überschreiten, die Lagerstätten und die Bildung der Gesteine aus allen Zeitaltern erforschen kann; die Überreste jener pelagischen Lebewesen, die frühere Umwälzungen unseres

Planeten in den Schoß der Erde eingegraben haben; die gigantischen Gebeine jener vierfüßigen Erdenbewohner, deren Verwandte ausgestorben sind oder nur noch in tropischen Regionen leben. Ich werde die Aufmerksamkeit dieser Versammlung nicht auf den Nutzen richten, den die Geographie der Pflanzen und Tiere (ein Zweig der Wissenschaft, der gerade erst im Entstehen begriffen ist) eines Tages aus einer speziellen, genaueren Kenntnis der klimatisch bedingten Verteilung der Lebewesen ziehen wird – von den begünstigten Gegenden der Chersonesos und Mingreliens, von den Grenzen Persiens und Kleinasiens bis zu den öden Ufern des arktischen Ozeans. Ich ziehe es vor, mich jenen veränderlichen Phänomenen zuzuwenden, deren regelmäßige Wiederkehr, wenn man sie mit der strengen Präzision astronomischer Beobachtungen festhielte, direkt zur Erkenntnis der großen Naturgesetze führen würde.

Wenn man in der Schule von Alexandria und zur Glanzzeit der Araber (welche die ersten Meister in der Kunst waren, die Natur mit Hilfe von Experimenten zu beobachten und zu erforschen) die Instrumente gekannt hätte, die das große Jahrhundert von Galilei, Huygens und Fermat hervorgebracht hat, dann wüßten wir heute aus vergleichenden Beobachtungen, ob die Höhe der Atmosphäre, die Menge an Wasser, die sie einschließt und die sie abgibt, und die durchschnittliche Temperatur der Orte im Verlauf der Jahrhunderte abgenommen haben. Wir würden die Schwankungen kennen, denen die elektromagnetische Aufladung unseres Planeten in hundert Jahren unterlag, und die Veränderungen, welche die Temperatur der verschiedenen Schichten der Erde, die proportional zur Tiefe zunimmt, möglicherweise durchlief, sei es aufgrund einer Zunahme der Strahlung, sei es aufgrund vulkanischer Bewegungen im Erdinneren; schließlich wären wir über die Schwankungen des Wasserspiegels der Ozeane unterrichtet, über die partiellen Perturbationen, die der barometrische Druck auf die gleichmäßige Verteilung des Wassers verursacht, über die relative Häufigkeit bestimmter Winde, die von der Gestalt und dem Zustand der Oberfläche der

Kontinente abhängig ist. Herr *Ostrogradski* könnte jene über Jahrhunderte gewonnenen Daten seinen gründlichen Berechnungen unterziehen, so wie er vor kurzem erfolgreich eines der schwierigsten Probleme der Wellenausbreitung gelöst hat.

Zum Nachteil für die physischen Wissenschaften ist die europäische Zivilisation noch nicht sehr alt. Wir sind, wie die Priester von Sais von den Griechen sagten, ein junges Volk. Die beinahe gleichzeitige Erfindung jener Werkzeuge, die uns der Welt, die uns umgibt, näherbringen – Fernrohr, Thermometer, Barometer, Pendel sowie jenes andere Instrument, das wichtigste und mächtigste, die Infinitesimalrechnung – liegt gerade einmal 150 Jahre zurück. In jenem Kampf der Kräfte der Natur, einem Kampf, bei dem die Stabilität erhalten bleibt, scheinen die periodischen Schwankungen gewisse Grenzen nicht zu überschreiten: Vielmehr lassen sie (zumindest im gegenwärtig vorherrschenden Zustand, seit den großen Naturkatastrophen, die so viele Generationen von Tieren und Pflanzen begraben haben) das gesamte System um ein mittleres Gleichgewicht herum oszillieren. Nun läßt sich aber das Ausmaß der periodischen Veränderungen um so präziser bestimmen, je mehr Jahre das Intervall umfaßt, das zwischen den Beobachtungen extremer Werte liegt.

Es ist die Aufgabe wissenschaftlicher Vereinigungen, die sich fortlaufend erneuern und verjüngen, der Akademien und Universitäten sowie der verschiedenen Gelehrtengesellschaften in Europa, in beiden Amerikas, an der Südspitze Afrikas, in Groß-Indien und in Austral-Asien (das vor kurzem noch so wild war und wo sich jetzt bereits ein Tempel der Urania erhebt), dafür zu sorgen, daß das, was im Haushalt der Natur veränderlich ist, regelmäßig beobachtet, gemessen und sozusagen überwacht wird. Der berühmte Autor der *Mécanique céleste* hat eben diesen Gedanken in dem Institut mehrmals mündlich geäußert, dem achtzehn Jahre lang zusammen mit ihm anzugehören ich das Glück hatte.

Die westlichen Völker haben jene Formen der Zivilisation in die verschiedenen Teile der Welt getragen, jene Entwicklung des menschlichen Forschens, deren Ursprung in der Epoche der intellektuellen Größe der Griechen sowie im milden Einfluß des Christentums liegt. Obwohl durch unterschiedliche Sprachen und Gebräuche sowie politische und religiöse Ordnungen voneinander getrennt, bilden die aufgeklärten Völker heute (und das ist eines der schönsten Ergebnisse der modernen Zivilisation) eine einzige Familie, sobald es um den großen Nutzen der Wissenschaften, der Literatur und der Kunst geht, um all das, was aus einer inneren Quelle kommt, aus der Tiefe der Vernunft und des Gefühls, und was die Menschheit über die profanen Bedürfnisse der Gesellschaft erhebt.

Innerhalb dieser edlen Gemeinschaft der Ziele und der Unternehmungen kann ein großer Teil der wichtigen Probleme, die mit der physischen Erdbeschreibung im Zusammenhang stehen und die ich bereits dargelegt habe, sicherlich zum Gegenstand gleichzeitiger Forschungen werden, doch bietet gerade die immense Ausdehnung des Russischen Reiches in Europa, Asien und Amerika ganz besondere und lokale Vorteile, die es durchaus verdienen, daß diese angesehene Gesellschaft sie eines Tages in ihre Überlegungen mit einbeziehe. Ein Impuls, der von so hoch oben ausginge, würde unter den forschenden Physikern, deren Ihr Vaterland sich rühmen darf, einen nutzbringenden Tatendrang zur Folge haben. Deshalb erlaube ich mir nun, meine Herren, Sie auf drei Gegenstände hinzuweisen und diese Ihrer speziellen Aufmerksamkeit zu empfehlen, bei denen es sich nicht (wie man früher annahm, als der innere Zusammenhang der menschlichen Wissensgebiete noch nicht erkannt war) um rein theoretische Spekulation handelt, sondern die mit den materiellen Bedürfnissen des Lebens in sehr enger Verbindung stehen.

Die Unterweisung in der Kunst der Nautik hat sich, angespornt durch den Beifall von höchster Stelle (und unter der Leitung eines großen Seefahrers), in diesem Land sehr erfreulich entwickelt. Die Nautik verlangt seit Jahrhunderten nach einer genauen Kenntnis der Veränderungen der erdmagnetischen Deklination, Inklination und Intensität der Kräfte, insbesondere deshalb, weil die Deklination der Nadel in unterschiedlichen Gewässern, deren richtige Einschätzung für die Seefahrer von besonderer Bedeutung ist, in der Theorie sehr eng mit den anderen beiden Elementen, der Inklination und der Intensität, die anhand von Oszillationen gemessen werden, zusammenhängt. Das Wissen über die Veränderungen des Erdmagnetismus hat in keiner früheren Epoche so rapide Fortschritte gemacht wie in den vergangenen dreißig Jahren. Nach und nach sind folgende Aspekte zum Gegenstand gewissenhafter Forschungen geworden: die Winkel, welche die Nadel zur Vertikale und zum Längenkreis einnimmt; die Intensität der Kräfte, deren Zunahme vom Äquator zum magnetischen Pol zu erkennen ich das Glück hatte; die stündlichen Veränderungen der Inklination, der Deklination und der Intensität, die oft durch Nordlichter, Erdbeben und geheimnisvolle Bewegungen im Inneren des Erdballs beeinflußt werden; und die Verwirrungen oder nicht periodischen Perturbationen der Nadel, die ich während einer langen Folge von Beobachtungen unter der Bezeichnung magnetische Gewitter beschrieben habe. Die großen Entdeckungen von *Ørsted*, *Arago*, *Ampère*, *Seebeck*, *Morichini* und von Mistress *Somerville* haben uns über die wechselseitigen Beeinflussungen zwischen dem Magnetismus und der Elektrizität, der Hitze und dem Sonnenlicht unterrichtet. Es sind uns nicht länger nur drei Metalle bekannt, die sich magnetisch aufladen können: Eisen, Nickel und Cobalt. Das erstaunliche Phänomen des Rotationsmagnetismus, das mein berühmter Freund, Herr *Arago*, als Erster bekannt gemacht hat, zeigt uns, daß fast alle natürlichen Körper vorübergehend für elektromagnetische Einwirkungen empfänglich sind. Das Russische Reich ist das einzige Land der Erde, das von zwei Linien ohne Deklination, das heißt, auf denen die Nadel in Richtung der Erdpole zeigt, durchzogen wird. Die eine, deren Position und periodische Translationsbewegung von Osten nach Westen die wesentlichen Elemente einer zukünftigen Theorie des Erdmagnetismus bilden werden, verläuft nach den neuesten Forschungen der Herren *Hansteen* und *Erman* zwischen Murom und Nischni-Nowgorod, die zweite einige Grad östlich von Irkutsk zwischen Parchinsk und Jarbinsk. Man weiß noch nichts über ihren weiteren Verlauf im Norden und über die Geschwindigkeit ihrer Bewegung nach Westen. Für die physische Erdbeschreibung ist es erforderlich, den Verlauf dieser beiden Linien ohne Deklination in regelmäßigen Zeitabständen, zum Beispiel alle zehn Jahre, komplett zu bestimmen, und die absoluten Variationen der Inklination und der Intensität an all den Punkten genau zu erforschen, an denen wir, Herr *Hansteen*, Herr *Erman* und ich, in Europa zwischen Sankt Petersburg, Kasan und Astrachan und in Nord-Asien zwischen Katharinenburg, Miask, Ust-Kamenogorsk, Obdorsk und Jakutsk Beobachtungen angestellt haben. Diese Resultate können nicht von Ausländern erbracht werden, die das Land nur in einer Richtung und zu einer bestimmten Zeit durchqueren. Man müßte ein klug kombiniertes Beobachtungssystem einrichten, das über einen langen Zeitraum hinweg betrieben wird und ortsansässigen Wissenschaftlern anvertraut ist. Sankt Petersburg, Moskau und Kasan liegen glücklicherweise sehr nah an der ersten Linie ohne Deklination, die das europäische Rußland durchzieht. Kjachta und Werchne-Udinsk liegen günstig für die zweite, die sibirische Linie. Wenn man über die vergleichbare Genauigkeit der Messungen nachdenkt, die auf der Erde und auf dem Meer mit Hilfe der Instrumente von *Borda*, *Bessel* und *Gambey* durchgeführt werden können, so gelangt man leicht zu der Überzeugung, daß Rußland aufgrund seiner Lage innerhalb der nächsten zwanzig Jahre für enorme Fortschritte in der Theorie des Magnetismus sorgen könnte. Indem ich mich diesen Überlegungen hingebe, bin ich sozusagen nur derjenige, meine Herren, der Ihre eigenen Wünsche ausspricht. Die Eile, mit der Sie der Bitte nachgekommen sind, welche ich vor sieben Monaten bezüglich der korrespondierenden Beobachtungen der stündlichen Veränderungen an Sie gerichtet hatte, die in Paris, in Berlin, in einem Bergwerk in Freiberg und in Kasan durch den klugen und fleißigen Astronomen Herrn *Simonow* vorgenommen wurden, hat gezeigt, daß die

Kaiserliche Akademie den anderen Akademien in Europa gern in angemessener Weise bei der mühsamen, jedoch nutzbringenden Erforschung der regelmäßigen Wiederkehr aller magnetischen Phänomene behilflich ist.

Wenn die Lösung des Problems, das ich soeben skizziert habe, für die physische Beschreibung unseres Planeten und für die Nautik von gleich großer Bedeutung ist, so steht der zweite Gegenstand, über den ich zu Ihnen, meine Herren, sprechen möchte, und für den die Ausdehnung des Reiches einen enormen Vorteil darstellt, viel unmittelbarer mit allgemeinen Bedürfnissen im Zusammenhang, nämlich mit der Wahl der Anpflanzungen, mit der Untersuchung der Bodenbeschaffenheit und mit der genauen Kenntnis der Luftfeuchtigkeit, die mit dem Verschwinden der Wälder und der Verringerung der Wassermenge von Seen und Flüssen merklich abnimmt. Das wichtigste und edelste Ziel der Wissenschaften ist zweifellos die Wissenschaft selbst, die Ausweitung der geistigen Sphäre und die Stärkung der intellektuellen Kraft des Menschen. In einer Akademie wie der Ihren, unter einem Monarchen, der die Geschicke des Reiches regiert, benötigt die Erforschung der großen physikalischen Gesetze keine zusätzliche Rechtfertigung durch ein materielles und äußerliches Interesse, eine sofortige Anwendbarkeit auf die Bedürfnisse des Zusammenlebens. Doch wenn die Wissenschaft, ohne dabei von ihrem ursprünglichen, edlen Ziel abzuweichen, sich solch eines direkten Einflusses auf die Landwirtschaft und die Industrie (Bereiche, die zu ausschließlich als nützlich betrachtet werden) rühmen kann, dann ist es die Pflicht des Physikers, auf diese Zusammenhänge zwischen der Untersuchung und der Vergrößerung der Reichtümer eines Gebietes hinzuweisen.

Ein Land, das sich über mehr als 135 Längengrade erstreckt, von der begünstigten Zone der Olivenbäume bis zu den Klimazonen, wo der Boden nur von flechtenartigen Pflanzen bedeckt wird, kann mehr als jedes andere das Studium der Atmosphäre voranbringen, die Ermittlung der durchschnittlichen Jahrestemperaturen und, was für den Vegetationszyklus noch wichtiger ist, die Untersuchung, in welcher Weise sich die jährliche Wärme auf die verschiedenen Jahreszeiten verteilt. Um eine Gruppe von Fakten zu erhalten, die eng miteinander verknüpft sind, fügen Sie diesen Daten noch den veränderlichen Luftdruck und den Zusammenhang zwischen diesem Druck und den vorherrschenden Winden sowie der Temperatur hinzu, und auch die Spanne der stündlichen Veränderungen des Barometers (Veränderungen, die in den Tropen ein mit Quecksilber gefülltes Rohr in eine Art Uhr verwandeln, deren Gang ungemein verläßlich ist), den hygrometrischen Zustand der Luft und die jährliche Regenmenge, die zu kennen für die Bedürfnisse der Landwirtschaft so wichtig ist. Wenn die verschiedenen Krümmungen der Isothermen-Linien, oder der Linien gleicher Wärme, nach genauen Beobachtungen bestimmt werden, und dies über mindestens fünf Jahre sowohl im europäischen Rußland als auch in Sibirien weitergeführt wird; wenn sie bis zur Westküste von Amerika verlängert werden, wo sich bald ein hervorragender Seefahrer, Kapitän *Wrangel*, niederlassen wird, dann wird die Wissenschaft von der Verteilung der Wärme auf der Oberfläche der Erdkugel und in den Schichten, die unserer Erforschung zugänglich sind, auf soliden Fundamenten ruhen.

Die Regierung der Vereinigten Staaten von Nord-Amerika, die ein lebhaftes Interesse am Fortschritt der Besiedelung und an einer Ausweitung des gemischten Anbaus von Nutzpflanzen hat, ist sich schon lange der Vorteile bewußt, welche die Weite des in ihrem Besitz befindlichen Gebietes bedeutet: vom Atlantik bis zum Felsengebirge, von Louisiana und Florida, wo Zukker angebaut wird, bis zu den kanadischen Seen. An sehr vielen Punkten, auf deren Auswahl man sich in einer eingehenden Diskussion geeinigt hat, wurden verglichene meteorologische Instrumente verteilt, und die jährlichen Ergebnisse werden, zu wenigen Zahlen zusammengefaßt, von einem zentralen Komitee veröffentlicht, das über die Gleichheit der Untersuchungen und Berechnungen wacht. In einem Aufsatz, in dem ich die allgemeinen Ursachen diskutierte, die für die verschiedenen Klimate auf einem Breitengrad verantwortlich sind, habe ich bereits darauf hingewiesen, in welch großem Ausmaß jenes schöne Beispiel der Vereinigten Staaten im Russischen Reich nachgeahmt werden könnte.

Glücklicherweise leben wir nicht mehr in einer Zeit, in der die Physiker der Meinung waren, das Klima eines Ortes zu kennen, wenn sie lediglich die extremen Temperaturen kannten, die das Thermometer im Winter und im Sommer erreicht. Eine einheitliche Methode, die sich überall auf die gleiche Wahl der Stunden gründet und die das neuerdings erworbene Wissen über die wirklichen Tages-, Monats- und Jahresmittel einbezieht, wird die alten, fehlerhaften Methoden ersetzen. Durch diese Arbeit werden in mehreren Provinzen des Reiches Vorurteile über die richtige Wahl der Bepflanzung verschwinden, etwa über die Möglichkeit, Wein anzubauen, Maulbeerbäume, Obstbäume, Kastanien und Eichen. Um diese Arbeit auch auf die entlegensten Teile des Landes auszuweiten, kann man sich auf die kluge Mithilfe vieler junger, gut ausgebildeter Offiziere verlassen, deren sich das Bergkorps rühmen kann, außerdem auf die Mithilfe von Ärzten, die sich lebhaft für die physischen Wissenschaften interessieren, sowie auf die Schüler jener hervorragenden Einrichtung, des Instituts für Verkehrswegebau, wo gründliche mathematische Studien so etwas wie ein instinktives Gespür für Ordnung und Genauigkeit entstehen lassen.

Neben diesen beiden Forschungsgebieten, die wir gerade im Zusammenhang mit der Ausdehnung des Reiches untersucht haben (der Erdmagnetismus und das Studium der Atmosphäre, das zugleich, zusammen mit den durchschnittlichen Barometerständen, zu einer verbesserten Kenntnis der Beschaffenheit des Bodens führt), werde ich abschließend ein drittes Forschungsfeld darstellen, das von eher lokal begrenztem Interesse ist, wenn es auch mit den wichtigsten Fragen der physischen Geographie zusammenhängt. Ein beachtlicher Teil der Erdoberfläche, rund um das Kaspische Meer, liegt unterhalb des Spiegels des Schwarzen Meeres und der Ostsee. Diese bereits seit mehr als einem Jahrhundert vermutete Depression, die von den Herren *Parrot* und *Engelhardt* in sorgfältiger Arbeit gemessen wurde, kann zu den erstaunlichsten geognostischen Phänomenen gezählt werden. Die genaue Bestimmung der jahresdurchschnittlichen barometrischen Höhe von Orenburg, die wir den Herren *Hofmann* und *Helmersen* verdanken; ein Stationen-Nivellement mit Hilfe des Barometers, das dieselben Beobachter wie in Orenburg in Guriew, dem östlichen Hafen am Kaspischen Meer, durchgeführt haben; korrespondierende Messungen, die über mehrere Monate hinweg an beiden Orten vorgenommen wurden, könnten schließlich, zusammen mit den Beobachtungen, die wir kürzlich in Astrachan und an der Wolga-Mündung, und korrespondierend zugleich in Sarepta, Orenburg, Kasan und Moskau gemacht haben, dazu führen (wenn alle Daten zusammengetragen und mit größter Sorgfalt berechnet werden), die absolute Höhe jenes Beckens im Landesinneren zu bestimmen.

An der Nordküste des Kaspischen Meeres deutet heute alles auf ein allmähliches Absinken des Wasserspiegels hin, doch selbst wenn man dem Bericht von *Hanway* (einem alten englischen Seefahrer, der übrigens allen Respekt verdient) über die periodischen Zu- und Abnahmen nicht allzu viel Glauben schenkt, so kann man doch die Überschwemmungen des Kaspischen Meeres in der Nähe der alten Stadt Terek und südlich der Mündung des Cyrus nicht leugnen, wo einige verstreute Baumstämme (die Überreste eines Waldes) dauerhaft unter Wasser stehen. Die kleine Insel Pogorelaja-Plita wiederum scheint zu wachsen und sich nach und nach über das Wasser zu erheben, das sie vor einigen Jahren noch bedeckte, bevor Schiffer von weitem eine emporschießende Flamme erblickt haben.

Um die großen Probleme von Grund auf zu lösen, die mit dem möglicherweise variablen Absinken des Wasserspiegels und des kontinentalen Beckens des Kaspischen Meeres zusammenhängen, wäre es zu wünschen, daß man landeinwärts, rund um das Becken, in den Ebenen von Sarepta, von Uralsk und von Orenburg eine *geodätische Linie* bestimmen würde, welche die

Punkte miteinander verbindet, die exakt auf der gleichen Höhe liegen wie die Ostsee und das Schwarze Meer; daß man weiterhin, anhand von Markierungen an den Ufern rund um das Kaspische Meer (dem Beispiel der Markierungen folgend, welche die Akademie von Stockholm vor fast einhundert Jahren an den schwedischen Küsten anbringen ließ) feststellte, ob ein allgemeines oder partielles, ein kontinuierliches oder periodisches Absinken des Wasserspiegels stattfindet; oder ob sich vielmehr (wie es der große Geognost *Leopold von Buch* im Fall von Skandinavien vermutet) ein Teil des angrenzenden Kontinents aufgrund von vulkanischen Vorgängen, die tief im Inneren der Erdkugel wirken, anhebt oder absenkt. Im Westen stößt der gebirgige Isthmus des Kaukasus an das Kaspische Meer, der zum Teil aus Trachyt und weiteren Gesteinsarten besteht, die ihren Ursprung zweifellos dem Feuer von Vulkanen schulden, während es im Osten von tertiären und sekundären Formationen umgeben ist, die sich bis zu jenen Landschaften von antiker Berühmtheit erstrecken, deren Kenntnis Europa dem wichtigen Werk des Freiherrn von *Meyendorff* verdankt.

Anhand dieser allgemeinen Überlegungen, die ich Ihrer Aufmerksamkeit, meine Herren, anempfehle, habe ich versucht, einige der Vorteile aufzuzeigen, welche die physische Erdbeschreibung aus der Lage und der Ausdehnung dieses Reiches ziehen könnte. Ich habe Ihnen meine Gedanken dargelegt, die mich beim Anblick jener Gegenden, von denen ich gerade zurückkehre, lebhaft beschäftigten. Es erschien mir angemessener, diejenigen öffentlich zu ehren, die unter den Auspizien der Regierung den gleichen Weg beschritten haben wie ich, und die Blicke auf das zu lenken, was noch für den Fortschritt der Wissenschaften und den Ruhm Ihres Vaterlandes getan werden sollte, als bloß von meinen eigenen Bemühungen zu sprechen und die Ergebnisse unserer Beobachtungen, die ohnehin noch mit der großen Anzahl der von uns gesammelten Daten verglichen werden müssen, in einen engen Rahmen zu pressen.

Ich habe in dieser Rede an das Land erinnert, das sich zwischen der Linie ohne magnetische Abweichung östlich vom Baikal-See bis zum Becken des Kaspischen Meeres, den Tälern des Cyrus und den vereisten Gipfeln des Ararat erstreckt. Bei diesen Namen wandern die Gedanken unwillkürlich zu jenem in jüngster Zeit ausgefochtenen Kampf, in dem die Mäßigung des Siegers den Ruhm der Waffen noch vergrößerte, der dem Handel neue Wege eröffnete und die Befreiung Griechenlands vorantrieb, jener lange preisgegebenen Wiege der Zivilisation unserer Vorfahren. Ich will an diesem friedlichen Ort jedoch nicht den Ruhm der Waffen preisen. Der erlauchte Monarch, der die Güte besessen hat, mich in dieses Land zu rufen und meine Arbeit mit seinem Wohlwollen zu begleiten, stellt sich mir als ein friedenstiftender Genius dar. Sein Beispiel hat eine belebende Wirkung auf alles Wahre, Erhabene und Großherzige, und seit der Morgenröte Seiner Herrschaft beliebt er, sowohl das Studium der Wissenschaften zu fördern, die den Geist nähren und stärken, als auch das der Literatur und der Kunst, die das Leben der Völker schöner machen.

Mexicanische Alterthümer

Die Archäologie eines Continents, den wir den *neuen* zu nennen pflegen, die Spuren der Civilisation amerikanischer Urvölker sind erst wieder, seit dem Anfange dieses Jahrhunderts, ein Gegenstand gründlicher Untersuchung geworden. Sie hatten, eilf Jahre nach Columbus Tode, als, an der Küste von Yucatan, Hernandez de Cordova die ersten großen Bauwerke von Stein (Tempel, mit Sculptur geziert) erblickte, ein lebhaftes Interesse in Spanien und Italien erregt. Dies Interesse ward gesteigert, als die *Conquistadores* in Südamerika bis zu dem Hochlande von Tiahuanaco, Couzco und Quito vordrangen, wo sie, dem National-Cultus geweihte, Denkmäler, Wohnungen der Incas (Heliaden), öffentliche Bäder und steinerne Caravanserais, durch Kunststraßen verbunden, fanden, die, in einer Länge von fast 300 geographischen Meilen, auf Bergrücken von zehn bis vierzehn Tausend Fuß Höhe, fortliefen. Da die ersten Geschichtschreiber der blutigen Eroberung und späteren friedlichen Ansiedelung der Europäer, Mönche und rohe Kriegsleute waren, so haben Hyper-Kritik und die sogenannte philosophische Strenge des achtzehnten Jahrhunderts, aus vornehmem Dünkel, Alles abgeläugnet, was die Reisenden selbst gesehen und mit naiver Einfachheit erzählt hatten. Das oberflächliche Werk eines gelehrten und geistreichen Mannes, Robertson's Geschichte von Amerika, trug besonders dazu bei, dieser Methode des bequemeren Abläugnens Eingang zu verschaffen, und erst seit den letzten drei Jahrzehenden, in denen der Neue Continent zugänglicher geworden, glückte es einigen Reisenden, welche die Reste jener Denkmäler untersucht, jene Kunststraßen gemessen, jene Sculpturen in spröden, widerstrebenden Massen von Porphyr und Diorit, abzuzeichnen begonnen haben, allmälig wieder das Interesse für die, sich entwickelnde, Kunst der Urvölker Amerika's (eines vom übrigen Menschengeschlechte lange getrennten Stammes) zu erwecken und an das zu erinnern, was man nie hätte vergessen sollen, da es schon in dem classischen Zeitalter des Pomponius Laetus, des Bembo und Anghiera, die Einbildungskraft vieler, mit römischer und griechischer Kunst vertrauten, Männer lebhaft beschäftigt hatte.

Wenn ich heute die Aufmerksamkeit der Leser auf alte amerikanische Monumente zurückführe, so ist es, um ein Unternehmen bekannter zu machen und zu empfehlen, welches den architektonischen und plastischen Werken der Ingeborenen von Anahuac (dem Hochlande von Mexico) gewidmet ist, und Alles verheißt, was man in archäologischer und pittoresker Hinsicht von einem ausgezeichneten Künstler erwarten darf. Der Architekt Herr *Nebel*, aus Hamburg gebürtig, hat, nachdem er seine Studien in Italien vollendet, mit lobenswerthem Eifer, unter den manchfaltigsten Beschwerden, fünf Jahre lang die Reste mexicanischer Bauwerke und Sculpturen aufgesucht, von denen einige, z. B. die Treppen-Pyramiden von Papantla, in dem Staate von Veracruz, und von Xochicalco (zwischen Cuernavaca und Miacatlan, auf dem westlichen Abhange der Cordillere), fast ganz unbekannt waren. Das erste dieser merkwürdigen Denkmäler (ein *Gotteshaus*, *teocalli*) liegt, westlich vom Rio Tecolutla, gleichsam in dem Dickicht eines Waldes der heißen und ewig feuchten Zone, am Fuße der östlichen Cordillere, verborgen. Den Indianern der Küstengegend allein bekannt, wurde die Pyramide von Papantla von Jägern spanischer Abkunft, um das Jahr 1775, zufällig entdeckt. Herr Nebel mußte sich mehrere Tage damit beschäftigen, die Stufen der Pyramide von den baumartigen Tropengewächsen reinigen zu lassen, welche sie verdeckten und die Messungen hinderten. Demselben Reisenden verdanken wir den Grundriß der sonderbaren, von Säulen unterstützten Bauwerke, welche auf einem Hügel, südöstlich von Zacatecas, zusammengedrängt sind, und für eine schon weit entwickelte, viel bedürftige Civilisation zeugen.

Die bildende Kunst der Völker, die wir Barbaren nennen, kann nicht Anmuth und Schönheit darbieten. Ihr Studium wird nicht empfohlen, weil sie ein inneres höheres Leben in äußern Formen wiedergiebt. Die bildende Kunst, selbst bei den rohesten Nationen, gewährt ein Interesse anderer Art, ein historisches, das mit der Geschichte des Menschengeschlechts, seinen Verzweigungen, der allmäligen Entwickelung des Sinnes für Verhältniß und geometrische Formen, für wirkliche oder symbolisirende Nachbildung des Organischen, für Auffassung des Bedeutungsvollen und Edeln in der menschlichen Gestalt innigst zusammenhangt. Der Zweck eines solchen Studiums mag daher immer ein äußerer genannt werden, er umfaßt nicht minder, was in ewigem, befruchtendem Wechselverkehr mit einander steht, den Cultus (das religiöse Leben der Völker) und das mehr oder minder glückliche Schaffen eigenthümlicher Kunstformen; die traditionelle Symbolik und das endliche Erwachen einer freien, aus der innern Empfindungsweise hervorgerufenen, plastischen Thätigkeit. In den Bildwerken der Azteken suchen wir nicht das Heitre und Erfreuliche, so wenig als in der Sculptur der süd- und ostasiatischen Völker, die an Civilisation den amerikanischen weit überlegen sind. Klein erschien von jeher der Erdraum, in dem das Erfreuliche, Edle, Ideale der Form herrschend war. Wie schwindet es rasch östlich vom Halys, gegen die Semitischen Stämme hin, in den Sitzen alter Menschen-Cultur, unter den Babyloniern und Phöniciern, dann in den Hochebenen und südlichen Thälern von Iran, oder jenseits der Pentapotamie, wo Indische Geistesbildung durch den Buddhismus bis in die ferne Asiatische Inselwelt gedrungen ist. Das *vergleichende Sprachstudium*, eine der herrlichsten Bestrebungen unseres Zeitalters, bietet, wie das allgemeine Studium der Kunst, ein zwiefaches Interesse dar, ein inneres, das den organischen Bau der Sprache umfaßt, und ein äußeres historisches, welches die Abstammung und früheren Wanderungen der Volksstämme berührt. Die Zeiten sind vorüber, wo man die Idiome roher Völker ohne Schrift und Literatur (*inculti sermonis horrorem*), und die Bildwerke ungriechischer Stämme einer gleichen Verachtung Preis gab.

In der Neuen Welt hat sich der Strom der Völker von Nordwest gegen Süden bewegt. Man verfolgt diesen Strom von dem See Timpanogos und von den Casas Grandes am Rio Gila bis zur Laguna de Nicaragua hin. Die Tolteken erscheinen im siebenten, die Azteken im eilften Jahrhunderte in Anahuac. Ob ein Nebenzweig des Toltekischen Hauptstammes gegen Osten zog und dort, in der Oberen Luisiana, zwischen dem Ohio und den großen Canadischen Seen (Breite 39° bis 44°) jene polygonischen Umwallungen und conischen Grabhügel aufführte, die noch jetzt um so mehr in Erstaunen setzen, als sie Skelette einer sehr kleinen Menschenrace enthalten, bleibt überaus zweifelhaft. Die gegenseitige Abhangigkeit mehrerer Centralpuncte aufkeimender Civilisation sind in Amerika, wie in Inner-Asien, schwer zu bestimmen. Diese dämmernden Lichtpuncte waren: Cibora und Quivira bei Neu-Mexico, ein nördliches Dorado, in dem noch im 16ten Jahrhunderte der Mönch Marcus von Nizza einen bärtigen, das Kreuz anbetenden, König, Tatarax (eine Art Priester Johannes) suchte; Anahuac, oder das tropische Gebirgsland der Tolteken und Azteken; das Cochenillereiche Oaxaca, wo sich der Trauer-Palast von Mitla (Miguitlan) erhebt; Teochiapan, Guatimala und Nicaragua, wo die berühmten Ruinen von Copan, Peten, Utatlan und Santo Domingo Palenque (einst Culhuacan der Tzendalen) liegen; südlich von der Landenge von Panama das Reich des Muyscas (Cundinamarca oder Neu-Granada), wo ein geistliches und ein weltliches Oberhaupt waren; die Hochebenen von Quito, Couzco und Titicaca. Ackerbauende Völker, von Priestergewalt und politischen Institutionen bedrückt, die der Ausbildung des Einzelnen, nicht dem materiellen Wohlstande und einer Cultur der Masse, wie wir sie in Ägypten, bei den Rasenern (Etruskern) und in Tübet sehen, hinderlich waren, bewohnten nur den gebirgigen Theil des Neuen Continents, der Asien gegenüber liegt. In dem östlichen, ebenern Theile schwärmten Jägervölker, von roher Gesittung, umher. Der Übergang vom Jagdleben zur festen Ansiedelung war um so schwerer, als der Mangel milchgebender Hausthiere in America das Hirtenleben unmöglich machte. Der hier bezeichnete Contrast, einer der wichtigsten Grundzüge der Geschichte jenes Welttheils, übt noch gegenwärtig einen mächtigen Einfluß auf die Schicksale der amerikanischen Staaten aus. Im Westen bilden die ackerbauenden Urbewohner einen wichtigen Theil der Bevölkerung. Die europäischen Ansiedler sind nur der alten Civilisation gefolgt; sie haben alten mexicanischen und peruanischen Städten neue Namen gegeben. Im Osten sind dagegen die wilden Jägervölker zurückgedrängt und dem gänzlichen Untergange nahe gebracht worden. Die weiße und africanische Race und ihre Gemische bilden allein die Bevölkerung in Nord-America und Brasilien. Die Staaten, gegen welche Cortez und Pizarro gekämpft, existirten aber nicht, als scandinavische Seefahrer, im Anfange des 11ten Jahrhunderts, Winland entdeckten. Die Cultur und Verbreitung ackerbauender Völker, welche die Spanier im westlichen Alpenlande fanden, war kaum 300 Jahre alt. Hätte die scandinavische Entdeckung des nördlichen America's dauernde Folgen gehabt, so würde der Zustand der europäischen Ansiedelungen ganz von dem verschieden sein, der jetzt die östlichen und westlichen Theile jenes Continents charakterisirt.

Von den großen Bauwerken, die Herr *Nebel* gezeichnet, sind einige, die Pyramiden von Cholula (Cholollan) und Papantla, wahrscheinlich toltekischen und also älteren Ursprungs, als die Entdeckungs-Fahrten von Biarn und Leif Erikson. Die erstere dieser Pyramiden, welche 1350 Fuß lang und 178 Fuß hoch ist, war nach dem Muster des wohl orientirten Teocalli's von Teotihuacan, unfern des See's von Tezcuco, erbaut. Die Zeichnungen des Architekten *Nebel*, den wir die Freude gehabt haben, vor wenigen Wochen in unseren Mauern zu besitzen, sind aber nicht bloß von geometrischer Genauigkeit und charakteristisch treu in Auffassung des eigenthümlichen Styls der Basreliefs und anderer Sculpturen, sie haben auch einen großen künstlerischen Werth in landschaftlicher Hinsicht. Die üppige Fülle und der wilde Reichthum der Vegetation, die Physiognomik der Tropen-Gewächse, das ganze Naturleben des Erdraumes, wo jene Völker ihre sonderbaren Bauwerke aufgeführt, sind mit bewundernswürdigem Talente dargestellt. Ansichten neuer, von den Spaniern gegründeter, Städte, Costüme und Scenen des häuslichen Lebens sind den archäologischen Gegenständen beigesellt, und nach den Proben colorirter Lithographien zu urtheilen, welche Herr *Nebel* hier vorgezeigt, werden seine sorgfältig ausgeführten Zeichnungen, wie seine geistreichen Skizzen, befriedigend auf Stein übertragen werden. Das Werk selbst wird in Paris, in zehn Heften, jedes Heft zu fünf Lithographien, unter dem Titel: *Voyage archéologique et pittoresque dans la partie la plus intéressante du Mexique*, erscheinen. Ich benutze um so freudiger diese Gelegenheit, die verdienstvolle Arbeit eines deutschen Architekten anzuzeigen, als ich selbst in meinem Werke: *Ansichten der Cordilleren und Monumente der Urvölker des neuen Continents* (70 Kupfertafeln, Folio) längst schon den lebhaften Wunsch geäußert habe, meine eigenen unvollkommenen Darstellungen durch genauere, von einem ausgebildeten Künstler, im Angesicht der Monumente entworfene Zeichnungen ersetzt zu sehen.

Der Text, welcher Hrn. *Nebel*'s graphische Arbeit begleitet, hat, neben seiner Kürze, noch ein anderes Verdienst, das ich nicht verschweigen darf. Hr. Nebel hat mit richtigem Sinne gefühlt, der Zweck seines Buches sey, zu zeigen, was die, aus dem alten, unbekannten Huehuetlapallan und Aztlan ausgewanderten Volksstämme an Bauwerken und Idolen ihres gemeinsamen Cultus hervorgebracht: er hat in *Mexico* nur *Mexicanisches*, (Toltekisches und Aztekisches) gesehen, und wird die Leser nicht mit Discussionen über den Ursprung des amerikanischen Menschengeschlechts, über phönizische, galische und chinesische Colonien (aus Fousang), über die Atlantis des Plato (in deren Poseidonischer Burg neuerlichst ein scharfsinniger Literator den Plan zu der erst 1325 erbauten, aztekischen Stadt Mexico erkannt hat) langweilen.

Ueber zwei Versuche
den Chimborazo zu besteigen

Die höchsten Berggipfel beider Continente, im alten der Dhawalagiri (weisse Berg) und der Jawahir (Dschawahir); im neuen der Sorata und Illimani, sind bisher noch nie von Menschen erreicht worden. Der höchste Punkt zu dem man in beiden Continenten auf der Erdoberfläche gelangt ist, liegt in Südamerika am südöstlichen Abfall des Chimborazo. Dort sind Reisende fast bis 18500 Pariser Fuss, nämlich einmal im Junius 1802 bis 3016 Toisen, ein andermal im December 1831 bis 3080 Toisen Höhe über der Meeresfläche gelangt. Barometermessungen wurden also in der Andeskette 3720 Fuss höher als der Gipfel des Montblanc angestellt. Die Höhe des Montblanc ist im Verhältniss der Gestaltung der Cordilleren so unbeträchtlich, dass in diesen vielbetretene Wege (Pässe) höher liegen, ja selbst der obere Theil der grossen Stadt Potosi dem Gipfel des Montblanc nur um 323 Toisen nachsteht. Ich habe es für nöthig gefunden, diese wenigen numerischen Angaben hier voranzuschicken, um der Phantasie bestimmte Anhaltspunkte für die hypsometrische, gleichsam plastische Betrachtung der Erdoberfläche darbieten zu können.

Das Erreichen grosser Höhen ist von geringem wissenschaftlichen Interesse, wenn dieselben weit über der Schneegrenze liegen, und nur auf wenige Stunden besucht werden können. Unmittelbare Höhenbestimmungen durch das Barometer gewähren zwar den Vortheil schnell zu erhaltender Resultate; doch sind die Gipfel meist nahe mit Hochebenen umgeben, die zu einer trigonometrischen Operation geeignet sind, und in denen alle Elemente der Messung wiederholt geprüft werden können, während eine einmalige Bestimmung mittels des Barometers, wegen auf- und absteigender Luftströme am Abhange des Gebirgstockes und wegen dadurch erzeugter Variation in der Temperaturabnahme, beträchtliche Fehler in den Resultaten erzeugt. Die Natur des Gesteins ist wegen der ewigen Schneedecke der geognostischen Beobachtung fast gänzlich entzogen, da nur einzelne Felsrippen (Grathe) mit sehr verwitterten Schichten hervortreten. Das organische Leben ist in diesen hohen Einöden der Erdfläche erstorben. Kaum verirren sich in die dünnen Schichten des Luftkreises der Berggeier (Condor) und geflügelte Insecten, letztere unwillkürlich von Luftströmen gehoben. Wenn ein ernstes wissenschaftliches Interesse kaum noch der Bemühung reisender Physiker, die die höhern Gipfel der Erde zu ersteigen streben, geschenkt wird, so hat sich dagegen im allgemeinen Volkssinne ein reger Antheil an einer solchen Bemühung erhalten. Das, was unerreichbar scheint, hat eine geheimnisvolle Ziehkraft; man will, dass alles erspähet, dass wenigstens versucht werde, was nicht errungen werden kann. Der Chimborazo ist der ermüdende Gegenstand aller Fragen gewesen, die seit meiner ersten Rückkunft nach Europa an mich gerichtet wurden. Die Ergründung der wichtigsten Naturgesetze, die lebhafteste Schilderung der Pflanzenzonen und der, die Objecte des Ackerbaues bestimmenden Verschiedenheit der Klimate, welche schichtenweise über einander liegen, waren selten fähig, die Aufmerksamkeit von dem schneebedeckten Gipfel abzulenken den man damals noch (vor *Pentlands* Reise nach Bolivia) für den Culminationspunkt der gangartig ausgedehnten Andeskette hielt.

Ich werde hier aus dem noch ungedruckten Theile meiner Tagebücher die einfache Erzählung einer Bergreise ausziehen. Das ganze Detail der trigonometrischen Messung, die ich bei dem Neuen Riobamba in der Ebene von Tapia angestellt habe, ist in der Einleitung zu dem ersten Bande meiner *astronomischen Beobachtungen* bald nach meiner Rückkunft bekannt gemacht worden. Die Geographie der Pflanzen an dem Abhange des Chimborazo und dem ihm nahen Gebirge (von dem Meeresufer an bis 14800 Fuss Höhe) nach *Kunths* vortrefflichen Bestimmungen der von *Bonpland* und mir gesammelten Alpengewächse der Cordilleren, habe ich auf einer Tafel meines *geographischen* und *physikalischen Atlasses von Südamerika* bildlich darzustellen versucht.

Die Geschichte der Ersteigung selbst, die wenig dramatisches Interesse darbieten kann, war dem vierten und letzten Bande meiner Reise nach den Aequinoctialgegenden vorbehalten. Da aber mein vieljähriger Freund, Herr *Boussingault,* jetzt Professor der Chemie in Lyon, einer der talentvollsten und gelehrtesten Reisenden neuerer Zeit, vor Kurzem auf meine Bitte, sein dem meinen sehr ähnlichen Unternehmen in den *Annales de Chimie et de Physique** beschrieben hat, und da unsere Beobachtungen sich gegenseitig ergänzen, so wird dies einfache Fragment eines Tagebuchs, das ich hier bekannt mache, sich wohl einer nachsichtsvollen Aufnahme zu erfreuen haben. Allen umständlicheren geognostischen und physikalischen Discussionen werde ich mich vorläufig enthalten.

Den 22. Junius 1799 war ich im Crater des Pic von Teneriffa gewesen, 3 Jahre darauf, fast an demselben Tage (den 23. Junius 1802), gelangte ich 6700 Fuss höher bis nahe an den Gipfel des Chimborazo. Nach einem langen Aufenthalte in dem Hochlande von Quito, einer der wundervollsten und malerischsten Gegenden der Erde, unternahmen wir die Reise nach den Chinawäldern von Loxa, dem oberen Laufe des Amazonenflusses, westlich von der berühmten Stromenge (Pongo de Manseriche) und durch die sandige Wüste längst dem peruanischen Ufer der Südsee nach Lima, wo der Durchgang des Merkur durch die Sonnenscheibe (am 9. November 1802) beobachtet werden sollte. Wir genossen mehrere Tage lang, auf der mit Bimstein bedeckten Ebene, in der man (nach dem furchtbaren Erdbeben vom 4. Februar 1797) die neue Stadt Riobamba zu gründen anfing, einer herrlichen Ansicht des glocken- oder domförmigen Gipfels des Chimborazo bei dem heitersten, eine trigonometrische Messung begünstigenden, Wetter. Durch ein grosses Fernrohr hatten wir den noch 15700 Toisen entfernten Schneemantel des Berges durchforscht und mehrere Felsgrathe entdeckt, die wie dürre schwarze Streifen aus dem ewigen Schnee hervorragend, dem

---

* S. auch *Poggendorffs* Ann. d. Physik, B. XXXIV. S. 193–220.

Gipfel zuliefen und einige Hoffnung gaben, dass man auf ihnen in der Schneeregion festen Fuss würde fassen können. Riobamba Nuevo liegt im Angesicht des ungeheuren jetzt zackigen Gebirgsstocks Capac-Urcu, von den Spaniern el Altar genannt, der (laut einer Tradition der Eingebornen) einst höher als der Chimborazo war, und, nachdem er viele Jahre lang gespieen, einstürzte. Dieses Schrecken verbreitende Naturereigniss fällt in die Zeit kurz vor der Eroberung von Quito durch den Inca Tupac-Yupanqui. Riobamba Nuevo ist nicht mit dem alten Riobamba der grossen Karte von *La Condamine* und Don *Pedro Maldonado* zu verwechseln. Letztere Stadt ist gänzlich zerstört worden durch die grosse Catastrophe vom 4. Februar 1797, die in wenigen Minuten über 45 000 Menschen tödtete. Das neue Riobamba liegt, nach meiner Chronometerbestimmung, 42 Zeitsecunden östlicher als das alte Riobamba, aber fast unter derselben Breite (1° 41' 46'' südlich). Wir befanden uns in der Ebene von Tapia, aus der wir am 22. Junius unsere Expedition nach dem Chimborazo antraten, schon 8898 Pariser Fuss* (1483 Toisen) hoch über dem Spiegel der Südsee. Diese Hochebene, ein Theil des Thalbodens zwischen der östlichen und westlichen Andeskette (der Kette der thätigen Vulkane Cotopaxi und Tungurahua und der Kette des Iliniza und Chimborazo) verfolgten wir sanft ansteigend bis an den Fuss des letzteren Berges, wo wir im indischen Dorfe Calpi übernachten sollten. Sie ist sparsam mit Cactusstämmen und Schinus molle, der einer Trauerweide gleicht, bedeckt. Heerden buntgefärbter Llamas suchen hier zu Tausenden eine sparsame Nahrung. Auf einer so grossen Höhe schadet die starke nächtliche Wärmestrahlung des Bodens, bei wolkenlosem Himmel, dem Ackerbau durch Erkältung und Frost. Ehe wir Calpi erreichten, besuchten wir Lican, jetzt ebenfalls ein kleines Dorf, aber vor der Eroberung des Landes durch den eilften Inca (denselben Tupac-Yupanqui, dessen wohlerhaltenen Körper

---

* Also 2890 Meter; *Boussingault* fand 2870 Meter und nach der Erdwärme die mittlere Temperatur der Hochebene von Tapia 16°, 4 C.

Garcilasso de la Vega noch 1559 in der Familiengruft zu Cuzco gesehen hatte) eine beträchtliche Stadt und der Aufenthaltsort des *Conchocando* oder Fürsten der Puruay. Die Eingebornen glauben, dass die kleine Zahl wilder Llamas, die man am westlichen Abfall des Chimborazo findet, nur verwildert sind und von den, nach der Zerstörung des alten Lican zerstreuten und flüchtig gewordenen Heerden abstammen.

Ganz nahe bei Calpi, nordwestlich von Lican, erhebt sich in der dürren Hochebene ein kleiner isolirter Hügel, *der schwarze Berg, Yana-Urcu*, dessen Name von den französischen Akademikern nicht genannt worden ist, der aber in geognostischer Hinsicht viel Aufmerksamkeit verdient. Der Hügel liegt südsüdöstlich vom Chimborazo, in weniger als drei Meilen (15 auf 1°) Entfernung und von jenem Colosse nur durch die Hochebene von Luisa getrennt. Will man in ihm auch nicht einen Seitenausbruch dieses Colosses erkennen, so ist der Ursprung diese Eruptionskegels doch gewiss den unterirdischen Mächten zuzuschreiben, die unter dem Chimborazo Jahrtausende lang vergeblich einen Ausweg gesucht haben. Er ist späteren Ursprungs, als die Erhebung des grossen glockenförmigen Berges. Der Yana-Urcu bildet mit dem nördlicheren Hügel Naguangachi eine zusammenhängende Anhöhe, in Form eines Hufeisens; der Bogen (mehr als Halbzirkel) ist gegen Osten geöffnet. Wahrscheinlich liegt in der Mitte des Hufeisens der Punkt, aus dem die schwarzen Schlacken ausgestossen werden, die jetzt weit umher verbreitet sind. Wir fanden dort eine trichterförmige Senkung von etwa 120 Fuss Tiefe, in deren Innerem ein kleiner runder Hügel steht, dessen Höhe den umgebenden Rand nicht erreicht. Yana-Urcu heisst eigentlich der südliche Culminationspunkt des alten Craterrandes, der höchstens 400 Fuss über der Fläche von Calpi erhaben ist. Naguangachi heisst das nördliche niedere Ende. Die ganze Anhöhe erinnert durch ihre Hufeisenform, aber nicht durch ihr Gestein, an den etwas höheren Hügel Javirac (el Panecillo de Quito), der sich isolirt am Fusse des Vulkan Pichincha in der Ebene von Turubamba erhebt, und der auf *La Condamine's* oder vielmehr *Morainville's* Karte irrig als ein vollkommener Kegel abgebildet ist. Nach der Tradition der Eingebornen und nach alten Handschriften, welche der Cacike oder *Apu* von Lican, ein Abkömmling der alten Fürsten des Landes, (der *Conchocandi*) besass, ist der vulkanische Ausbruch des Yana-Urcu gleich nach dem Todes des Inca Tupa-Yupanqui, also wohl in der Mitte des 15ten Jahrhunderts erfolgt. Die Tradition sagt, es sey eine Feuerkugel oder gar ein Stern vom Himmel gefallen und habe den Berg entzündet. Solche Mythen, welche Aerolithenfälle mit Entzündungen in Verbindung setzen, sind auch unter den mexikanischen Völkerstämmen verbreitet. Das Gestein des Yana-Urcu ist eine poröse, dunkel nelkenbraune, oft ganz schwarze schlackige Masse, die man leicht mit porösem Basalt verwechseln kann. Olivin fehlt gänzlich daran. Die weissen sehr sparsam darin liegenden Krystalle sind überaus klein und wahrscheinlich Labrador. Hier und da sah ich Schwefelkies eingesprengt. Das Ganze gehört wohl dem schwarzen Augit-Porphyr an, wie die ganze Formation des Chimborazo, von dem wir unten reden werden, und der ich nicht den Namen Trachyt geben mag, da sie keinen Feldspath (mit etwas Albit) wie unser Trachyt des Siebengebirges bei Bonn enthält. Die schlackenartigen, durch ein sehr thätiges Feuer veränderten Massen des Yana-Urcu sind zwar überaus leicht, aber eigentlicher Bimstein ist dort nicht ausgeworfen worden. Der Ausbruch ist durch eine graue, unregelmässig geschichtete Masse von Dolerit geschehen, der hier die Hochebene bildet und dem Gestein von Penipe (am Fuss des Vulkans von Tungurahua) ähnlich ist, wo Syenit und granathaltiger Glimmerschiefer durchbrochen worden sind. Am östlichen Abhange des Yana-Urcu, oder vielmehr am Fuss des Hügels gegen Lican zu, führten uns die Eingebornen an einen vorspringenden Fels, an dem eine Oeffnung dem Mundloch eines verfallenen Stollens glich. Man hört hier und auch schon in zehn Fuss Entfernung ein heftiges unterirdisches Getöse, das von einem Luftstrome oder unterirdischen Winde begleitet ist. Die Luftströmung ist viel zu schwach um ihr allein das Getöse zuzuschreiben. Letzteres entsteht gewiss durch einen unterirdischen Bach, der in eine tiefere Höhle herabstürzt und durch seinen Fall die Luftbewegung erregt. Ein Mönch, Pfarrer in Calpi, hatte in derselben Meinung den Stollen auf einer offenen Kluft vor langer Zeit angesetzt, um seinem Dorfe Wasser zu verschaffen. Die Härte des schwarzen Augitgesteins hat wahrscheinlich die Arbeit unterbrochen. Der Chimborazo sendet trotz seiner ungeheuren Schneemasse so wasserarme Bäche in die Hochebene herab, dass man wohl annehmen kann, der grössere Theil seiner Wasser fliesse auf Klüften dem Inneren zu. Auch in dem Dorfe Calpi selbst hörte man ehemals ein grosses Getöse unter einem Hause, das keine Keller hatte. Vor dem berühmten Erdbeben vom 4. Februar 1797 entsprang im Südwesten des Dorfes ein Bach an einem tieferen Punkte. Viele Indianer hielten denselben für einen Theil der Wassermasse die unter dem Yana-Urcu fliesst. Seit dem grossen Erdbeben ist aber dieser Bach wiederum verschwunden.

Nachdem wir die Nacht in Calpi, nach meiner Barometermessung 9720 Fuss (1620 Toisen) hoch über dem Meere zugebracht hatten, begann wir am 23ten Morgens unsere eigentliche Expedition nach dem Chimborazo. Wir versuchten den Berg von der südsüdöstlichen Seite zu ersteigen und die Indianer, die uns zu Führern dienen sollten, von denen aber nur wenige je bis zur Grenze des ewigen Schnees gelangt waren, gaben dieser Richtung des Weges ebenfalls den Vorzug. Wir fanden den Chimborazo mit grossen Ebenen, die stufenweise über einander liegen, umgeben. Zuerst durchschritten wir die Llanos de Luisa, dann, nach einem nicht sehr steilen Ansteigen von kaum 5000 Fuss Länge, gelangten wir in die Hochebene (Llano) von Sisgun. Die erste Stufe ist 10 200, die zweite 11 700 Fuss hoch. Diese mit Gras bewachsenen Ebenen erreichen also die eine den höchsten Gipfel der Pyrenäen (den Pic Nethou), die andere den Gipfel des Vulkans von Teneriffa. Die vollkommene Söligkeit (Horizontalität) dieser Hochebenen lassen auf einen langen Aufenthalt stehender Wasser schliessen. Man glaubt einen Seeboden zu sehen. An dem

Abhange der Schweizer Alpen bemerkt man bisweilen auch dies Phänomen stufenweise übereinander liegender kleiner Ebenen, welche wie abgelaufene Becken von Alpenseen jetzt durch enge offene Pässe verbunden sind. Die weit ausgedehnten Grasfluren (los Pajonales) sind am Chimborazo, wie überall um die hohen Gipfel der Andeskette, so einförmig, dass die Familie der Gräser (Arten von Paspalum, Andropogon, Bromus, Dejeuxia, Stipa) selten von Kräutern dicotyledonischer Pflanzen unterbrochen werden. Es ist fast die Steppennatur, die ich in dem dürren Theile des nördlichen Asiens gesehen habe. Die Flora des Chimborazo hat uns überhaupt minder reich geschienen als die Flora der andern Schneeberge, welche die Stadt Quito umgeben. Nur wenige Calceolarien, Compositen, (Bidens, Eupatorium, Dumerilia paniculata, Werneria nubigena) und Gentianen, unter denen die schöne Gentiana cernua mit purpurrothen Blüthen hervorleuchtet, erheben sich in der Hochebene von Sisgun zwischen den gesellig wachsenden Gräsern. Diese gehören, der grössten Zahl nach, nordeuropäischen Geschlechtern an. Die Lufttemperatur, die gewöhnlich in dieser Region der Alpengräser (in 1600 und 2000 Toisen Höhe) herrscht, schwankt bei Tage zwischen 4° und 16° Ct., bei Nacht zwischen 0° und 10°. Die mittlere Temperatur des ganzen Jahres scheint für die Höhe von 1800 Toisen nach den von mir in der Nähe des Aequators gesammelten Beobachtungen, ohngefähr 9° zu sein.* In dem Flachlande der temperirten Zone ist dies die mittlere Temperatur des nördlichen Deutschlands, z. B. von Lüneburg (Breite 53° 15'), wo aber die Wärmevertheilung unter die einzelnen Monate (das wichtigste Element zur Bestimmung des Vegetationscharakters einer Gegend) so ungleich ist, dass der Februar −1°,8, der Julius +18° mittlerer Wärme hat.

Mein Plan war, in der schönen ganz ebenen Grasflur von Sisgun eine trigonometrische Operation anzustellen. Ich hatte mich

---

* Alle Temperaturen sind in diesem Aufsatz nach Graden des hunderttheiligen Thermometers ausgedrückt.

dazu vorbereitet, dort eine Standlinie zu messen. Die Höhenwinkel wären sehr beträchtlich ausgefallen, da man dem Gipfel des Chimborazo nahe ist. Es blieb nur noch eine senkrechte Höhe von weniger als 8400 Fuss (eine Höhe, wie der Canigou in den Pyreneen) zu bestimmen übrig. Bei der ungeheuren Masse der einzelnen Berge in der Andeskette ist doch jede Bestimmung der Höhe über der Meeresfläche aus einer barometrischen und trigonometrischen zusammengesetzt. Ich hatte den Sextanten und andere Messinstrumente vergeblich mitgenommen. Der Gipfel des Chimborazo blieb in dichtem Nebel gehüllt. Aus der Hochebene von Sisgun steigt man ziemlich steil bis zu einem kleinen Alpensee (Laguna de Yana-Coche) an. Bis dahin war ich auf dem Maulthiere geblieben und nur von Zeit zu Zeit abgestiegen, um mit meinem Reisegefährten, Herrn *Bonpland*, Pflanzen zu sammeln. Yana-Coche verdient nicht den Namen eines Sees. Es ist ein cirkelrundes Becken von kaum 130 Fuss Durchmesser. Der Himmel wurde immer trüber, aber zwischen und über den Nebelschichten lagen noch einzelne Wolkengruppen zerstreut. Der Gipfel des Chimborazo erschien auf wenige Augenblicke. Da in der letzten Nacht viel Schnee gefallen war, so verliess ich das Maulthier da, wo wir die untere Grenze dieses frischgefallenen Schnees fanden, eine Grenze, die man nicht mit der ewigen Schneegrenze verwechseln muss. Das Barometer zeigte, dass wir erst 13 500 Fuss hoch gelangt waren. Auf anderen Bergen habe ich, ebenfalls dem Aequator nahe, bis zu 11 200 Fuss Höhe schneien sehen, doch nicht tiefer. Meine Begleiter ritten noch bis zur perpetuirlichen Schneegrenze, das ist die bis zur Höhe des Montblanc, der bekanntlich unter dieser Breite (1° 27' südl.) nicht immer mit Schnee bedeckt seyn würde. Dort blieben unsere Pferde und Maulthiere stehen, um uns bis zur Rückkunft zu erwarten.

Ein hundert und fünfzig Toisen über dem kleinen Wasserbekken Yana-Coche, sahen wir endlich nacktes Gestein. Bis dahin hatte die Grasflur jeder geognostischen Untersuchung den Boden entzogen. Grosse Felsmauern, von Nordost nach Südwest streichend, zum Theil in unförmliche Säulen gespalten, erhoben sich aus der ewigen Schneedecke, ein bräunlich schwarzes Augitgestein, glänzend wie Pechstein-Porphyr. Die Säulen waren sehr dünne, wohl 50 bis 60 Fuss hoch fast wie die Trachyt–Säulen des Tabla-Uma am Vulkan Pichincha. Eine Gruppe stand einzeln und erinnerte in der Ferne fast an Masten- und Baumstämme. Die steilen Mauern führten uns, durch die Schneeregion, zu einem gegen den Gipfel gerichteten schmalen Grath, einem Felskamm, der es uns allein möglich machte, vorzudringen, denn der Schnee war damals so weich, dass man fast nicht wagen konnte, seine Oberfläche zu betreten. Der Kamm bestand aus sehr verwittertem bröckligen Gestein. Es war oft zellig, wie ein basaltartiger Mandelstein.

Der Pfad wurde immer schmaler und steiler. Die Eingebornen verliessen uns alle bis auf einen in der Höhe von 15 600 Fuss. Alle Bitten und Drohungen waren vergeblich. Die Indianer behaupteten von Athemlosigkeit mehr als wir zu leiden. Wir blieben allein, *Bonpland,* unser liebenswürdiger Freund, der jüngere Sohn des *Marquès de Selvalegre, Carlos Montufar*, der in dem späteren Freiheitskampfe (auf General *Morillo's* Befehl) erschossen wurde, ein Mestize aus dem nahen Dorfe San Juan und ich. Wir gelangten mit grosser Anstrengung und Geduld höher als wir hoffen durften, da wir meist ganz in Nebel gehüllt waren. Der Kamm (im Spanischen sehr bedeutsam *Cuchilla*, gleichsam Messerrücken genannt) hatte oft nur die Breite von acht bis zehn Zoll; zur Linken war der Absturz mit Schnee bedeckt, dessen Oberfläche durch Frost wie verglaset erschien. Die dünneisige Spiegelfläche hatte gegen 30° Neigung. Zur Rechten senkte sich unser Blick schaurig in einen achthundert oder tausend Fuss tiefen Abgrund, aus dem schneelose Felsmassen senkrecht hervorragten. Wir hielten den Körper immer mehr nach dieser Seite hin geneigt, denn der Absturz zur linken schien noch gefahrdrohender, weil sich dort keine Gelegenheit darbot, sich mit den Händen an zackig vorstehendem Gesteine festzuhalten und weil dazu die dünne Eisrinde nicht vor dem Untersinken im lockeren

Schnee sicherte. Nur ganz leichte poröse Doleritstücke konnten wir auf dieser Eisrinde herabrollen lassen. Die geneigte Schneefläche war so ausgedehnt, dass wir die Steine früher aus dem Gesichte verloren, als sie zur Ruhe kamen. Der Mangel von Schnee sowohl auf der Grate, die uns leitete, als auf den Felsen zu unserer Rechten gegen Osten, darf weniger der Steilheit der Gesteinmassen und dem Windstosse, als offenen Klüften zuzuschreiben seyn, welche die warme Luft der tiefern Erdschichten aushauchen. Bald fanden wir das weitere Steigen dadurch schwieriger, dass die Bröcklichkeit des Gesteins beträchtlich zunahm. An einzelnen sehr steilen Staffeln musste man die Hände und Füsse zugleich anwenden, wie dies bei allen Alpenreisen so gewöhnlich ist. Da das Gestein sehr scharfkantig war, so wurden wir, besonders an den Händen, schmerzhaft verletzt. In noch höherem Maasse haben wir, *Leopold von Buch* und ich, nahe am Crater des obsidianreichen Pics von Teneriffa von diesen Verletzungen gelitten. Ich hatte dazu (wenn es anders einem Reisenden erlaubt ist, so unwichtige Einzelheiten zu erwähnen), seit mehreren Wochen eine Wunde am Fusse, die durch die Anhäufung von Niguas* (Pulex penetrans) veranlasst und durch feinen Staub von Bimsstein, bei Messungen im Llano de Tapia, sehr vermehrt worden war. Der geringe Zusammenhang des Gesteins auf dem Kamm machte nun grössere Vorsicht nöthig, da viele Massen, die wir für anstehend hielten, lose in Sand gehüllt lagen. Wir schritten hinter einander und um so langsamer fort, als man die Stellen prüfen musste, die unsicher schienen. Glücklicherweise war der Versuch, den Gipfel des Chimborazo zu erreichen, die letzte unserer Bergreisen in Südamerika, daher die früher gesammelten Erfahrungen uns leiten und mehr Zuversicht auf unsere Kräfte geben konnten. Es ist ein eigener Charakter aller Excursionen in

---

* Der Sandfloh, la Chique der französichen Colonisten von Westindien, ein Insect, das sich unter die Haut des Menschen eingräbt, und, da der Eiersack des befruchteten Weibchens beträchtlich anschwillt, Entzündung erregt.

der Andeskette, dass oberhalb der ewigen Schneegrenze weisse Menschen sich in den bedenklichsten Lagen stets ohne Führer, ja ohne alle Kenntnisse der Oertlichkeit befinden. Man ist hier überall zuerst.

Wir konnten den Gipfel auch auf Augenblicke nicht mehr sehen, und waren daher doppelt neugierig zu wissen, wie viel uns zu ersteigen übrig bleiben möchte. Wir öffneten das Gefässbarometer an einem Punkte, wo die Breite des Kammes erlaubte, dass zwei Personen bequem neben einander stehen konnten. Wir waren erst 17 300 Fuss hoch, also kaum zweihundert Fuss höher, als wir drei Monate zuvor, einen ähnlichen Kamm erklimmend, auf dem Antisana gewesen waren. Es ist mit Höhenbestimmungen bei dem Bergsteigen, wie mit Wärmebestimmungen im heissen Sommer. Man findet mit Verdruss das Thermometer nicht so hoch, den Barometerstand nicht so niedrig, als man es erwartete. Da die Luft, trotz der Höhe, ganz mit Feuchtigkeit gesättigt war, so trafen wir nun das lose Gestein und den Sand, der die Zwischenräume desselben ausfüllt, überaus nass. Die Luft war noch $2°,8$ über dem Gefrierpunkt. Kurz vorher hatten wir an einer trocknen Stelle, das Thermometer drei Zoll tief in den Sand eingraben können. Es hielt sich auf $+5°,8$. Das Resultat dieser Beobachtung, die ohngefähr in 2860 Toisen Höhe angestellt wurde, ist sehr merkwürdig, denn bereits 400 Toisen tiefer, an der Grenze des ewigen Schnees, ist nach vielen und sorgfältig von *Boussingault* und mir gesammelten Beobachtungen die mittlere Wärme der Atmosphäre nur $+1°,6$. Die Temperatur der Erde zu $+5°,8$ muss daher der unterirdischen Wärme des Doleritberges, ich sage nicht der ganzen Masse, sondern den aus dem Inneren aufsteigenden Luftströmen zugeschrieben werden.

Nach einer Stunde vorsichtigen Klimmens wurde der Felskamm weniger steil, aber leider! blieb der Nebel gleich dick. Wir fingen nun nach und nach an, alle an grosser Ueblichkeit zu leiden. Der Drang zum Erbrechen war mit etwas Schwindel verbunden und weit lästiger als die Schwierigkeit zu athmen. Ein farbiger Mensch (Mestize aus San Juan) hatte uns bloss aus Gutmüthigkeit, keineswegs aber in eingennütziger Absicht, nicht verlassen wollen. Es war ein kräftiger, armer Landmann, der mehr litt, als wir. Wir bluteten aus dem Zahnfleisch und aus den Lippen. Die Bindehaut (tunica conjunctiva) der Augen war bei allen ebenfalls mit Blut unterlaufen. Diese Symptome der Extravasate in den Augen, des Blutausschwitzens am Zahnfleisch und an den Lippen, hatten für uns nichts Beunruhigendes, da wir aus mehrmaliger früherer Erfahrung damit bekannt waren. In Europa hat Herr *Zumstein* schon auf einer weit geringern Höhe am Monte Rosa zu bluten angefangen. Spanische Krieger kamen bei Eroberung der Aequinoctialregion von Amerika (während der Conquista) nicht über die untere Grenze des ewigen Schnees, also wenig über die Höhe des Montblanc hinaus, und doch spricht schon *Acosta* in seiner *Historia natural de las Indias*, einer Art physischer Erdbeschreibung, die man ein Meisterwerk des 16ten Jahrhunderts nennen kann, umständlich »von Ueblichkeiten und Magenkrampf« als schmerzhaften Symptomen der *Bergkrankheit*, die darin der *Seekrankheit* analog ist. Auf dem Vulcan von Pichincha fühlte ich einmal, ohne zu bluten, ein so heftiges Magenübel von Schwindel begleitet, dass ich besinnungslos auf der Erde gefunden wurde, als ich mich eben auf einer Felsmauer über der Schlucht von Verde-Cuchu, von meinen Begleitern getrennt hatte, um electrometrische Versuche an einem recht freien Punkte anzustellen. Die Höhe war gering, unter 13 800 Fuss. Am Antisana aber, auf der beträchtlichen Erhebung von 17 022 Fuss, blutete unser junge Reisegefährte *Don Carlos Montufar* sehr stark aus den Lippen. Alle diese Erscheinungen sind nach Beschaffenheit des Alters, der Constitution, der Zartheit der Haut, der vorhergegangenen Anstrengung der Muskelkraft sehr verschieden, doch für einzelne Individuen sind sie eine Art Maass der Luftverdünnung und absoluten Höhe, zu welcher man gelangt ist. Nach meinen Beobachtungen in den Cordilleren zeigen sie sich an weissen Menschen bei einem Barometerstande zwischen 14 Zoll und 15 Zoll 10 Linien. Es ist bekannt, dass die Angaben der Höhen, zu denen die Luftschiffer behaupten sich erhoben zu haben, gewöhnlich wenig Glauben verdienen, und wenn ein sicherer und überaus genauer Beobachter, Herr *Gay-Lussac,* der am 16ten September 1804 die ungeheure Höhe von 21600 Fuss erreichte, (also zwischen den Höhen des Chimborazo und des Illimani) kein Bluten erlitt, so ist dies vielleicht dem Mangel der Muskelbewegung zuzuschreiben. Nach dem jetzigen Stande der Eudiometrie erscheint die Luft in jenen hohen Regionen eben so sauerstoffreich als in den unteren; aber da in dieser dünnen Luft, bei der Hälfte des Barometerdrucks, dem wir gewöhnlich in den Ebenen ausgesetzt sind, bei jedem Athemzuge, eine geringere Menge Sauerstoff von dem Blute aufgenommen wird, so ist allerdings begreiflich, wie ein allgemeines Gefühl der Schwäche eintreten kann. Warum diese Asthenie, wie im Schwindel, vorzugsweise Ueblichkeit und Lust zum Erbrechen erregt, ist hier nicht zu erörtern, so wenig als zu beweisen, dass das Ausschwitzen des Blutes (das Bluten aus Lippen, Zahnfleisch und Augen), was auch nicht alle Individuen auf so grossen Höhen erfahren, keineswegs durch Aufhebung eines »mechanischen Gegendrucks« auf das Gefäss-System befriedigend erklärt werden kann. Es wäre vielmehr die Wahrscheinlichkeit des Einflusses eines verminderten Luftdruckes auf Ermüdung bei Bewegung der Beine in sehr luftdünnen Regionen zu untersuchen, da, nach der denkwürdigen Entdeckung zweier geistreichen Forscher, *Wilhelm* und *Eduard Weber*,* das schwebende Bein, am Rumpfe hangend, bloss durch den Druck der atmosphärischen Luft gehalten und getragen wird.

Die Nebelschichten, die uns hinderten entfernte Gegenstände zu sehen, schienen plötzlich, trotz der totalen Windstille, vielleicht durch elektrische Processe, zu zerreissen. Wir erkannten einmal wieder, und zwar ganz nahe, den domförmigen Gipfel des

---

* *Mechanik der menschlichen Gehwerkzeuge.* 1836. § 64. S. 147–160. Neuere, von den Gebrüdern *Weber* zu Berlin angestellte Versuche haben den Satz: dass das Bein in der Beckenpfanne von dem Druck der atmosphärischen Luft getragen wird, vollkommen bestätigt.

Chimborazo. Es war ein ernster grossartiger Anblick. Die Hoffnung, diesen ersehnten Gipfel zu erreichen, belebte unsere Kräfte aufs neue. Der Felskamm, der nur hier und da mit dünnen Schneeflocken bedeckt war, wurde etwas breiter; wir eilten sicheren Schrittes vorwärts, als auf einmal eine Art Thalschlucht von etwa 400 Fuss Tiefe und 60 Fuss Durchmesser unserem Unternehmen eine unübersteigliche Grenze setzte. Wir sahen deutlich jenseits des Abgrundes unseren Felskamm in derselben Richtung fortsetzen, doch zweifle ich, dass er bis zum Gipfel selbst führt. Die Kluft war nicht zu umgehen. Am Antisana konnte freilich Herr *Bonpland* nach einer sehr kalten Nacht, eine beträchtliche Strecke des ihn tragenden Schnees durchlaufen. Hier war der Versuch nicht zu wagen, wegen Lockerheit der Masse; auch machte die Form des Absturzes das Herabklimmen unmöglich. Es war 1 Uhr Mittags. Wir stellten mit vieler Sorgfalt das Barometer auf, es zeigte 13 Z. 11 $\frac{7}{10}$ L. Die Temperatur der Luft war nun 1°,6 unter dem Gefrierpunkt, aber nach einem mehrjährigen Aufenthalt in den heissesten Gegenden der Tropenwelt schien uns diese geringe Kälte erstarrend. Dazu waren unsere Stiefel ganz von Schneewasser durchzogen, denn der Sand, der bisweilen den *Grath* bedeckte, war mit altem Schnee vermengt. Wir hatten nach der *La Place*'schen Barometerformel, eine Höhe von 3016 Toisen, genauer von 18097 Pariser Fuss erreicht. Wäre *La Condamine's* Angabe der Höhe des Chimborazo, wie sie auf der noch in Quito, im Jesuiter-Collegio, aufbewahrten Steintafel aufgezeichnet ist, die richtige, so fehlten uns noch bis zum Gipfel senkrecht 1224 Fuss oder die dreimalige Höhe der Peterskirche zu Rom.

La Condamine und *Bouguer* sagen ausdrücklich, dass sie am Chimborazo nur bis 2400 Toisen Höhe gelangt waren, aber am Corazon, einem der malerischsten Schneeberge (Nevados) in der nahen Umgebung von Quito, rühmen sie sich das Barometer auf 15 Zoll 10 Linien gesehen zu haben. Sie sagen, dies sey »ein tieferer Stand als je ein Mensch bisher habe beobachten können.« An dem oben beschriebenen Punkte des Chimborazo war der Luftdruck um fast zwei Zoll geringer, geringer auch, als da, wo sechzehn Jahre später, 1818, sich Capitain *Gerard* am höchsten im Himalayagebirge, auf dem Tarhigang erhoben hat. In einer Taucherglocke bin ich in England einem Luftdruck von 45 Zoll fast eine Stunde lang ausgesetzt gewesen. Die Flexibilität der menschlichen Organisation erträgt demnach Veränderungen im Barometerstande, die 31 Zoll betragen. Doch sonderbar möchte die physische Constitution des Menschengeschlechts allmälig umgewandelt werden, wenn grosse kosmische Ursachen solche Extreme der Luftverdünnung oder Luftverdichtung permanent machten.

Wir blieben kurze Zeit in dieser traurigen Einöde, bald wieder ganz in Nebel gehüllt. Die feuchte Luft war dabei unbewegt. Keine bestimmte Richtung war in den einzeln Gruppen dichterer Dunstbläschen zu bemerken, daher ich nicht sagen kann, ob auf dieser Höhe der dem tropischen Passat entgegengesetzte Westwind wehet. Wir sahen nicht mehr den Gipfel des Chimborazo, keinen der benachbarten Schneeberge, noch weniger die Hochebene von Quito. Wir waren wie in einem Luftball isolirt. Nur einige Steinflechten waren uns bis über die Grenze des ewigen Schnees gefolgt. Die letzten cryptogamischen Pflänzchen, die ich sammelte, waren Lecidea atrovirens (Lichen geographicus, *Web.*) und eine Gyrophora des *Acharius*, eine neue Species (Gyrophora rugosa) ohngefähr in 2820 Toisen Höhe. Das letzte Moos, Grimmia longirostris, grünte 400 Toisen tiefer. Ein Schmetterling (Sphinx) war von Herrn *Bonpland* in 15000 Fuss Höhe gefangen worden, eine Fliege sahen wir noch um 1600 Fuss höher. Den auffallendsten Beweis, dass diese Thiere unwillkührlich vom Luftstrome, der sich über den erwärmten Ebenen erhebt, in diese obere Region der Atmosphäre gebracht werden, giebt folgende Thatsache. Als *Boussingault* die Silla de Caracas bestieg, um meine Messung des Berges zu wiederholen, sah er in 8000 Fuss Höhe um Mittag, als dort *Westwind* wehte, von Zeit zu Zeit weissliche Körper die Luft durchstreichen, die er anfangs für aufsteigende Vögel mit weissem, das Sonnenlicht reflectirendem Gefieder hielt. Diese Körper erhoben sich aus dem Thale von Caracas mit grosser Schnelligkeit und überstiegen die Gipfel der Silla, indem sie sich gegen Nordosten richteten, wo sie wahrscheinlich das Meer erreichten. Einige fielen früher nieder auf den südlichen Abhang der Silla; es waren von der Sonne erleuchtete Grashalme. *Boussingault* schickte mir solche, die noch Aehren hatten, in einem Briefe nach Paris, wo mein Freund und Mitarbeiter *Kunth* sie augenblicklich für die Wilfa tenacissema erkannte, welche im Thal von Caracas wächst und die er eben in unserem Werke *Nova Genera et Species plantarum Americæ æquinoctialis* beschrieben hatte. Ich muss noch bemerken, dass wir keinem Condor auf dem Chimborazo begegneten, diesem kräftigen Geyer, der auf Antisana und Pichincha so häufig ist und mit dem Menschen unbekannt, grosse Dreistigkeit zeigt. Der Condor liebt heitere Luft, um seinen Raub oder seine Nahrung (denn er giebt todten Thieren den Vorzug) aus der Höhe leichter zu erkennen.

Da das Wetter immer trüber und trüber wurde, so eilten wir auf demselben Felgrathe herab, der unser Aufsteigen begünstigt hatte. Vorsicht war indess wegen Unsicherheit des Trittes noch mehr nöthig als im Heraufklimmen. Wir hielten uns nur so lange auf, als wir brauchten Fragmente der Gebirgsart zu sammeln. Wir sahen voraus, dass man uns in Europa oft um »ein kleines Stück vom Chimborazo« ansprechen würde. Damals war noch keine Gebirgsart in irgend einem Theile von Südamerika benannt worden; man nannte Granit das Gestein aller hohen Gipfel der Andes. Als wir ungefähr in 17 400 Fuss Höhe waren, fing es an heftig zu hageln. Es waren undurchsichtige milchweisse Hagelkörner mit concentrischen Lagen. Einige schienen durch Rotation beträchtlich abgeplattet. Zwanzig Minuten ehe wir die untere Grenze des ewigen Schnees erreichten, wurde der Hagel durch Schnee ersetzt. Die Flocken waren so dicht, dass der Schnee bald viele Zoll tief den Felskamm bedeckte. Wir wären gewiss in grosse Gefahr gekommen, hätte uns der Schnee auf 18000 Fuss Höhe überrascht. Um 2 Uhr und einige Minuten erreichten wir den Punkt, wo unsere Maulthiere standen. Die zurückgebliebenen Eingebornen waren mehr als nöthig um uns besorgt gewesen.

Der Theil unserer Expedition oberhalb des ewigen Schnees hatte nur 3½ Stunden gedauert, während welchen wir, trotz der Luftverdünnung, uns nie durch Niedersetzen zu ruhen brauchten. Die Dicke des domförmigen Gipfels hat in dieser Höhe der ewigen Schneegrenze, also in 2460 Toisen Höhe, noch einen Durchmesser von 3437 Toisen und nahe am höchsten Gipfel, fast 150 Toisen unterhalb demselben, einen Durchmesser von 672 Toisen. Die letztere Zahl ist also der Durchmesser des oberen Theils des Doms oder der Glocke; die erstere drückt die Breite aus, in der die ganze Schneemasse des Chimborazo, in Riobamba Nuevo gesehen, dem Auge erscheint, eine Schneemasse, die sich mit ihren nördlich anliegenden zwei Kuppen auf den 16ten und 25ten Tafeln meines Kupferwerkes: *Vues des Cordilleres* abgebildet findet. Ich habe sorgfältig mit dem Sextanten die einzelnen Theile des Umrisses gemessen, wie derselbe sich in der Hochebene von Tapia, gegen das tiefe Blau des Tropenhimmels, an einem heiteren Tage, prachtvoll abhebt. Solche Bestimmungen dienen dazu, das Volum des Colosses zu ergründen, so weit es eine Fläche übersteigt, in der *Bouguer* seine Versuche über die Anziehung des Berges gegen das Pendel anstellte. Ein ausgezeichneter Geognost Herr *Pentland*, dem wir die Kenntniss der Höhen des Sorata und Illimani verdanken, und der, mit vielen trefflichen astronomischen und physikalischen Instrumenten ausgerüstet, eben jetzt wieder nach dem Oberen Peru (Bolivia) abgeht, hat mich versichert, dass mein Bild des Chimborazo gleichsam wiederholt ist in dem Nevado de Chuquibamba, einem Trachytberge, der in der westlichen Cordillere, nördlich von Arequipa, 19680 Fuss (3280 Toisen) Höhe erreicht. Nächst dem Himalaya ist dort, durch die Frequenz hoher Gipfel und durch die Masse derselben, zwischen dem 15ten und 18ten Grade südlicher Breite, die grösste Anschwellung der uns bekannten Erdoberfläche, so weit nämlich diese Anschwellung nicht von der primitiven Form des rotirenden Planeten, sondern von Erhebung der Bergketten und einzelnen Glocken von Dolerit-, Trachyt-, und Albitgestein auf diesen Bergketten herrührt. Wegen des frischgefallenen Schnees fanden wir beim Herabsteigen vom Chimborazo die untere Grenze des ewigen Schnees mit den tieferen sporadischen Schneeflecken auf dem nackten, mit Lichenen bedeckten Gestein und auf der Grasebene (Pajonal) in zufälliger momentaner Verbindung; doch immer war es leicht, die eigentliche perpetuirliche Grenze (damals in 2470 Toisen Höhe) an der Dicke der Schicht und ihrer eigenthümlichen Beschaffenheit zu erkennen. Ich habe an einem anderen Orte (in einer den *Fragmens asiatiques* einverleibten Abhandlung über die Ursachen, welche die Krümmung der *isothermen Linien* bedingen) gezeigt, dass in der Provinz Quito die Höhenunterschiede der ewigen Schneegrenze an den verschiedenen *Nevados*, nach der Gesammtheit meiner Messungen, nur um 38 Toisen schwanken, dass die mittlere Höhe selbst zu 14760 Fuss oder 2460 Toisen anzurechnen ist und dass diese Grenze, 16° bis 18° südlicher vom Aequator, in Bolivia, wegen des Verhältnisses der mittleren Jahrestemperatur zur mittleren Temperatur der heissesten Monate, wegen der Masse, Ausdehnung und grösseren Höhe der umliegenden wärmestrahlenden *Plateaux*, wegen der Trockenheit der Atmosphäre und wegen des völligen Mangels alles Schneefalles von März bis November, volle 2670 Toisen hoch liegt. Die untere Grenze des perpetuirlichen Schnees, die keineswegs mit der isothermen Curve von 0° zusammenfällt, steigt demnach hier ausnahmsweise, statt zu sinken, indem man sich vom Aequator entfernt. Aus ganz analogen Ursachen der Wärmestrahlung in nahen Hochebenen liegt die Schneegrenze zwischen 30° ¾ und 31° nördlicher Breite, am nördlichen tibetischen Abhange des Himalaya, in 2600 Toisen Höhe, wenn am südlichen, indischen Abhange sie nur 1950 Toisen Höhe erreicht. Durch diesen merkwürdigen Einfluss der Gestaltung der Erdoberfläche ist ausserhalb der Wendekreise ein beträchtlicher

Theil von Inner-Asien von Ackerbauenden, mönchisch-regierten, aber doch in Gesittung fortgeschrittenen Völkern bewohnt, wo unter dem Aequator in Südamerika der Boden mit ewigem Eise bedeckt ist.

Wir nahmen unseren Rückweg nach dem Dorfe Calpi etwas nördlicher als die Llanos de Sisgun durch den pflanzenreichen Paramo de Pungupala. Schon um 5 Uhr Abends waren wir wieder bei dem freundlichen Pfarrer von Calpi. Wie gewöhnlich folgte auf den nebelverhüllten Tag der Expedition die heiterste Witterung. Am 25. Junius erschien uns in Riobamba Nuevo der Chimborazo in seiner ganzen Pracht, ich möchte sagen, in der stillen Grösse und Hoheit, die der Naturcharakter der tropischen Landschaft ist. Ein zweiter Versuch auf dem durch eine Kluft unterbrochenen Kamm wäre gewiss so fruchtlos als der erste ausgefallen und schon war ich mit der trigonometrischen Messung des Vulkans von Tungurahua beschäftigt.

Boussingault hat mit seinem Freunde, dem englischen Oberst *Hall*, der bald darauf in Quito ermordet wurde, am 16ten December 1831 einen neuen Versuch gemacht, den Gipfel des Chimborazo zu erreichen, erst von Mocha und Chillapullu, dann von Arenal aus, also auf einem anderen Wege, als den ich mit *Bonpland* und *Don Carlos Montufar* betrat. Er musste das Weitersteigen aufgeben als ein Barometer 13 Zoll 8½ Linien, bei der warmen Lufttemperatur von $+7°,8$ zeigte. Er sah also die uncorrigirte Quecksilbersäule fast 3 Linien niedriger und war um 64 T. höher als ich gelangt, bis zu 3080 Toisen. Hören wir selbst diesen der Andeskette so kundigen Reisenden, der mit grosser Kühnheit zuerst chemische Apparate an und in die Krater der Vulkane getragen hat. »Der Weg, sagt *Boussingault*, den wir uns in dem letzten Theile unserer Expedition durch den Schnee bahnten, erlaubte uns nur sehr langsam vorzuschreiten; rechts konnten wir uns an einen Felsen festhalten, links war der Abgrund furchtbar. Wir spürten schon die Wirkung der Luftverdünnung und waren gezwungen uns alle 2 bis 3 Schritte niederzusetzen. So wie wir uns aber eben gesetzt hatten, standen wir wieder auf, denn unser Leiden dauerte nur so lange, als wir uns bewegten. Der Schnee, den wir betreten mussten, war weich und lag kaum 3 bis 4 Zoll hoch auf einer sehr glatten und harten Eisdecke. Wir waren genöthigt Stufen einzuhauen. Ein Neger ging voran, um diese Arbeit, die seine Kräfte bald erschöpfte, zu vollziehen. Indem ich bei ihm vorbeigehen wollte, um ihn abzulösen, glitt ich aus und wurde glücklicherweise vom Oberst *Hall* und meinem Neger zurückgehalten. Wir befanden uns (setzt Hr. *Boussingault* hinzu) für einen Augenblick alle drei in der grössten Gefahr. Weiterhin ward der Schnee günstiger und um 3¾ Uhr Nachmittags standen wir auf dem lang ersehnten Felskamme, der wenige Fuss breit, aber mit Abgründen umgeben war. Hier überzeugten wir uns, dass das Weiterkommen unmöglich sey. Wir befanden uns an dem Fusse eines Felsprisma's, dessen obere Fläche, bedeckt mit einer Kuppe von Schnee, den eigentlichen Gipfel des Chimborazo bildet. Um sich von der Topographie des ganzen Berges ein richtiges Bild zu machen, denke man sich eine ungeheure schneebedeckte Felsmasse, die von allen Seiten, wie durch Strebepfeiler, unterstützt erscheint. Die Strebepfeiler sind die Kämme, die sich anlegen und (aus dem ewigen Schnee) hervortreten.« Der Verlust eines Physikers, wie *Boussingault,* wäre unbeschreiblich theuer durch den wenigen Gewinn erkauft worden, den Unternehmungen dieser Art den Wissenschaften darbieten können.

So lebhaft ich auch vor bereits dreissig Jahren den Wunsch ausgesprochen habe, dass die Höhe des Chimborazo möchte von neuem sorgsam trigonometrisch gemessen werden, so schwebt doch noch immer einige Ungewissheit über das absolute Resultat. *Don Jorge Juan* und die französischen Akademiker geben, nach verschiedenen Combinationen derselben Elemente, oder wenigstens nach Operationen, die allen gemeinschaftlich waren, Höhen von 3380 und 3217 Toisen an, Höhen, die um ¹⁄₂₀ differiren. Das Ergebnis meiner trigonometrischen Operation (3350

T.) fällt zwischen beide, nähert sich aber bis auf $\frac{1}{112}$ der spanischen Bestimmung. *Bouguer's* kleineres Resultat gründet sich, theilweise wenigstens, auf die Höhe der Stadt Quito, die er um 30 bis 40 Toisen zu gering angiebt. Er findet, nach alten Barometerformeln ohne Correction für Wärme, 1462 Toisen, statt 1507 und 1492 Toisen, die *Boussingault* und ich, sehr übereinstimmend, gefunden haben. Die Höhe, die ich in der Ebene von Tapia gebe, wo ich eine Basis von 873 Toisen Länge* maass, scheint auch ziemlich fehlerfrei zu seyn. Ich fand für dieselbe 1482 und *Boussingault*, in einer sehr verschiedenen Jahreszeit, also bei anderer Wärmeabnahme in den auf einander gelagerten Luftschichten, 1471 Toisen. *Bouguer's* Operation war dagegen sehr verwickelt, da er die Höhe der Thalebene zwischen der östlichen und westlichen Andeskette durch sehr kleine Höhenwinkel der Trachyt-Pyramide von Ilinissa in der unteren Küstenregion bei Niguas gemessen, zu ergründen gezwungen war. Der einzige ansehnliche Berg der Erde, für den die Messungen jetzt bis $\frac{1}{246}$ übereinstimmen, ist der Montblanc, denn der Monte Rosa wurde durch vier verschiedene Reihen von Dreiecken eines vortrefflichen Beobachters, des Astronomen *Carlini*, zu 2319, 2343, 2357 und 2374 Toisen, von *Oriani* ebenfalls durch eine Triangulation zu 2390 Toisen gefunden; Unterschiede von $\frac{1}{34}$. Die älteste ausführliche Erwähnung des Chimborazo finde ich bei dem geistreichen, etwas satyrischen italienischen Reisenden *Girolamo Benzoni*, dessen Werk 1565 gedruckt ward. Er sagt, dass ihm die *Montagna di Chimbo*, die 40 *miglia* hoch sey, abenteuerlich *come una visione* erschien. Die Eingebornen von Quito wussten lange vor der Ankunft der französischen Gradmesser, dass der Chimborazo der höchste aller Schneeberge ihrer Gegend sey. Sie sahen, dass er am weitesten über die ewige Schneegrenze hinausreiche. Eben diese Betrachtung hatte sie veranlasst, den jetzt

---

* *Humboldt*, Recueil d'observations astronomiques, d'opérations trigonometriques etc. T. I. p. LXXII.

eingestürzten Capac Urcu für höher als den Chimborazo zu halten.

Ueber die geognostische Beschaffenheit des Chimborazo füge ich hier nur die allgemeine Bemerkung hinzu, dass wenn nach den wichtigen Resultaten, die *Leopold von Buch* in seiner letzten classischen Abhandlung über Erhebungscrater und Vulkane (*Poggendorff's* Annalen, Band 37. S. 188–190) niedergelegt hat, *Trachyt* nur feldspathhaltige, *Andesit* nur albithaltende Massen genannt werden sollen, das Gestein vom Chimborazo beide Namen keinesweges verdient. Dass am Chimborazo Augit die Hornblende ersetze, hat schon derselbe geistreiche Geognost vor mehr als zwanzig Jahren bemerkt, als ich ihn aufforderte, die von mir heimgebrachten Gesteine der Andeskette genau oryctognostisch zu untersuchen. Dieser Thatsache ist in mehreren Stellen meines im Jahr 1823 erschienenen »*Essai géognostique sur le Gisement des Rochers dans les deux Hémisphères*« erwähnt worden. Dazu findet mein sibirischer Reisegefährte, *Gustav Rose*, der durch seine treffliche Arbeit über die dem Feldspath verwandten Fossilien und ihre Association mit Augit und Hornblende den geognostischen Untersuchungen neue Wege geöffnet hat, in allen von mir gesammelten Gebirgsfragmenten des Chimborazo weder Albit, noch Feldspath. Die ganze Formation dieses berühmten Gipfels der Andeskette besteht aus *Labrador* und *Augit*; beide Fossilien in deutlichen Krystallen erkennbar. Der Chimborazo ist, nach der Nomenclatur von *Gustav Rose*, ein *Augitporphyr*, eine Art Dolerit. Auch fehlen ihm Obsidian und Bimstein. Hornblende ist nur ausnahmsweise und sehr sparsam (in zwei Stücken) erkannt worden. Der Chimborazo ist also, wie *Leopold von Buch's* und *Elie de Beaumont's* neueste Bestimmungen lehren, der Gebirgsart des Aetna analog. Neben den Trümmern der alten Stadt Riobamba, drei geographische Meilen östlich vom Chimborazo, ist schon wahrer *Dioritporphyr*, ein Gemenge von schwarzer Hornblende (ohne Augit) und weissem glasigen Albit anstehend, ein Gestein, das an die schöne, in Säulen getheilte Masse von Pisoje bei Popayan und an den mexikanischen Vulkan von Toluca, den ich ebenfalls bestiegen, erinnert. Ein Theil der Stücke von Augitporphyr, die ich bis in 18 000 Fuss Höhe auf dem zum Gipfel führenden Felskamm, meist in losen Stücken von zwölf bis vierzehn Zoll Durchmesser gefunden habe, ist kleinzellig porös und von rother Farbe. Diese Stücke haben glänzende Zellen. Die schwärzesten sind bisweilen bimsteinartig leicht und wie frisch durch Feuer verändert. Sie sind indess nicht in Strömen lavaartig geflossen, sondern wahrscheinlich auf Spalten, an dem Abhange des früher emporgehobenen glockenförmigen Berges, herausgeschoben. Die ganze Hochebene der Provinz Quito ist stets von mir als ein grosser vulkanischer Heerd betrachtet worden. Tungurahua, Cotopaxi, Pichincha mit ihren Kratern sind nur verschiedene Auswege dieses Heerdes. Wenn Vulkanismus im weitesten Sinne des Wortes alle Erscheinungen bezeichnet, die von der Reaction des Inneren eines Planeten gegen seine oxydirte Oberfläche abhängen, so ist dieser Theil des Hochlandes mehr als irgend ein anderer in der Tropengegend von Südamerika, der permanenten Wirkung des Vulkanismus ausgesetzt. Auch unter den glockenförmigen Augitporphyren, welche wie die des Chimborazo, keinen Krater haben, toben die vulkanischen Mächte. Drei Tage nach unserer Expedition hörten wir, in dem Neuen Riobamba, um ein Uhr Nachts, ein wüthiges unterirdisches Krachen *(bramido)*, das von keiner Erschütterung begleitet war. Erst drei Stunden später erfolgte ein heftiges Erdbeben ohne vorhergehendes Geräusch. Aehnliche *bramidos*, wie man glaubt vom Chimborazo kommend, wurden wenige Tage vorher in Calpi vernommen. Dem Bergkoloss noch näher, im Dorfe San Juan, sind sie überaus häufig. Sie erregen die Aufmerksamkeit der Eingebornen nicht mehr, als es ein ferner Donner thut aus tiefbewölktem Himmel, in unserer nordischen Zone.

Das sind die flüchtigen Bemerkungen über zwei Besteigungen des Chimborazo, die ich mir erlaubt habe, aus einem ungedruckten Reisejournale einfach mitzutheilen. Wo die Natur so mächtig und gross und unser Bestreben rein wissenschaftlich ist, kann wohl die Darstellung jedes Schmuckes der Rede entbehren.

Berlin, im September 1836.

Vorwort
zu Wilhelm von Humboldts *Sonetten*

Die Sonette meines Bruders, von ihm selbst nicht zur Veröffentlichung bestimmt, ja den nächsten Angehörigen bis zu seinem Tode (am 8 April 1835) unbekannt geblieben, sind, wie ich schon an einem anderen Orte gesagt, als ein Tagebuch zu betrachten, in dem ein edles, still bewegtes Seelenleben sich abspiegelt. Aus diesem Gesichtspunkte betrachtet, gewährt ihre Sammlung ein eigenthümliches Interesse. Wenn sie einen Reichthum von Ideen offenbart über den erhabenen Einklang in den Kräften der Natur, wie über das ungleiche Wechselspiel in den Schicksalen der Menschheit; so bezeugt sie auch zugleich Ruhe und milde Stimmung des Gemüths am Ende einer Laufbahn in vielbewegter Zeit. Bei einem Staatsmanne, der nach langer und angestrengter Thätigkeit in einen engen Familienkreis zurücktritt, um dem Genuß der freien Natur, um großen, aber schmerzlichen Erinnerungen, um dem Studium des Alterthums und der Entwickelung der Sprachorganismen zu leben: sind eine solche Milde, ein solcher innerer Friede des Gemüths eine seltene, schön errungene Himmelsgabe zu nennen.

In dieser Betrachtung ist wenigstens theilweise die Ursach des Beifalls bezeichnet, der in weiten Kreisen in und außerhalb Deutschlands den *Briefen Wilhelms von Humboldt an eine Freundin* so anhaltend geschenkt worden ist. Die kleinen poetischen Schöpfungen, welche hier zum ersten Male *vereint* erscheinen, nachdem sie vorher in 7 Bänden der *gesammelten Werke* zerstreut waren, enthalten gleichsam die Selbstbiographie, die Charakterschilderung des theuren Bruders, dessen Beispiel wesentlich auf meine geistigen Bestrebungen eingewirkt hat und den ich so viele Jahre zu überleben bestimmt bin. Die Sonette sind ausgewählt aus einer großen Zahl, da er nach dem Verluste seiner hochbegabten Gattin (26 März 1829) fast jeden Tag eines, bisweilen in später Nacht, aus dem Gedächtniß niederschreiben ließ. Jedes Hundert der Sonette wurde abgesondert und dann erst einer flüchtigen Correctur unterworfen. Die ganze Composition fällt in die letzten Lebensjahre, ohngefähr vom September 1831 bis Anfang März 1835, wo eine Krankheit Herrn Ferdinand Schulz (den jetzigen geheimen Registrator bei der Hauptverwaltung der Staatsschulden) von ihm trennte. Diesem Manne, der sein ganzes Vertrauen besaß, verdanken wir die Kenntniß des lange verborgenen Kästchens, in welchem die Sonette aufbewahrt wurden.

Die anmuthigen Umgebungen des Landsitzes von Tegel (See und Wald); das Grabmonument: eine Granitsäule, welche die Statue der *Spes* von Thorwaldsen krönt; der Anblick des Meeres in drei aufeinander folgenden Reisen nach dem Bade Norderney; haben jene Dichtungen hervorgerufen. In dem innersten empfänglichen Sinn des Menschen reflectirt lebendig und wahr sich die physische Welt. Wo die Freude an der Natur, wie es der Fall bei dem Hingeschiedenen war, mit dem Alter zunimmt, bietet unter jeglicher Zone der Blick auf die unbegrenzte Meeresfläche oder auf die ewigen Sterne des Himmelsgewölbes das ernste, erhabene Bild der Unendlichkeit dar.

Aber Reichthum in der Welt der Gedanken wie in der Welt der Gefühle ist nur *Stoff,* nur das Material zu idealer dichterischer Gestaltung. In der Dichtung müssen, nach dem alten Ausspruche Schiller's* »*Stoff* und *Form,* selbst die äußere, innigst zusammenhangen.« Ein langer Aufenthalt in Rom, und vielleicht ein lebhaftes Interesse für gewisse Epochen des italiänischen Dichterlebens scheinen meinem Bruder eine besondere Vorliebe für eine kleine lyrische Form eingeflößt zu haben, welche dem Gedanken (soll der Wohlklang nicht aufgeopfert werden) enge Fesseln anlegt, die er aber mit bewußter Freiheit behandelte. Wenn nun der Dichter nach seiner realen Eigenheit und Individualität am lebhaftesten das Bedürfniß fühlte, alles was der Empfindung entquillt, mit *Ideen* zu verweben; wenn es ihm an Muße und au-

---

* *Schiller* im *Briefwechsel mit Göthe* Theil 3. S. 327.

genblicklich auch an Neigung fehlte in das tiefe Geheimniß von dem Verhältniß des Rhythmus zu dem Gedanken einzudringen: so mußte allerdings eine mindere Sorgfalt, auf die *Form* gewandt, Störung des Eindrucks da verursachen, wo sich der dichterische *Stoff* in allzu reicher Fülle dargeboten hatte. Mit vielem Rechte zögernd, in einem mir so fremden Gebiete ein bestimmtes Urtheil auszusprechen, wage ich doch daran zu erinnern, daß die Störungen, deren ich Erwähnung that, wohl mehr bei Vereinzelung der Sonette als bei ihrer Aneinanderreihung gefühlt werden. Wer den Dichter lieb gewinnt in seiner edlen und reinen Dichternatur, gewöhnt sich allmälig an gewisse Sprachformen, die aus der Individualität des Charakters gleichsam organisch erwachsen. Unbefangen und bescheiden wird schon auf dem ersten Blatte dieses Büchleins das was wir hier als Sammlung und Auswahl darbieten, eine

– leicht geschlungene Liederkette
In *Tages-Eil* geborener Sonette

genannt. Wilhelms von Humboldt kritische Untersuchungen über den Versbau der Griechen; die Sorgfalt, die er auf seine metrischen Uebersetzungen des Agamemnon, des Chors der Eumeniden und der Pindarischen olympischen Oden verwandte: beweisen[*] genugsam, daß er bei den zur Oeffentlichkeit bestimmten Dichtungen die Form keineswegs vernachlässigte. »Meine mühseligste, meine sauerste Arbeit in der Uebersetzung des Agamemnon,« schrieb er an Wolf, »ist der Versbau.« Die, in deutlichster Reinschrift hinterlassenen Sonette sind unverändert

---

[*] Vergl. die *Gesammelten Werke* Bd. I. S. 267–269 (Recension von Wolf's zweiter Ausgabe der Odyssee); Bd II. S. 304 (über den rhythmischen Periodenbau bei Gelegenheit der Uebersetzung Pindarischer Oden); Bd. III. S. 19–33 und S. 97 (über das Versmaaß in der Uebersetzung des Agamemnon, des Aeschylos und des Chors der Eumeniden); Bd. V. S. 8 und 91–93 (Briefe an Wolf).

abgedruckt worden, wie es die Pietät gegen den Dichter erheischte.

Ich habe in dem Eingange zu diesem Vorworte zu entwickeln versucht, wie das lebhafte Interesse, welches die *Briefe an eine Freundin,* und die *Sonette* bisher selbst da erweckt haben, wo sie sehr heterogenen: philosophisch-historischen, linguistischen und politischen Arbeiten beigesellt waren; sich vorzugsweise auf die anziehende Kraft moralischer und psychologischer Motive gründe. Ein flüchtig geschriebenes Fragment aus dem noch unedirten Nachlaß meines Bruders, das erst seit wenigen Monaten in meine Hände gekommen ist, kann vielleicht auf ein gleiches Interesse Anspruch machen, da es in ernster Einfachheit und Würde den Ideen und Gefühlen eine ähnliche Färbung giebt. Es ist dasselbe vor dem Jahre 1824 niedergeschrieben. Um es der Oeffentlichkeit nicht zu entziehen und da die *gesammelten Werke* mit dem 7ten Bande geschlossen sind, lasse ich es hier folgen:

Über das Verhältniß der Religion und der
Poesie zu der sittlichen Bildung

»Ein Mensch hat moralische Bildung, wenn die Sittlichkeit in ihm zur Gesinnung geworden ist.

Die Grundquelle der Sittlichkeit ist nicht das Gefühl im Allgemeinen, das den Menschen sehr irre leiten könnte. Die Sittlichkeit besteht vielmehr in der freiwilligen Unterwerfung unter das Sittengesetz, und beruht also auf dem Grundsatz der Pflichtmäßigkeit.

Gefühle und Grundsätze sind aber sehr verschieden von einander. Gefühle haben nur dann wirklichen moralischen Werth, wenn sie auf Grundsätzen beruhen, und in Empfindung übergegangene Grundsätze sind.

Die Religion erhebt das Sittengesetz auf eine höhere Stufe, indem sie es als ein Gesetz Gottes zeigt; sie erleichtert zugleich dem

Menschen die Befolgung desselben, da sie an die Stelle trockner und nackter Pflichtmäßigkeit die, jedem gutgearteten Menschen natürlichen Gefühle der kindlichen Ehrfurcht, Liebe, Dankbarkeit und Folgsamkeit gegen Gott setzt; und auf eine Fortdauer nach dem Tode hinweist, in welcher die Entsagungen, welche die Pflicht auferlegt, eine fernere, von allen irdischen Zufällen freie, und vollkommen gerechte Belohnung finden. Sie erhebt aber auch den Menschen in seinem ganzen Innern, da der religiös gestimmte Mensch fühlt, daß er ein Gegenstand der Liebe und Sorgfalt des Unendlichen ist; daß das irdische Leben, als der kleinste und unvollkommenste Theil seines Daseyns, mit allen seinen Gütern und Vorzügen nicht in Betrachtung kommt gegen die Reinheit der über dasselbe hinausgehenden Gesinnung; und daß ihm, soweit es die Schranken der Endlichkeit verstatten, eine Gemeinschaft mit dem Wesen eröffnet ist, welches Alles hervorgebracht hat und Alles erhält.

Es ist demnach durchaus falsch, daß die Religion im Grunde nur Lehren aufstellt. Sie lebt und webt vielmehr in *Gefühlen*. Denn sie stellt Wahrheiten auf, die ihrer Natur nach, in jedem Menschen, der sich ihren Eindrücken offen erhält, zu Gefühlen werden; Wahrheiten, die nur aus dem natürlichen Gefühl entwickelt und entfaltet zu werden brauchen, damit die Ueberzeugung des Verstandes und die hinzutretende Erkenntniß das bloße Gefühl vor Unbestimmtheit und Unrichtigkeit bewahre.

Die Religion ist also nicht nur das kräftigste Beförderungsmittel der Sittlichkeit, sondern Religion und Sittlichkeit, religiöse und moralische Bildung sind eigentlich Eins und Ebendasselbe. Ein wahrhaft religiöser Mensch ist schon eben dadurch auch ein sittlicher; und es wäre eine gewissermaßen unnütze Frage, ob ein sittlicher Mensch auch nothwendig ein religiöser seyn muß? da die wahre Sittlichkeit in ihren höchsten Principien eine solche Anerkennung von dem Verhältniß des Menschen zu dem, was über die Endlichkeit hinaus liegt, voraussetzt, daß sie selbst nothwendig Religion ist.

Die Poesie steht zur Bildung des Menschen in einer zwiefachen Beziehung:

1) in einer der *Form*: indem sie Wahrheit und Lehre durch Einkleidung und rhythmischen Ausdruck der Einbildungskraft näher zu bringen sucht;

2) in einer des *Inhalts*: indem sie, überall das Erhabenste, Reinste und Schönste aufsuchend, im Menschen immer das Höchste und Geistigste seiner Natur anzueignen bemüht ist; und ihm beständig vor Augen hält, daß er den vorübergehenden Genuß der dauernden inneren Genugthuung, das Irdische dem Unendlichen nachsetzen, und im Widerstreit der Neigungen und Pflichten Alles, durch Selbstbeherrschung und Erhebung über das Niedere und Gemeine, dem Adel und der Reinheit der Gesinnung opfern muß.

Religion und Poesie stehen in gar keinem, am wenigsten in einem schroffen Gegensatz gegen einander.

Denn beide arbeiten nicht nur gleichmäßig auf die Veredlung des Menschen hin, sondern die religiösen Wahrheiten sind alle der Art, daß sie gerade des höchsten dichterischen Ausdrucks fähig sind; und die Poesie kann gar keine hohe, oder tiefe seyn, wenn sie nicht immer in das Gebiet hinübergeht, in welchem auch die Religion weilt.

Alle großen Trauerspiele des Alterthums und der neueren Zeit beruhen auf der Vorstellung der Abhängigkeit des endlichen Menschen von einer unendlichen Macht, und auf der Nothwendigkeit, das Endliche (Glück und Neigung) dem Ueberirdischen (Pflicht und Gesinnung) zum Opfer zu bringen.

Aller Gottesdienst nimmt daher die Poesie, als etwas der Religion nahe Verwandtes, in sich auf.

Die Poesie darf aber nur neben der Religion genannt werden, wenn sie die höchste, würdigste und reinste ist. Sie kann auch alles dies in minderem Grade seyn, und sogar einen entgegengesetzten Weg einschlagen; darum ist es zugleich unmöglich und unzulässig, Religion und Poesie mit einander vergleichen zu wollen, und noch mehr, die letztere als die moralische Bildung mehr befördernd zu betrachten.

Wenn man von dem Einflusse der Poesie auf die moralische Bildung reden will, so ist davon auszugehen, daß, ehe auf eine würdige Weise die Poesie auf den Menschen einwirken kann, in ihm eine doppelte Grundlage vorhanden seyn muß:

1) Eine *Grundlage der Gesinnung*, die Anerkennung sittlicher Pflicht, und der Nothwendigkeit sich dieser zu unterwerfen; dazu religiöses Gefühl, Ueberzeugung von einem höchsten Wesen, Glaube und vertrauende Liebe, Zuversicht, daß mit dem irdischen Tode das wahre Daseyn des Menschen erst beginne. Alles das muß auf einem wahren, sicheren Grunde beruhen; darin muß gar keine Poesie seyn, weil es die Grundfesten der menschlichen Gesinnung sind.

Wo diese Grundlage fehlt, kann keine Poesie wahrhaft moralisch wirken. Derjenige, in dem sie nicht ist, kann wohl augenblicklich von Macbeth's Lage ergriffen werden; aber das, was Shakespeare eigentlich hat wollen fühlen lassen, fühlt allein der, welcher unabhängig von aller Poesie, die Stimme des Gewissens im Busen trägt, und empfindet, wie furchtbar es sei zu tödten, wenn Gott das Gebot nicht zu tödten in das Herz des Menschen gelegt hat.

Die Religion der Griechen war nicht poetischer als das Christenthum, sie war nur sinnlicher.

Die Griechen haben eben nichts durch Vollkommenheit der moralischen Bildung geglänzt.

2) eine *Grundlage der Erkenntniß*.

Wer nicht über die wichtigsten Wahrheiten oft gründlich nachgedacht, wer nicht Kenntnisse im gehörigen Maaße gesammelt hat, der versteht den Dichter nur halb, und auf den übt die Poesie nur eine vorübergehende, leicht von ihm abgeleitende Wirkung aus. Er meidet vielleicht das Rohe und Gemeine, aber es bleibt in ihm eine betrübende Leere.

Die Poesie verführt wohl zu der Einbildung, daß man diese

Grundlagen entbehren könne; aber dies ist nicht ihre Schuld, sondern die Schuld derer, die sie misverstehen. Shakespeare, Schiller und Göthe würden alle Leser zurückweisen, welchen es an jenen Grundlagen fehlt, oder die nicht wenigstens ernstliches Bemühen zeigen, sie sich zu verschaffen.

Wo aber jene Grundlagen vorhanden sind, da beginnt der wohlthätige Einfluß der Poesie auf die moralische Bildung, ein Einfluß der nie zu hoch angeschlagen werden kann.

Die Poesie wirkt darin zuerst wie die Sittenlehre und die Religion selbst; sie wirkt mit der Macht, die sie, gerade als Poesie, über den Menschen ausübt.

Sie macht aber auch den ganzen Menschen für die moralische Bildung empfänglicher, indem sie ihn gewöhnt in Dingen, die ganz außerhalb des Gebietes der Sittenlehre und der Religion liegen, nur am Schönen, Edlen und Harmonischen Gefallen zu haben, und das Gegentheil überall von sich zu stoßen.«

Dieses Fragment über den Einfluß, welchen die Dichtung, in ähnlicher Weise wie die Religion, auf die moralische Bildung des Menschen auszuüben vermag, ist im Besitz eines theuren Freundes, des Prof. Ratzeburg (an der Königl. Forstakademie zu Neustadt-Eberswalde), eines talentvollen Naturforschers, der mehrere Jahre Erzieher von Hermann v. Humboldt, dem zweiten Sohne meines Bruders, war. In einem aus Albano an mich gerichteten Gedichte (September 1808) athmen dieselben Gefühle von reiner Sittlichkeit und unerschütterlicher Resignation:

> – aus des Busens Tiefe strömt Gedeihn
> Der festen Duldung und entschlossner That.
> Nicht *Schmerz* ist Unglück, Glück nicht immer *Freude*;
> Wer sein Geschick erfüllt, dem *lächlen* beide.

In den dichterischen Gestaltungen wie in den prosaischen Aufsätzen offenbart sich unablässig die Eigenheit und das wesentliche Gepräge eines großen, durch hohe Geistesgaben getragenen Charakters.

Berlin, im August, 1853.

Ueber die ältesten Karten des Neuen Continents und den Namen Amerika

Das lebhafte Interesse, welches die wichtige, mit kritischem Scharfblick abgefasste Abhandlung des Herrn Prof. *Ghillany* über die Erdgloben von *Martin Behaim* und *Johann Schöner* in mir erregt haben,* musste mich auf die Untersuchungen zurückführen, welche ich selbst über Behaim und Schöner in meinem Examen critique de l'Histoire de la Géographie du Nouveau Continent aux 15me et 16me siècles (terminé 1833) bekannt gemacht habe, T. I. p. 256–308; T. II. p. 26 und T. V. p. 170. Es ist mir eine Freude, hier zur Publicirung die chronologischen Resultate mitzutheilen, welche in der noch ungedruckten dritten *Section* den letzten Abschnitt meiner Schrift ausmachen sollten. Ich citire, als Beweisstellen, immer nur das Französische Originalwerk (die Ausgabe in 8°, die erst drei Jahre nach der Ausgabe in Folio erschien), nicht die Deutsche Uebersetzung, die ich nicht kenne und in der die 1832 von mir entdeckte Weltkarte von Juan de la Cosa (6 Jahre älter als des Columbus Tod) gänzlich fehlt.

Alle Forschungen über die ältesten Karten von Amerika müssen bekanntlich mit den *Ausgaben* der Geographie des Ptolemaeus beginnen wegen der Gewohnheit, die seit 1482 (Ausgabe von Nicolas Donis) und 1486 (opera ac expensis Justi de Albano de Venetiis) eintrat, neuere Karten den älteren von Agathodaemon beizufügen. Die grössste und vollständigste Sammlung von Ausgaben des Ptolemæus ist die des ausgezeichneten Geographen Baron Walckenaer zu Paris; sie zählt mehr als 30 Editionen, von denen einige in verschiedenen Jahren wiederholte aber gleichartige Abdrücke sind; sie enthält viele Ausgaben mehr, als Raidel's Commentatio critico-literaria de Claudii Ptolemæi Geographia 1737 darbietet. Ich habe die Walckenær'sche Samm-

---

* Dr. *Ghillany*: Die Erdgloben von Martin Behaim und Johann Schöner. Ein Programm. Nürnberg bei Schrag.

lung mehrere Monate lang bearbeitet und meine Bearbeitung ist durch den gelehrten Besitzer vervollständigt worden. Die editio princeps des Ptolemæus ist die Bologneser Ausgabe von Dominicus de Lapis, welche durch einen Druckfehler das Jahr 1462 auf dem Titel führt, aber, wie De Burc (*Bibliographie instructive* 1768 T. I. p. 32–45) und Bartolomeo Gamba (*Osservazioni* sulla *Geografia di Tolomeo*; *Bassano* 1796 p. 132) gründlich erwiesen haben, dem späteren Jahre 1472 angehört. Die nächst folgenden Ausgaben des Ptolemæus von 1475 (durch Jacobus Angelus aus Vicenza); von 1478 (auctore Arnoldo Buckinck e Germania, in Rom gedruckt); von 1482 (durch Nicolaus Donis, zwei Abdrücke aus Rom und Ulm); von 1486 (von Justus de Albano de Venetiis, gedruckt in Ulm); von 1490 (Romae, arte et impensis Petri de Torre); und von 1507 (Roma, edirt von Bernardinus de Vitalibus aus Venedig und Evangelista aus Brescia) enthalten zwar mehrmals moderne Karten, aber Nichts, das sich auf den neuen Welttheil bezieht. Der südliche Theil dieses Welttheils und die Antillen finden sich zum ersten Male auf einer *Kupferplatte* dargestellt (*ohne den Namen Amerika*) in der Römischen Ausgabe des Ptolemæus von 1508, correcta a Marco Beneventano et Joanne Cotta Veronensi. Ehe wir aber von dieser Ausgabe reden, in welcher die *Weltkarte* von Joh. Ruysch enthalten ist, muss die älteste *gezeichnete* Karte erwähnt werden, welche bisher bekannt ist.

Es ist dies die *Weltkarte*, welche 1500 der grosse Seefahrer Juan de la Cosa (bisweilen auch schlechthin Juan Biscaino genannt) in der Puerto da Sta. Maria gezeichnet hat, da er eben erst von der Reise mit Alonso de Hojeda und Amerigo Vespucci (eine Reise, die nur vom 20. Mai 1499 bis Mitte Juni 1500 dauerte und sich doch schon bis 3° nördl. Breite an die Ostküste von Südamerika erstreckte) zurückgekommen war. Von dieser Karte, der wichtigsten, die es für die früheste Geschichte der Geographie des Neuen Welttheils gibt, ist nur bisher das einzige Exemplar bekannt, welches sich in der kostbaren Bibliothek des Baron Walckenaer zu Paris befindet und von der ich in 3 Blättern die

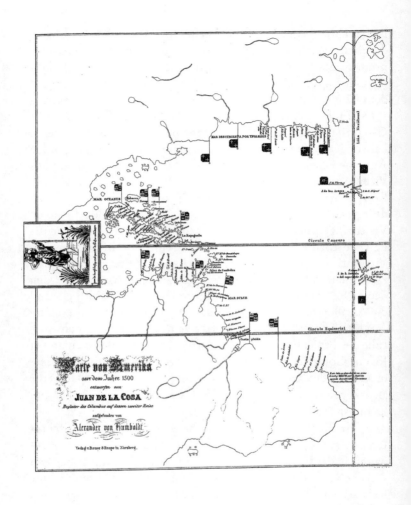

Haupttheile zuerst habe stechen lassen. Man hatte sie für eine Portugiesische Weltkarte gehalten von ganz unbekanntem Alter, bis ich während der Cholerazeit bei fleissigen Arbeiten in den Pariser Bibliotheken im Jahre 1832 die Worte entdeckte: *Juan de la Cosa la fizo en el Puerto de Sta. Maria en año de 1500*. Diese Inschrift steht neben einem kleinen farbigen Bilde, den grossen Christoph vorstellend, wie er das eine Weltkugel in der Rechten haltende Christuskind durch das Meer trägt – eine sinnige Anspielung auf den Namen Christophorus Columbus und die Hoffnung, welche seine Entdeckung des festen Landes von Südamerika (1. August 1498) für die Verbreitung des Christenthums gab. Juan de la Cosa, der Zeichner der Weltkarte, war des Columbus Gefährte auf seiner zweiten Expedition (25. Sept. 1493 bis 11. Juni 1496) gewesen. Er hat an fünf grossen Expeditionen Theil genommen (von 1493 bis 1509), von denen er zwei anführte (Exam. crit. T. V. p. 163). Aus dem Prozesse des Spanischen Fiscus gegen Don Diego Colomb über das Verdienst der ersten Entdeckung lernen wir, durch die Aussage des Bernardo de Ibarra: »Christoph Columbus, den man immer schlechthin den *Admiral* (wie Hernan Cortez den *Marquès*) nennt, habe sich darüber beklagt, dass Juan de la Cosa umherginge und behaupte, Mehr zu wissen als er, der Admiral. *Cosa, hombre habil andaba diciendo que sabia mas que el*«. Auch Petrus Martyr de Anghiera spricht mit grosser Achtung von Juan de la Cosa. Als er zu dem Marineminister, dem Bischof von Burgos Juan de Fonseca ging, um ihn 1514 über den Zusammenhang neu entdeckter Küsten zu consultiren, »fand er in dem Studirzimmer des Bischofs die trefflichen Seekarten des Juan de la Cosa, des Andrès de Morales aus Triana, und eine Portugiesische Karte, von der man glaubt, sie sei das Werk des überaus sachkundigen Amerigo Vespucci, der in seiner Schifffahrt die Aequatorial-Linie durchschnitten hat.« Exam. crit. T. IV. p. 130.

Die Weltkarte von Juan de la Cosa stellt in ziemlich richtiger Configuration, aber viel zu nördlich vor die grossen und kleinen Antillen, die nördliche Küste von Südamerika (von der Bocca del

Drago bis Cabo de la Vela und Monte San Eufemia, dem östlichsten Berggehange der Sierra de Sta. Marta, damals Sierras nevadas da Citarma genannt), auch die östliche Küste von Südamerika, auf welcher die Mündung des Orinoco (Rio de la Possession y Mar dulce), die des Amazonen-Flusses (Costa Plaida) und das Vorgebirge San Augustin (südliche Breite 8° 19') angegeben sind. Bei diesem Vorgebirge, etwas südlich, wo der Name Puerto *Hermoso* steht, ist als Entdecker im Jahr 1499 Vicente Yañez Pinzon genannt. Die frühesten Namen des Cabo San Augustin waren Rostro *Hermoso*, Cabo Sta. Maria de la Consolacion und Cabo de Sta. Cruz. (Exam. crit. I. p. 314–316). Eine Küstenlinie ohne alle Namen, von Cabo de la Vela bis zum äussersten Norden, verbindet durch festes Land Venezuela mit Labrador. Man glaubt die Mündung des Rio Magdalena oder des Atrato zu erkennen, Nichts aber deutet auf eine Kenntniss der *Configuration* der Strecke von Puerto de Mosquitos am westlichsten Ende des Isthmus von Panama bis Honduras,* eine Strecke, die Christoph Columbus erst auf der vierten oder letzten Expedition entdeckte (von Mai 1502 bis Nov. 1504); Nichts auf die Configuration des Golfs von Mexico, wohin Cortez erst 1519 schiffte, obgleich die Existenz der Mexicanischen Küste durch die Eingeborenen von Cuba früh schon bekannt war, eben so wenig ist das Littoral der jetzigen Vereinigten Staaten von Nordamerika speciell bezeichnet, obgleich Sebastian Cabot auf seiner zweiten Expedition für England die ganze Küste von dem Parallel von 67° ½ und der Terra de Bacalaos (Neufundland) bis zur Spitze von Florida, Cuba gegenüber, bereits im Sommer 1498 beschifft hatte. (Petr. Martyr. de Anghiera, Oceanica Decas III. lib. 6 p. 267 und Biddle Memoir of Sebastian Cabot p. 34). In den nördlichen Regionen, in einer *Mar discubierta per Yngleses*, im Nordosten von der Insel Cuba, gibt aber die Weltkarte von Juan de la Cosa, durch viele Namen bezeichnet, die Entdeckungen Englischer Schifffahrer

---

* Das Bild des grossen Christoph mit dem Jesuskinde bedeckt diesen Theil und unterbricht so scheinbar die Configuration des Littorals.

auf einer Küste an, die genau von *Osten gegen Westen* läuft, unter 53° Breite, wenn man den von Cosa dargestellten Abstand des nördlichen Wendekreises vom Aequator zum Massstabe nimmt. Das Stück Küste, welches in dieser ostwestlichen Richtung dargestellt wird, ist wahrscheinlich die den St. Lorenzbusen nördlich begränzende Küste, gegenüber der jetzt so genannten Insel Anticosti. Die Isla Verde, nordöstlich von dem Cabo d'Inglaterra, wäre dann wohl Neufundland und nicht Grönland (Greenland). Die Küste, die sich plötzlich gegen Norden wendet, wird nur bis 70° ½ Breite verzeichnet und in Osten so weit vorgestreckt, daß sie die Inseln Frieslanda der Brüder Zeni und Tille (Thule des Ptolemaeus, wahrscheinlich Island, Exam. crit. II. p. 113–116) umfasst.

Von der frühesten Entdeckung des *festen Landes von Amerika* durch die von Bristol absegelnden Johann und Sebastian Cabot, an der Küste von Labrador, zwischen 56° und 58° Breite, den 24. Juni 1497 (also volle 13 Monate *vor* des Columbus Entdeckung des festen Landes in Südamerika, im östlichen Theile der Provinz Cumana bei Punta Redonda; Exam. crit. T. I. p. 309) findet sich auf Cosa's Karte kein ursprüngliches Zeugniss. Der von den Cabots berührte Punkt wurde von denselben immer mit dem Namen *Prima Vista* (*terra primum visa*) bezeichnet, gegenüber einer gleichen Insel, welche sie *St. John* nannten. Auf der Weltkarte von Juan de la Cosa finde ich unter den, den Engländern (d.h. den Cabots) zugeschriebenen Entdeckungen blos das Wort Cabo de San Johan neben einer großen Isla de la Trinidad, etwa 3° südlicher als Cabot's Angabe, wenn man überhaupt auf Cosa's Breitenangaben viel fussen dürfte. Es ist hier der Ort zu erinnern, dass diese sogenannten *ersten* Entdeckungen des festen Landes von Nordamerika durch Johann und Sebastian Cabot, von Südamerika durch Christoph Columbus doch nur ein *Wiederauffinden* des Neuen Continents genannt werden müssen. Ohngefähr ein halbes Jahrtausend früher, um das Jahr 1000, betrat schon Leif, der Sohn Erik's, des Rothen, das Festland des Staates Masachusetts, welches zu der Küstenstrecke Winland (so nannten die Amerikanischen Scandinavier nie Neufundland, sondern die Küste zwischen Boston und New-York) gehörte. Nach den ältesten Sagen und dem Isländischen Landnamabuche sind selbst die südlichen Küsten zwischen Virginien und Florida unter dem Namen des *Weissmännerlandes* oder *Gross-Island* beschrieben worden. Zwischen Grönland und Neu-Schottland (Maryland) gab es noch Verbindungen bis 1347, zwischen Grönland und Bergen in Norwegen bis 1484, also bis sieben Jahre nach dem Zeitpunkte, wo Columbus Island besucht hatte. (Kosmos, Bd. II. S. 269–277 und S. 457–461.)

Der Karte von Juan de la Cosa bleibt ihr Vorrang*, und wenn in Italien, wie sehr zu wünschen wäre, eine Karte von den frühesten Entdeckungen aufgefunden würde, die Bartholomè Colon gezeichnet und die später noch in den Händen des Venetianischen Cosmographen Alessandro Zorzi, Herausgeber und Sammler (raccogglitore) des Mondo novo (der Raccolta Vicentina von 1507) sich befand. Diese bis jetzt für uns verlorene Seekarte war von 1505, also doch fünf Jahre neuer als Cosa (Exam. crit. T. IV. p. 80.) Eben so sind für uns verloren: die von Christoph Columbus 1498 gezeichneten Karten der Insel Trinidad und der Küste Paria, deren in dem berühmten Processe gegen die Erben Erwähnung geschieht (Exam. crit. T. I. 188); die Karte der Entdeckungen von Amerigo Vespucci, die Trithemius (der Benedictiner-Abt von Trittenheim) klagt wegen grosser Theuerkeit nicht haben kaufen zu können (Exam. crit. T. I. p. 87 und T. IV. 141); die Seekarte, welche nach einem Briefe von Angelo Trivigiano, vom 21. August 1501, Columbus für diesen seinen »grossen« Freund in Palos durch Domenico Malpiero zeichnen liess und die alle bis dahin im Westen neu entdeckten Länder darstellte (Exam. crit. T. IV. p. 71). Das Wappen selbst, welches nach

---

* Ueber die auf blosse Vermuthungen gegründete Karte, deren sich Columbus zu seiner Entdeckung bediente und die wohl mit Unrecht dem Toscanelli zugeschrieben wird, s. Ex. crit. T. I. p. 239–254. Las Casas hat sie besessen, Hist. general Mss. Lib. I. cap. 12.

der ersten Entdeckungsreise dem Christoph Columbus von Ferdinand und Isabella den 20. Mai 1493 als *Admiral* gegeben wurde (*para sublimar su persona*), enthielt auch eine kleine Seekarte. Man sieht darin eine Gruppe von Inseln in einem Golf, der, wie Oviedo sagt, von einer *tierra firme de las Indias* gebildet wird. Die Insel Cuba selbst wurde nämlich gleich Anfangs für ein Festland (tierra firme) angesehen, und auf der zweiten Reise liess Columbus den 12. Juni 1497 diesen Glauben in einem eigenen Documente von 80 Mitreisenden als eine unumstössliche Wahrheit beschwören*. Juan de la Cosa (*maestro de hacer Cartas*) war einer dieser Zeugen. (Exam. crit. T. IV. p. 239.)

Diese Notiz über die bisher entdeckten ältesten gezeichneten Karten der Neuen Welt** ist noch mit der Betrachtung zu beendigen, dass man, bis zu meiner Veröffentlichung (1832) der Weltkarte von Juan de la Cosa aus der Bibliothek des Baron Walkenaer zu Paris, für die ältesten gezeichneten Karten zwei in der Militär-Bibliothek zu Weimar aufbewahrte von 1527 und 1529 hielt. Sie sind 21 bis 23 Jahre neuer als des Columbus Todesjahr und wesentlich von einander verschieden, obgleich Sprengel in der Deutschen Uebersetzung der »Geschichte der Neuen Welt von Muñoz« (Th. I. p. 429) sie irrthümlich für identisch hielt. Beide bezeugen den Reichthum des Materials, der dabei angewandt worden ist, da die Configuration von Nord- und Südamerika und beider Zusammenhang durch die Landenge von Panama im Allgemeinen unseren jetzigen Karten sehr ähnlich sind. Die Weltkarte von 1527 stammt aus der Ebner'schen Bibliothek zu Nürnberg her. Ebner hatte geglaubt, sie sei erst in der Bibliotheca Colombiana zu Sevilla gewesen, deren Stifter des Chri-

---

* In der Historia general de las Indias von Bartolomè de las Casas, die ich genau studirt, wird ausdrücklich gesagt: Colon murió antes que supi de que Cuba fuese isla. Lib. II. cap. 38.
** Mehrere Jahre nachdem ich die Weltkarte von Juan de la Cosa von 1500 entdeckt und beschrieben habe, ist sie von meinem Freunde Don Ramon de la Sagra ganz publicirt worden.

stoph Colon gelehrter Sohn, *Don Fernando Colon*, war. Ich habe Gelegenheit gehabt, diese Karte von 1527 mehrfach in Weimar genau zu untersuchen. Sie ist genannt in *Murr, Memorabilia Bibl. Norimb.* T. II. p. 97. und genau beschrieben von Baron von Lindenau in Zach's Monatl. Correspondenz, October 1810. Der vollständige Titel heisst: *Carta universal en que se contiene todo lo que del Mundo se a descubierto hasta aora, hizola un Cosmographo de Su Magestad MDXXVII.* In der anderen Weltkarte ist der Cosmograph, der sie verfasst hat, deutlich genannt; es ist Diego Ribero, *Cosmographo de S. M.* und (seit 1523), *maestre de hacer Cartas, Astrolabios y otros instrumentos*, ein Mann, der nie in Amerika war, aber wohl mit Don Fernando Colon, dem zweiten Sohne des grossen Admirals, mit Sebastian Cabot und Johann Vespucci, Neffen des Amerigo, dem berühmten, geographisch-astronomischen Congress an der Puente de Caya (zwischen Bajadoz und Yelves) beiwohnte, ein Congress, in welchem die Längengrade festgesetzt wurden, welche die Territorial-Grenzen zwischen den Kronen von Spanien und Portugal in den neu entdeckten Ländern werden sollten. (Exam. crit. T. II p. 180–186.) In der anonymen Karte von 1527 sind die Küsten der Südsee bloss im Golf von Panama angedeutet, man sieht nichts vom Littoral des Choco oder dem von Quito: in der Karte von Ribero (1529) erkennt man dagegen die Südseeküsten von Panama an bis zu 10° südlicher Breite.

Wenn acht Jahre nach der Entdeckung von Amerika durch Christoph Columbus die von Juan de la Cosa gezeichnete Weltkarte schon ein allgemeines Bild der Antillen, eines grossen Theils von Südamerika und der nördlichen Entdeckungen der Cabote darlegte, so gehörte dieselbe Zahl von Jahren wieder dazu, um in der mit modernen Karten Europäischer Länder bereits längst bereicherten Geographie des Ptolomäus endlich einmal Theile des Neuen Continents auf Kupferplatten abgebildet zu sehen. Nichts davon, wie wir bereits oben bemerkt, war vorhanden in der Römischen Ausgabe von 1507, edirt von Bernardinus de Vitalibus und dem Bresciamer Evangelista. Theile des

Neuen Continents, nämlich das noch nicht ganz umschiffte und anonyme Cuba, Haiti, die kleinen Antillen und ein beträchtliches Stück von Süd-Amerika (hier *Terra Sanctae Crucis sive Mundus Novus* genannt), bis 40° südlicher Breite, *finden sich zuerst* in einer Weltkarte von Johannes Ruysch (Germanus), *die in der Römischen Ausgabe des Ptolemäus von 1508 erscheint*. Der Text derselben ist von dem der Ausgabe von 1507 gar nicht verschieden, er ist wie ein blosser Nachdruck, und dazu noch ein päpstliches Privilegium vom 28. Julius 1506 beigefügt. (Ueber diese wichtige Karte von 1508 s. Walkenaer, in den *Recherches géographiques sur l'Interieur de l'Afrique septentrionale* p. 186, wie auch in der *Biographie universelle*, T. VI. p. 207.) Der Titel der Karte ist: Universalior cogniti Orbis Tabula ex recentibus confecta observationibus. Von Nordamerika ist Nichts zu sehen, weil Neufundland unter dem Namen Terra Nova und Bacalauras* mit Grönland (Gruentland) zu dem nordöstlichen Theile von Asien gerechnet sind, zu dem Theile, in dem man »Desertum Lob und Judaei inclusi« unter dem Polarkreise; Gog und Magog, Karocoam (die Mongolen-Hauptstadt Karacorum) und Tibet findet. In den Asiatischen *Bergi extremis* wird angegeben, »dass der Seecompass nicht mehr weist,« eine Vermuthung über die Lage des Magnetpols. Eine andere Anmerkung sagt, dass die Insel Haiti (Spagnola) das goldreiche Zipangu (Sipangus) des Marco Polo sei und dass dieser Identität wegen man Zipangu weggelassen. Der abgebildete Theil von Südamerika, Terra Sanctae Crucis, ist gegen Westen unbegrenzt geblieben. Dort ist keine Südseeküste angegeben. Die östliche Küste hat viele Positionen mit Namen, deren südlichste (lat. 32° und 33° austr.) *Rio de St. Vincent* und *Rio de Cananor* sind. Wir werden weiter unten zeigen, welches Interesse sich an diese Namen, wegen des von Herrn Professor *Ghillany* beschriebenen Schöner'schen Globus von 1520, knüpft. Was man von Südamerika in der Karte von Johann Ruysch (1508) sieht, von der ich ein

---

* Stockfischland, von Bacallao, dem Spanischen Namen des Stockfisches.

Amerikanisches und Ostasiatisches Fragment im fünften Theile meines Examen critique de la Geographie du Nouveau Continent habe stechen lassen, endet keineswegs pyramidalisch in einem spitzen Winkel. Die von Rio de Cananor an unbenamt bis 40° südlicher Breite fortlaufende Küste ist von Norden gegen Süden gerichtet. Sehr merkwürdig ist es, dass in dieser Ausgabe des Ptolemäus von 1508 (gedruckt von Evangelista Tosino und bearbeitet oder vielmehr commentirt von Marcus aus Benevent und Johann Cotta) zweimal deutlichst gesagt ist: die Portugiesen seien in ihrer Schifffahrt bis 50° südlicher Breite gekommen und hätten noch kein Ende des Landes gefunden. »Nautae Lusitani partem hanc terrae (Sanctae Crucis) observarunt et usque ad elevationem poli antarctici 50 graduum pervenerunt, nondum tamen ad ejus finem austrinum. Terra Sanctae Crucis (setzt dieser Bemerkung von Ruysch, die auf der Karte selbst gestochen ist, Marcus Beneventanus im 14. Capitel seiner Nova Orbis descriptio* hinzu) *decrescit* (also Verschmälerung!) usque ad latitudinem 37° austr., quamque Archiploi usque *ad lat. 50° austr. navigaverint, ut ferunt; quam reliquam portionem descriptam non reperi.* Dies führt bis 2° ½ nördlich von der Magellanischen Meerenge und beweist, dass Ruysch sich entweder auf Vespucci's Behauptung, er sei in der dritten Reise (1501 und 1502) vom Cap San Augustin an auf offener See bis 50° oder 52° südlicher Breite gelangt (Ex. crit. T. IV. p. 121. und T. V. p. 20.), gründet, oder dass zwischen 1500 und 1508 heimliche Expeditionen von den Portugiesen unternommen wurden, deren bestimmte Epochen und Anführer uns unbekannt geblieben sind (Examen crit. T. V. p. 5–9.).

Wir kennen genau nur die Chronologie der *Spanischen* Entdeckungen an der Ostküste von Südamerika. Nachdem Christoph Columbus den 1. August 1498 die Nordostküste der Provinz Cumana, nicht den bergigen Theil von Paria, sondern bei

---

* Diese Abhandlung von Marcus Benev. ist in dem Ptol. von 1508 selbst enthalten. (Exam. crit. T. II. p. 7.)

Punta Redonda, nahe dem Caño Macareo* als das erste Festland von Amerika *seit den Scandinaviern* entdeckt hatte, gelangten Alonzo de Hojeda (mit Juan de la Cosa und Amerigo Vespucci) 1499 bis 3° nördlicher Breite; Vicente Yañez Pinzon im Jahr 1500 bis zum Vorgebirge San Augustin in 8° 20' südlicher Breite und, wenige Wochen darauf, Diego de Lepe eben dahin. Dieser bemerkte, was für die Vermuthungen über die pyramidale Gestaltung von Südamerika nicht ohne Wichtigkeit gewesen ist, dass vom Cap San Augustin die Küste Nordost–Südwest läuft. Ohne von Vicente Yañez Pinzon und von Lepe etwas wissen zu können, berührte, von König Emanuel von Portugal ausgesandt, um auf dem von Gama eröffneten Wege nach Calicut zu segeln, Pedro Alvarez Cabral, wie zufällig, am 24. April 1500 die Brasilianische Küste unter 10° südlicher Breite, nur 25 geographische Meilen südlicher als das Vorgebirge San Augustin, zwischen der jetzigen Porto Frances und der Mündung des Rio San Francisco. Um die Windstillen des Golfs von Guinea und die Südwest-Winde zu vermeiden, die zwischen den Caps Palmas und Lopez wehen, hatte Cabral auf der Fahrt nach dem Vorgebirge der guten Hoffnung den Aequator zu weit westlich durchschnitten und war dadurch, wie Rennell's Karten der Meeresströmungen deutlich zeigen, durch den *mittleren Aequatorialstrom* in den gefürchteten *Brasilianischen* Strom gelangt. Aus einem Briefe des Königs Emanuel an Ferdinand, den Katholischen, (29. Juli 1501) wissen wir, dass man damals das von Cabral entdeckte Land für eine abgesonderte Insel und gar nicht mit dem von Columbus entdeckten Paria zusammenhängend hielt, aber gleich erkannte, wie nützlich die Lage derselben für die Schifffahrt nach Ostindien sein würde. »La qual tierra pareció que milagrosamente quiso nuestro Señor que se hallase, porque es muy conveniente y

---

* Humboldt, Rel. hist. T. II. p. 702. Exam. crit. T. I. p. 309. Bekanntlich ist, wie schon oben bemerkt, Cabot's Entdeckung des Festlands von Nordamerika an der Küste von Labrador, 24. Juni 1497, älter als die Auffindung des Festlandes von Südamerika.

necessaria para la navegacion de la India, porque alli Pedro Alvarez (Cabral) reposó sus navios y tomó agua.« Als Cabral von seinem Landungsplatze noch längs der Brasilianischen Küste bis 16° ½ südlicher Breite, ohngefähr bis Porto Seguro, weiter vorgedrungen war, wandte er sich, begünstigt von Rennell's *southern connecting Current*, in Ostsüdost nach der Lagullas-Bank bei dem Vorgebirge der guten Hoffnung. Die nächstfolgende Spanische Expedition war die von Vicente Yañez Pinzon und Juan Diaz de Solis, welche die Küsten vom Vorgebirge San Augustin bis Rio Colorado, also auch nur bis 40° südl. Breite besuchte. Es war dieselbe erst den 29. Juni 1508 von San Lucar ausgelaufen, als schon in der oben beschriebenen Ausgabe des Ptolomäus die Weltkarte von Ruysch und der Commentar von Marcus Beneventanus zu Rom erschienen waren, in denen »von Portugiesischen Entdeckungen bis 50° südl. Breite geredet wird.« (Exam. crit. T. I. p. 315–322.) Selbst in der zweiten Expedition, in der Juan Diaz de Solis den Tod fand, gelangte man im Jahr 1515 von der damals zuerst erkannten Mündung des La Plata-Stromes (Mar dulce, Rio de Solis) südlich kaum weiter als 35°. Erst in der Expedition von Magellan erreichte den in der Weltkarte von Johann Ruysch (1508) erwähnten 50. Grad südl. Breite der Capitän Juan Serrano bei der Mündung des Rio de Santa Cruz (lat. austr. 50° 18') im October 1520. (Exam. crit. T. II. p. 23.) Endlich in der Expedition von Fray Garzia de Loaysa, also 5 Jahre nach Juan Serrano, fand Francisco de Hoces, der die Caravela S. Lesmes commandirte, 1526, was er »die Südspitze des Amerikanischen Continents« (*acabamiento de tierra**) nennt, nach seiner Beob-

---

* »Das *Aufhören* des Landes.« Gewöhnlich wird die Entdeckung des Cap Horn dem Sir Francis Drake 1578, als er vom Westen kam, zugeschrieben. Er nannte das Vorgebirge: Cap der Elisabeth-Inseln. Le Maire, von dem der Name Cap-Horn herrührt, gab diesen Namen 38 Jahre später, weil er in seinem Schiffe (Endragt) von der Stadt Hoorn aus an der Zuydersee, Schouten's Vaterstadt, abgesegelt war (Fleurieu, im Voyage de Marchand T. III. p. 254 und 271).

achtung in 55° südl. Breite. (Exam. crit. T. V. p. 254.) Das Cap Horn, der südlichste Hornblendschieferfels einer kleinen Insel, liegt in lat. 55° 58' 41".

Die Römische Ausgabe des Ptolemäus von 1508 enthält, wie wir bereits bemerkt, die *erste gestochene Karte* von Theilen des Neuen Continents, *doch ohne den Namen Amerika*. Dieser Name erscheint *in keiner Ausgabe des Ptolemäus vor dem Jahre 1522*, wohl aber schon, wie wir bald hier zeigen werden, 1507 im Ilacomylus; 1509 in dem anonymen Strassburger Werke: Globus mundi declaratio; 1512 im Commentar von Vadianus zum Pomponius Mela; 1520 in der gestochenen Weltkarte des Petrus Appianus, die der Ausgabe des Solinus von Camers beigefügt ist. Wie ist der Name Amerika entstanden? Wer hat ihn gegeben?

Christoph Columbus starb zu Valadolid den 20. Mai 1506, und ein Jahr darauf erscheint in einem Werke: Cosmographiae Introductio cum quibusdam Geometriae ac Astronomiae principiis ad eam rem necessariis. Insuper quatuor Americi Vespucii navigationes, gedruckt ohne Namen des Verfassers in den Vogesen, in der kleinen Lothringischen Stadt Saint Dié (Diey) an der Meurthe, der auf einem blossen Irrthum beruhende Vorschlag, dem neuen Welttheil »zu Ehren seines Entdeckers, Vespucci« den Namen *Americi terra vel Ameri*ca zu geben. Dieser ersten Ausgabe vom Mai 1507, dem Kaiser Maximilian im Namen des Gymnasium Vosagense zu Saint Dié gewidmet, folgte zu Strassburg eine andere von 1509, in der der Verfasser sich *ex Sancti Deodati oppido* in der Vorrede als *Martinus Ilacomylus* unterschreibt. Noch 2 andere Editionen erschienen in Venedig 1535 und 1554. Trotz dieser Vervielfältigung ist dies Werk, welches den wahren und ersten Ursprung des Namens *Amerika* erweist, so selten geblieben, dass 1832 in Paris nur ein einziges Exemplar und nicht einmal auf der königlichen Bibliothek existirte (Ex. crit. T. IV. p. 104). Robertson und selbst Muñoz haben sein Dasein gar nicht gekannt. Der gründlichste Forscher der geograph. Entdeckungen im Neuen Continent, Navarrete, hielt das *Oppidum divi Deodati* für die Stadt Tata oder Dotis in *Ungarn* und den Hylacomylus (er schrieb sich bald mit, bald ohne H) für einen *Ungar*. Meine Untersuchungen haben unwidersprechlich gelehrt, dass Hylacomylus ein Deutscher, Lehrer der Geographie am Gymnasium zu Saint Dié und aus Freiburg im Breisgau gebürtig war. Sein Name war *Martin Waldseemüller* (oder Waltzemüller). Er hatte wenig vor 1507 in St. Dié selbst eine Buchhandlung gestiftet, war ein genauer Freund von Pater Reisch, dem Karthäuser-Prior bei Freiburg, Verfasser der encyclopädischen Margarita philosophica und des berühmten Philologen Mathias Philesius (Ringmann); er bearbeitete zugleich Handschriften des Ptolomäus und die Reiseberichte, welche Amerigo Vespucci an den grossen Beschützer der Geographie, Herzog Renatus II. von Lothringen, Grafen von Provence (Enkel des Renatus I. von Anjou, und dadurch Anspruch machend auf den zweifachen Titel der Königthümer von Sicilien und Jerusalem) richtete. Der Munificenz dieses Fürsten verdankt man die schöne Strassburger Ausgabe des Ptolemäus von 1513, die, wie ausdrücklich darin gesagt wird, *sechs Jahre* früher in den Lothringischen Vogesen (Lotharingiae terrae latebris, Vosagi rupibus) begonnen war. (Ex. crit. T. IV. p. 109.) In diesem Ptolemäus von 1513 findet sich, dieses fürstlichen Einflusses wegen, unter den Regionen *extra Ptolemäum* eine Karte von *Lotharingia, vastum Regnum*. Die Karten im Ptolemäus von 1522 aus Strassburg (bei Johann Grüninger) sind alle, wie Phrisius ausdrücklich sagt, von der Hand des Ilacomylus (*sunt tabulae e novo a Martino Ilacomylo pie defuncto constructae*). Ex. crit. T. IV. p. 116. Forschungen, die auf meine Bitte in den Universitäts-Archiven von Freiburg im Breisgau angestellt wurden, haben endlich 1836 dahin geführt, dass der Herr Professor und Bibliothekar Schreiber in den wohl aufbewahrten Universitäts-Matrikeln des 15. Jahrhunderts die Worte aufgefunden hat, die ich habe lithographiren lassen: »*Martinus Waltzemüller de Friburgo*, Constantiensis dyœcessis wurde als Student eingeschrieben unter dem Rectorate des Conrad Knoll von Grüningen, den 7. Dec. 1490.« Schon Ortelius hatte im Theatrum Orbis terrarum 1570 die Vermuthung ausgesprochen, »dass der Geograph Martinus Ylacomilus Friburgensis, Verfasser einer Karte von Europa, und Martin Waldseemüller, Verfasser einer Weltkarte (tabula navigatoria oder marina) eine und dieselbe Person sei.«

Die endliche Ergründung der persönlichen Verhältnisse des Mannes, der den Namen Amerika dem neu entdeckten Welttheile zu geben anrieth, und die sichere Bestimmung des Jahres (1507), in dem dieser geographische Name entstand, sind um so wichtiger, als sie den zuerst (1533) von Schöner angeregten, später von Fray Pedro Simon in den Noticias historicas de las Conquistas, von Solorzano und Herrera verbreiteten Verdacht widerlegt, als habe Amerigo Vespucci als Piloto major in Karten, die er in Sevilla zeichnen liess, das Wort Amerika auf die neu entdeckten Küsten gesetzt. Vespucci wurde erst am 22. März 1508, also ein Jahr, *nachdem* in Lothringen die Quatuor Navigationes (übersetzt *de vulgari Gallico in Latinum*) erschienen, zum Piloto major ernannt. (Ex. crit. T. IV. p. 157. T. V. p. 167. 173. 206 u. 207.) Der Gedanke, einen neuen Welttheil entdeckt zu haben, ist nie bei Vespucci, so wenig wie bei Columbus entstanden. Beide sind in dem festen Glauben gestorben, Theile von Asien entdeckt zu haben. Nur vier Jahre vor seinem Tode schreibt Columbus noch an den Pabst Alexander VI.: »ich habe Besitz genommen von 1400 Inseln und habe entdeckt 333 Leguas von dem Festlande von Asien.« (Ex. crit. T. IV. p. 9. 234. 257 u. 299. T. V. p. 181.) Vespucci ist gestorben den 22. Februar 1512 (nicht 1508, wie Robertson, nicht 1516, wie Bandini und Tiraboschi wollen), ohne zu erfahren, welche Ehre die Geographen seinem Namen angethan. Auf Karten erschien der Name erst 8 Jahre nach seinem Tode. Merkwürdig ist es, dass Ferdinand Columbus, der als Biograph des grossen Vaters mit unerbittlicher Strenge Alles verfolgt und widerlegt, was den Ruhm des Vaters schmälern konnte, in seinem erst 1533 beendigten Werke nie Unwillen gegen Vespucci bezeigt, ja der so ungerechten und schon damals weit verbreiteten Benennung *»Amerika«* nie erwähnt. Dieser Umstand hat schon die Verwunderung des berühmten Bartolomé de las

Casas, Bischof de la Ciudad Real de Chiapa oder Cacatlan, erregt, der in seinem langen Werke, das leider! immer nur noch handschriftlich existirt, in den verschiedenen Epochen der Redaction von 1527 bis 1559 allmälig heftiger und heftiger gegen Vespucci auftritt, je nachdem er den Namen des neuen Welttheils, Amerika, mehr und mehr sich verbreiten sieht.

Ich habe in zwei Epochen meines Lebens, in Paris 1838 und in Berlin 1847, die vier Folio-Bände der *Abschrift* von des Las Casas Historia general de las Indias, die Jahre 1492 bis 1520 enthaltend, gründlich zu untersuchen Gelegenheit gehabt. Die Abschrift hat ursprünglich Herrn Ternaux-Compan gehört und ist wahrscheinlich dieselbe, welche ich im Mai 1799 vor meiner Einschiffung nach Amerika in Madrid in den Händen des ausgezeichneten Geschichtsschreibers Don Pedro Muñoz gesehen. Fray Bartolomé de las Casas war 1474 geboren und starb 60 Jahre nach dem Tode seines Freundes Christoph Columbus in dem Alter von 92 Jahren. In dem lib. I. cap. 140. pag. 693 heisst es noch mit einiger Schonung: »Auch ist hier zu erwähnen la injusticia y el agravio, welche gegen den Admiral (Columbus) begehen, sei es jener Americo Vespuccio selbst, seien es die, welche seine vier Seereisen drucken liessen (*que aquel Americo Vespucio parece* aver hecho al Almirante), indem sie dem Vespucio in ihren *Lateinischen* Schriften oder in modernen Sprachen, wie auch in Landkarten, die Entdeckung des Welttheils zuschreiben.« Die Wendung *parece*, »es hat das Ansehen«, ist sehr mildernd und zeigt den Zweifel an, ob wohl Vespucio selbst an dem Uebel schuld sein möge. Nachdem in demselben Capitel pag. 696 die wahren Verhältnisse von Amerigo, der als Lootse (Piloto), oder als Kaufmann (mercador), oder vielleicht als Actionär an der Expedition des Alonso de Hojeda betheiligt, sich im Mai 1499 eingeschifft hatte, entwickelt worden sind, setzt Las Casas hinzu: die falsche Angabe der Abreise in 1497 ist eine grosse Bosheit, wenn die Angabe eine *geflissentliche* (nicht aus Versehen entstandene) ist. War sie auch wirklich keine *absichtliche*, so scheint sie es doch. Wahr ist freilich, dass die Zahl 97 vielleicht nur ein blosser

Schreibfehler sei und dass nichts Strafbares darin liege. (»Que partió Amerigo a 20 de Mayo 1497 parece falsedad: y si fué de industria hecha maldad grande fue: y ya que no lo fuese al menos parecelo. – Verdad es que parece aver avido yerro y no malicia en esto.«) Diese Unklarheit des Styls, diese Schwankungen zwischen dem, was absichtlicher Betrug oder zufällige Verwirrung der Epochen sei, findet sich wieder pag. 699: »Tambien se pudo errar la pendola en poner el año de nueve por el de ocho al fin quando trata Amerigo de la vuelta á Castilla y si asi fuera era cierta la malicia. Desta falsedad o yerro de pendola *o lo que aya sido* han tomado los escriptores extrangeros de nombrar la nuestra tierra firme America, como si Amerigo solo y no otro que el, y antes, la oviera descubierto, parece pues quanta injusticia se hizo si de *industria* se le usurpó lo que era suyo al Almirante Don Christobal Colon.« In dem 164. Capitel des ersten Buches p. 827 hört aber alle Scheu auf, den Vespucci, welchen Columbus fast bis zum Tode seinen Freund nennt, ungerecht zu beschuldigen. Das Buch *de las quatro Navegaciones* (pag. 693 und 695) mit dem Prologo: »que hizo Amerigo al Rey Renata de Napoles« hat mit vielen anderen Schriften, (z. B. dem Novus Orbis des Grynaeus von 1532, der lib. II. cap. 2. p. 32 citirt ist) welche alle dem Columbus die erste Entdeckung rauben, den Bischof allmälig auf's Aeusserste gereizt. Er sagt ausdrücklich: es gereue ihn, in dem Cap. 140 die *malicia* des Amerigo für zweifelhaft gehalten zu haben. Er hat sich von der *gran falsedad y maldad* jetzt überzeugt, ohne uns seine Gründe anzugeben. (»En el capitulo 140 del libro I. *trabage* de poner por dudoso si el Amerigo avia de *industria* negado tacitamente este descubrimiento primero aver sido hecho por el Almirante y aplicado á si solo, porqué no avia mirado lo que despues colegí de los mismos escriptos del Amerigo con otras escripturas que de aquellos tiempos tengo y he hallado. Por lo qual digo aver sido gran falsedad y maldad la de Amerigo queriendo usurpar contra justicia el honor devido al Almirante y la prueva desta falsedad por esta manera y por el mismo Americo quedara clarificada.«) Seite 826 wird derselbe

Ausspruch: »*de industria lo hazia Vespucio*« wiederholt. Lib. I. cap. 165. p. 829; Lib. II. cap. 2. p. 23 und 26.

Kritischer und nicht ewig verwechselnd, was Andere dem Amerigo zuschreiben und was er von sich selbst behauptet hat, verfuhr des Columbus Sohn, Don Hernando, der sich doch überall sonst so eifersüchtig auf den Ruhm seines Vaters zeigt. Auffallend genug ist es, dass jener Mangel aller Anschuldigung des Amerigo im Munde des Don Hernando Colon dem eifernden Bischof selbst unerklärlich scheint und dass dieser Umstand ihn doch nicht in seinem Irrthum wankend gemacht. Ich finde Lib. I. cap. 164. p. 828 die merkwürdige Stelle: »Amerigo glaubte um so leichter zu betrügen, als er in *Lateinischer* Sprache (was, wie ich oben bewiesen, ganz falsch ist!) und weit ausserhalb Spanien an den König Renatus von Napolis schrieb, wo Niemand war, der ihm widersprechen konnte (enguañando al Mundo, como escrivia en *latin* y al Rey Renato de Napoles y para fuera de España, y no avia cubiertos? los que entonces esto sabian quien lo resistiese y declarase.) Um so mehr setzt es mich in Erstaunen, dass Hernando Colon, Sohn des Admirals, der doch ein Mann von so gutem Verstande und vieler Bedachtsamkeit war und der, wie *ich bestimmt weiss*, die oft genannten (vier) Navegaciones des Amerigo selbst besass, Nichts von dem Diebstahl und der Usurpation, welche Amerigo Vespucio gegen seinen erlauchten Vater begangen, gemerkt hat. (»Maravillome yo de donde Hernando Colon, hijo del mismo Almirante: que siendo persona de muy buen ingenio y prudencia y *teniendo en su poder las mismas Navegaciones de Amerigo, como lo sé yo*: no advertió en este hurto y usurpacion que Amerigo Vespucio hizo a su muy illustre padre.«) Eben so verwundert hätte der Bischof über das Stillschweigen von Petrus Martyr de Anghiera sein können, eines innigen Verehrers und persönlichen Freundes von Christoph Columbus, dessen *Oceanica* 24 Jahre früher (1533) erschienen, als der Bischof sein Amerikanisches Geschichtswerk vollendete. Petrus Martyr, der so streng die Anmassungen von Cadamosto rügt, spricht nur mit Lob von Amerigo Vespucci und von dessen

Neffen (Johannes Vesputius Florentinus, Americi Vesputii nepos, cui patruus hereditatem reliquit artem polarem, graduum calculi peritiam). Ex. crit T. IV. p. 125–135. T. V. p. 188.

Der Ruhm von Christoph Columbus wurde seit seiner Rückkunft von der dritten Expedition durch die folgereichen Unternehmungen von Vasco de Gama, Vicente Yañez Pinzon, Gaspar de Cortereal, Alvarez Cabral und Solis, durch die Entdeckung der Südsee, die Balboa zuerst sah, dermassen verdunkelt, dass zufällige Umstände, wie die Vorliebe eines Deutschen Gelehrten für Amerigo Vespucci, erregt durch des Seefahrers Correspondenz mit Renatus von Lothringen, hinreichend waren, nicht bloss einem ganzen Welttheil den Namen Amerika zu geben, sondern auch, eben so wie jetzt oft Ross und Parry verwechselt werden, die Entdeckung des tropischen Festlandes bald dem Columbus, bald dem Vespucci zuzuschreiben.

Es ist hier nicht der Ort, von Neuem zu zeigen, wie ich schon am Ende des 5. Bandes des *Examen critique de la Géographie* gethan (p. 180–225), mit welcher Ungründlichkeit in der Erforschung der Thatsachen und mit welchem Mangel an historischer Kritik die Streitfrage über die Schuld oder Unschuld des Amerigo Vespucci bisher behandelt worden ist. Es erhellt aus der Zusammenstellung aller Verhältnisse, dass Amerigo während seines Lebens (1451–1512) und mehr als 15 oder 20 Jahre nach seinem Tode für einen sehr ehrenwerthen Mann gehalten worden ist, dass er wegen seiner seemännischen Kenntnisse zu dem bedeutenden Range eines *Piloto major en la navegacion de Indias* ernannt wurde und mit den berühmtesten Seefahrern und Gelehrten seiner Zeit befreundet war. Die öffentliche Meinung erklärte sich erst dann gegen ihn, als man ihm Entdeckungen zuzuschreiben begann, welche ihm nicht zugehörten, ja selbst, was er nie veranlasst und wahrscheinlich nie erfahren hat, seinen Namen auf Weltkarten gesetzt hatte oder setzen wollte. Letzteres war dreimal *vorgeschlagen* worden: zuerst von Hylacomylus (Waldseemüller) in Lothringen, Verfasser der *Cosmographiae Introductio* 1507, bald darauf (1509) von dem anonymen Verfasser des kleinen Buches *Globus, Mundi declaratio, sive descriptio totius orbis terrarum*, gedruckt bei Grüniger zu Strassburg*; endlich (1512) in der *Epistola Vadiani ab eo pene adolescente* (geboren 1484 war er doch schon 28 Jahre alt) *ad Rudolphum Agricolam juniorem scripta*, begleitend des Vadianus Ausgabe von Pomponius Mela *de situ Orbis*, die erst 1522 erschien.** Zur wirklichen Ausführung kam aber der Vorschlag erst auf der Weltkarte des Petrus Apianus (Bienewitz), die der Ausgabe des Camers von Solini Polyhistoria des Jahres 1520 angehängt ist. Auf dieser von einer Kupferplatte abgezogenen Karte ist zum ersten Male, also acht Jahre *nach* dem Tode von Amerigo Vespucci, der Name *Amerika* gesehen worden. Der Minorite Camers (sein eigentlicher weltlicher Name war Giovanni Rienzzi Vellini, aus *Came-*

---

* Panzer hat mit Unrecht dieses Büchlein von 1509 dem Henricus Loritus Glareanus zugeschrieben, von dem ich eine andere Schrift unter dem Titel: Henrici Glareani Poëtae Laureati, de Geographia liber unus, Basileae 1527, aufgefunden habe. In dem anonymen Globus, Mundi Declaratio von 1509, der bei demselben Grüninger gedruckt ist, bei dem die zweite Ausgabe des Hylacomylus erschien, wird Columbus nie genannt; Amerigo Vespucci auch nur einmal und zwar auf dem Titel und mit dem Beisatze: *De quarta orbis terrarum parte nuper ab Americo reperta*. (Examen crit. T. IV. p. 142.) Das ganze Büchlein: Globus, Mundi Declaratio, besteht aus 13 Blättern. Man liest am Schluss: »ex Argentina MDIX: Joannes Grüniger imprimebat.« Auf der kleinen Weltkarte des Titels stehen bloss die Worte: *Nüw Welt*.

** In dem Briefe des Joachim Vadianus an Rudolph Agricola, aus Wien datirt 1512 und beiden Ausgaben des Pomponius Mela aus Basel und Cölln von 1522 angehängt, wird der Name America zweimal als eine schon ganz gewöhnliche Benennung ausgesprochen und zwar in zwei Stellen, die von den Antipoden handeln: 1. ex recentiorum autem inquisitione si Americam a Vesputio repertam et eam Eoae terrae partem, quae terrae e Ptolemaeo cognitae adjecta est ... 2. Immo non usque adeo immensum Pelagus interesse inter extremum ab America occidens et Oriens Ptolemaei ... Cancellieri hat irriger Weise geglaubt, dass Vadianus es gewesen sei, welcher den Namen Amerika zuerst ausgesprochen. Ilacomylus (Waldseemüller) hat es 5 Jahre früher (1507), also 1 Jahr nach dem Tode des Columbus, gethan.

rino in Umbrien gebürtig und Lehrer in Wien) datirt seine Vorrede zum Solinus Viennae Pannoniæ VI. Calendas Febr. anno post Christi natalem MDXX. Apianus (Peter Bienewitz, geb. 1495 zu Leissnig bei Meissen), gibt folgenden Titel seiner Karte, auf der zuerst der Name *Amerika* in dem südlichen Theile des Neuen Kontinents eingeschrieben ist: Typus Orbis universalis juxta Ptolomei Cosmographi Traditionem et Americi Vespucii aliorumque lustrationes a Petro Apiano Leysn. elaboratus, Anno Do. MDXX. Der Isthmus von Panama ist auf der Karte des Apianus von einer Meerenge durchschnitten, was um so merkwürdiger ist, als dieser, bis in die neuesten Chinesischen Weltkarten fortgepflanzte offene Isthmus sich auch auf dem Globus von Johann Schöner findet, der dasselbe Alter hat. Dazu fügt die Karte des Apianus in der Ausgabe des Camers* über den am grössten geschriebenen Namen Amerika die Inschrift hinzu: Anno 1497 haec terra cum adjacentibus insulis inventa est per Columbum Januensem ex mandato Regis Castillae.

Eine wundersame Ideenverwirrung! Der südliche Theil des Neuen Continents wird nach Vespucci Amerika genannt und doch eingestanden, dass das Land zuerst von Columbus entdeckt worden sei und zwar in dem gemeinhin der ersten Expedition des Vespucci fälschlich** zugeschriebenen Jahre 1497, statt 1. August 1498 in des Columbus dritter Reise. Derselbe Apianus schreibt aber in seinem Cosmographicus Liber Landshutii 1524 fol. 69: »America, quae nunc quarta pars terrae dicitur, ab *Americo Vespucio eiusdem inventore* nomen sortita est.« So leichtsin-

---

* Sonderbar genug, dass von Solinus in demselben Jahre 1520 drei Ausgaben erschienen, in Wien, in Basel und in Cölln; die ersten beiden mit Commentar von Camers, die letzte (Coloniae apud Eucharium Cervicornum et Heronem Fuchs mense Dec. M. D. XX.) ohne Namen des Herausgebers.

** Man kann durch ein *alibi* beweisen, dass die erste Reise des Vespucci nicht am 10. oder 20. Mai 1497 habe beginnen können, da nach sichern Documenten er von der Mitte des April 1497 bis 30. Mai 1498 in Sevilla und San Lucar war (Examen crit. T. IV. p. 268).

nig und wechselnd wurden damals Jahrzahlen und Namen der ersten Entdecker aufgestellt. (Humboldt in Berghaus Annalen der Erdkunde 1835 Bd. 1 Seite 211.)

Die Aehnlichkeiten, welche ich seit meinen frühesten Untersuchungen zwischen der Karte des Apianus und dem Globus von Schöner, beide aus dem Jahr 1520, bemerkt habe, veranlassen mich nun in ein näheres Detail einzugehen. Die freundschaftliche Mittheilung, welche mir Herr Professor Ghillany von einer schönen und genauen Copie der Ostküste von Südamerika vom Aequator bis zur Südspitze des Landes, wie sie der Globus von Schöner enthält, mit allen darauf befindlichen Namen gemacht, hat es mir erleichtert, zu erkennen, welche frühere Karte Schöner für *Südamerika* benutzt hat. Ich beginne die Vergleichung mit diesem Theile des Neuen Kontinents. Die Configuration der nördlichen und östlichen Küste von Südamerika ist bei Schöner richtiger, als bei Apianus in dem Solinus von Camers (1520), am ähnlichsten ist sie aber der Karte von Johann Ruysch im Ptolemæus von 1508, der ersten in Kupfer gestochenen Karte der Neuen Welt, doch ohne den Namen *Amerika*. Eine grosse Verschiedenheit zeigt sich indess darin, dass in Ruysch keine Spur der westlichen Küste, so wenig als etwas vom Isthmus von Panama und dem ganzen nördlicheren Theile des Kontinents angedeutet ist, während in Schöner und Apianus die westliche Küste von Südamerika dargestellt wird zwar ohne alle Ortsnamen, doch aber so, dass man in Schöner die wichtige Einbiegung der Küste bei Arica erkennt. In Apianus ist die Configuration beider Küsten überaus schlecht und Südamerika bis 50° südlicher Breite, besonders vom Wendekreise des Steinbocks an, viel zu schmal in eine einfache Spitze ausgehend. Schöner hält den Kontinent breiter, lässt ihn aber schon bei dem Rio de Cananor endigen, wo jenseits einer Meerenge, als wäre es die Magellaens-Strasse, statt des Archipel des Feuerlandes ein ungeheures, vom 43° bis 75° südlicher Breite sich erstreckendes, auch von Ost nach West weitgedehntes Südland vorliegt. Es heisst dasselbe Brasilia inferior, zum Unterschiede von »America vel Brasilia sive Papagalli Terra.« Im Ptolemaeus von 1508 sieht man keine pyramidale Zuspitzung. Der graduirte Rand schneidet das Land schon 8° südlich vom Rio de Cananor ab und bis zu diesem Rande läuft die Küste fast ganz von Nord gegen Süd. Die Ortsbenennungen auf der östlichen Küste sind auf beiden Karten, denen von Ruysch (1508) und Schöner (1520), wesentlich gleich, nur sind sie, wohl wegen des grösseren Massstabes, auf dem Globus zahlreicher. Die südlichste Angabe von Schöner ist auch die südlichste und letzte 12 Jahre später bei Ruysch. Dieser hat Rio de Cananor, Schöner Rio de Cananorum.* Im Ptolemæus liegt diese Flussmündung lat. austr. 30°, in der von Herrn Professor Ghillany publicirten Reduction des Globus wenigstens 10–12 Breitegrade südlicher. Dann folgen *in beiden Karten* von Süden gegen Norden: Rio de St. Vincent (Porto de Sct. Vincentia); Rio

---

* Bei der in den älteren Karten (besonders denen des 16. und 17. Jahrhunderts) so gewöhnlichen Unart, Namen im Latinisiren zu verstümmeln, ist es allerdings ein sehr unsicheres Geschäft, Positionen durch Wort- und Klangähnlichkeiten bestimmen zu wollen: doch erlaube ich mir, auf die Bahia *Cananea* nach Admiral *Roussin's* Küstenaufnahme lat. 25° 3' aufmerksam zu machen. Ist *Canan-ea* von Ruysch in das Malabarisch klingende *Canan-or* umgewandelt worden? Die Bahia und Punta Cananea in der Nähe der Insel Cardoso hat einige Wichtigkeit für die früheste Entdeckungsgeschichte von Brasilien, weil dort 1767 ein Gedenkstein (pedrão) gefunden worden ist, auf dem einige die Jahrszahl 1503, andere 1531 gelesen haben. (Examen crit. T. V. p. 134.) Wenn ich keine Rücksicht nehme auf die dem Schöner'schen Globus beigefügte Breiten-Graduation, sondern bloss auf die detaillirte Karte, die Herr Dr. Ghillany die Güte gehabt hat, mir zu schicken, und die relativen Abstände von Cap S. Crucis, Monte Pasqual und Rio Cananorum erwäge, so finde ich, da der Berg Pasqual (lat. 17° 1') fast in der Mitte liegt zwischen Cap S. Crucis, (dem Namen nach, wie ich bald zeigen werde, identisch mit Cap. St. Augustin lat. 8° 21') und Rio de Cananor, für den letzteren lat. 17° + 8° 40', das ist 25° 40', sehr nahe der wirklichen Breite de Bahia de Cananea. Freilich liegt diese 10°–12° westlicher, als Schöner für Rio de Cananorum angab, aber Meridianunterschiede konnte man im 16. Jahrhunderte bei Küsten, deren Richtung man nicht dauernd verfolgte, kaum errathen.

de S. Antonio; Rio Jordan; Bahia de Rees; Rio de Sta. Lucia; Monte Pasquale (Pascoal)* nach dem Briefe eines Begleiters des Cabral, Yaz de Caminha, an König Emanuel von Portugal, der erste Landungsplatz des Cabral an der Brasilianischen Küste, südlich von Porto Seguro, nach Ruysch lat. 15°, auf der Karte in Ptolemaeus cura Joannis Schottii (1513) unter 24° Br., nach sicheren Combinationen nahe an lat. 17° 1'; Rio de Brasil; Rio de S. Hieronymo und Caput S. Crucis bei Ruysch unter 5°, bei Schöner unter 10° südlicher Breite. Dieses Vorgebirge, als der gegen Osten am meisten vorgestreckte Theil des Südamerikanischen Kontinents, verdient schon deshalb, als charakteristischer Theil der Gestaltung, die grösste Aufmerksamkeit. In der Geschichte der frühesten Entdeckungen nahm diese Wichtigkeit noch durch zwei andere Verhältnisse zu; durch die grosse Nähe der päpstlichen *Demarkationslinie*, welche die gegenseitigen Rechte zweier Kronen bestimmte und durch den Umstand, dass von dort aus Diego de Lepe zuerst die veränderte Richtung der Küste gegen Süd-Süd-West (eine pyramidale Gestalt des ganzen Landes verkündigend) erkannte. Man ist zuerst verwundert, an diesem Punkte in beiden Karten weder den Namen: Vorgebirge des heil. *Augustinus*, noch den des heil. *Rochus*, sondern einen sehr unbekannten Namen, C. Stae. Crucis zu lesen. Vicente Yañez Pinzon nahm zuerst Besitz (indem er Zweige abbrach und Seewasser trank!) von dem östlichsten Vorgebirge (20. Jan. 1500) und nannte es *Cabo Santa Maria de la Consolacion*; wenig später gab ihm Diego de Lope den Namen *Rostro hermoso*. Vespucci erwähnt in seiner dritten Reise, in dem Briefe an den König Renatus nach der Ausgabe des Ilacomylus, allerdings des Caps des *Heil. Augustinus*, aber er sagt keineswegs, wie Gomara will, dass die Benennung seine Erfindung sei.** Nach demselben Texte aus

---

* Examen crit. T. V. p. 59. Mein Atlas tab. 37. Der Monte Pascoal ist ein abgerundeter Gipfel der Sierra de Aymores. Ein im April 1500 von Cobral gegebener Name hat sich auf allen Karten unverändert erhalten!
** Examen crit. T. V. p. 19 u. 67.

St. Dié wird von Vespucci auch das östlichste Vorgebirge mit der Bemerkung, dass es unter 7° Breite liege, Cap des *Heil. Vincent* genannt,* also nach Vergleichung mit den anderen Texten ein viertes Synonymon für Cap St. Augustin.

Der *Mons S. Vincenti*, den ich nördlicher (lat. 3°) in der Karte von 1508 (Ruysch) finde, hängt, wie der eben genannte Name des Vorgebirges mit dem Vornamen des ersten Entdeckers, Vicente Yañez Pinzon zusammen. Auf der Karte von Juan de la Cosa (1500) ist das Vorgebirge unbenannt geblieben. Es enthält aber doch eine bestimmte Bezeichnung als: *Este Cabo se descubrió en el año de mil y IIIIXCIX por Castilla, syendo su descubridor Vicentians.*** Nahe dabei gibt Cosa einen *Puerto Fermoso* an, ein Name, der an den dem Diego de Lepe (von anderen aber dem Pinzon) zugeschriebenen Namen des Vorgebirges *Rostro hermoso* erinnert. Das fünfte Synonymon, um das es sich in der Vergleichung der beiden Karten von 1508 und 1520 am meisten handelt, ist das Wort: *Caput S. Crucis.* Ich finde die deutlichste Erläuterung in dem Zeugenverhör, welches der Fiscus in dem Prozesse gegen die Erben des Columbus (1513–1515) führte. Manuel de Valdovinos aus Lepe, Begleiter des Pinzon in der Expedition, welche im Anfang 1499 aus Palos auslief, sagt: »Das Vorgebirge Rostro Hermoso, von dem man behauptet, dass es jetzt von Santa Cruz und von S. Augustin genannt wird.« (*per nombre Rostro hermoso que agora diz que se llama Santa Cruz e San Augustin*)***. Da Juan de la Cosa schon im Oktober 1500 (in der Reise von Rodrigo de Bastidas nach dem Golf von Uraba und dem Isthmus von Panama) Europa wieder verliess, so konnte seine Karte nichts von den Brasilianischen Entdeckungen von Alvarez Cabral enthalten, von deren Wichtigkeit erst im Julius 1501 Kunde nach Portugal kam. In dem Briefe des Königs Emanuel von Portugal an den Spanischen Monarchen (29. Juli 1501) –

---

* T. V. p. 15–17.
** Juan de la Cosa irrt nur um 20 Tage: er wählt die Epoche der Abreise.
*** Examen crit. T. V. p. 66.

ein umständlicher Bericht über die ganze Reise des Cabral –, heisst das neue Land noch nie *Brasilien*, sondern *Terra Sanctae Crucis*. Eben so bedient sich Cabral's Begleiter, Vaz de Caminha, nur derselben Benennung, doch wird das Wort *Santa* Cruz von ihm bisweilen in Terra da *Vera* Cruz verwandelt. Erst als die vermehrte Ausfuhr des Färbeholzes den Namen Brasilienland gebräuchlicher gemacht hatte, findet man (z. B. in der Chronik von Goës) beide Benennungen mit einander verbunden als *Terra de Santa Cruz do Brasil*. Die Bezeichnung des Vorgebirges C. S. *Crucis* ist also wohl neuer, als die von C. San Augustin, und kann Beziehung auf Terra Sanctae Crucis haben, die freilich einem südlicheren Landestheile ursprünglich zugehörte. Sonderbar genug setzt Juan de la Cosa etwas westlicher die Mündung eines Flusses, in dem man ein Kreuz will gefunden haben: *Rio do se hallo una Cruz*! Die grosse Verschiedenheit der Breitenangaben für ein vielnamiges Vorgebirge lässt sich durch die Gestalt der weitausgedehnten vortretenden Convexität erklären, über deren wahre Gestaltung erst die hydrographische Aufnahme von Roussin und Givry (1826) Licht verbreitet hat. Nachdem die Küste des Pra Maranham vom Ausfluss des Amazonenstromes an (180 geographische Meilen lang) in der Richtung WNW.–OSO., ja in dem Basses de St. Roque selbst 20 Meilen lang W.–O. gelaufen ist, wendet sie sich bei der Pta. Toiro (lat. 5° 9') und Bom Jesus 20' nördlich vom Cap S. Roque plötzlich NNW.–SSO. und bildet eine Convexität, bis sie, unter 8° Breite, von Olinda de Pernambuco aus die Richtung NO.–SW. annimmt. Diese Convexität (zwischen den Parallelen* von 5° 9' und 8° 0') beträgt also etwas über 2° ¾', eine Grösse, die noch um 21' zu vermehren ist, wenn man den ganzen Breiten-Unterschied zwischen den Untiefen (Basses) von St. Roque (5° 9') und Cap S. Augustin (8° 21') in Anschlag bringt. Die wahre Lage des letztern Vorgebirges fällt

---

* In der ganzen Convexität der östlich vorspringenden Küste ist der äusserste, also Afrika nächste Punkt von Südamerika die Punta Dos Coqueiros unter lat. 7° 24' zwischen Parahyba do Norte und Itamaraca.

schon ausserhalb der Convexität, also südlich von Pernambuco, aber, der geographischen Länge nach, doch noch 20' östlicher als Cap S. Roque. Diese numerischen Bestimmungen verdienen deshalb einige Aufmerksamkeit, weil sie wegen der so verschiedenen, in den Karten von 1500, 1508, 1513, 1520 und 1557 angegebenen Breiten vielnamiger Caps beweisen, dass die Seefahrer oft an ganz anderen Punkten der Küste landeten und ihnen doch dieselben Benennungen ertheilten. Pinzon z. B. gibt dem Vorgebirge Rostro hermoso, das er zuerst in Besitz nahm, in seinem Reise-Journal 8° Breite; eben so die im Ptolemaeus von 1513 copirte und etwas veränderte Karte von Ruysch. Hier ist also wirklich unser jetziges Cap S. Augustin (lat. 8° 21') gemeint: ja Sebastian Cabot hat in der wegen der Lage der Demarkationslinie 1515 gepflogenen Berathung bestimmt Zeugniss* davon abgelegt, »dass Vespucci für das Vorgebirge des heil. Augustinus die Breite von 8° festgestellt habe.« Viel südlicher (auf 10°) scheint das Vorgebirge Sanctae Crucis auf dem Globus von Schöner zu fallen; dagegen liegt C. S. Crucis auf der Karte von Ruysch (1508) in lat. 4° ¼, also dem Cap des heil. Rochus (5° 9') nahe. An der Stelle des letzteren findet man den Namen C. St. Augustin in der Karte von Brasilien, die der »*Wahrhaftigen* Historia und Beschreibung einer Landschaft der wilden, nacketen und grimmigen Menschenfresser in der Neuen Welt des Hans Stader von Homburg (Marpurg 1575) angehängt ist. Denselben Namen gehört also nicht dieselbe Breite zu, keineswegs wegen Fehler der Breitebestimmungen, die damals nicht 3° betrugen, sondern weil andere Punkte gemeint sind.

Am wunderbarsten ist in beiden Karten von Schöner und Apianus (im Solinus von Camers), in Karten aus demselben Jahre 1520, die eigenthümliche *ganz gleiche* schmale und ärmliche Darstellung von Nordamerika. Es führt dasselbe im südlichen Ende (in der Gegend von Nicaragua) den Namen *Parias*, den man dort wohl eben so wenig erwarten würde, als auf Schöners

---

* Examen crit. T. V. p. 71.

Globus die Worte *Terra de Cuba* zwischen dem 40sten und 50sten Grad nördlicher Breite, in den Staaten von Neu-England, während die Insel Cuba bloss Isabella genannt wird!

Alles das zeugt nur von der Unwissenheit und Sorglosigkeit der Kartenzeichner, da in derselben Zeit schon in gedruckten Schriften viel genauere Materialien zum Gebrauch offen lagen. Bei der Willkür der Kartenzeichner stehen die Karten oft im klarsten Widerspruche mit dem Zustande des geographischen Wissens in der Epoche, in der sie construirt sind. Ich habe Karten von Südamerika mit meinem Namen bezeichnet gesehen, in denen das Fabelmeer, Laguna Parime, dargestellt ist, dessen Nichtexistenz ich erwiesen habe. Die wunderbar abnorme Gestalt von Nordamerika (Mexico und den Vereinigten Staaten) als ein schmales Parallelogramm, das unter 50° Breite durch eine O.–W. laufende Küste scharf abgeschnitten ist, habe ich ausser in den Arbeiten von Apianus und Schöner (1520) auch wiedergefunden auf einem unedirten Globus der Weimarschen Militairbibliothek, welcher für vieles älter als 1534 gehalten* wird; dann im Orbis Novus des Grynaeus (Baseler Ausgaben von 1532 und 1555), zuletzt in einem Ptolemaeus von 1511 aus Venedig cura Bernardi Sylvani Eboliensis, den die Bibliothek des Arsenal zu Paris besitzt. Die letzte Angabe ist mir aber zweifelhaft; vielleicht ist die Karte nur durch Zufall eingeklebt, denn in dem Exemplar dieser schlechten Venetianischen Ausgabe von 1511, welche sich in dem überreichen geographischen Schatze des Baron Walckenaer befindet, fehlt dieselbe. Man findet statt ihrer zwei gekuppelte, herzförmig projicirte Weltkarten, deren eine den Neuen Kontinent darstellt ohne den Namen Amerika, aber mit der einzigen Ortsinschrift: Terra Sanctae Crucis et Cannibales. So unförmlich auch dieses Bild von Nordamerika als schmales Parallelogramm ist, so erkennt man doch darin die Halbinseln Florida und Yucatan; besonders, als weiten Rachen, mit vielen kleinen Inseln gefüllt, den Mexicanischen Meerbusen. Die nörd-

---

* T. II. p. 28 u. 186.

liche Küste ist ganz einförmig von N. gegen S. gerichtet. Ueberall, wo diese schmale parallelogrammartige Gestaltung von Nordamerika sich zeigt, ist die Landenge von Panama als geöffnet abgebildet. Auf dem Weimarschen Globus sieht man sogar ein Schiff durch die Meerenge, von den Antillen kommend, nach Zipangri (Japan) *»ubi auri copia«* segeln. Eben solchen Durchbruch zeigt eine Karte von Isolario di Benedetto Bordone in der ersten Venetianischen Edition von 1528 – und doch hatten Vasco Nuñez de Balboa und Alonzo Martin de San Benito, im September 1513 in das Stille Meer vordringend, schon die trennende Landenge überschritten.

Am Schlusse dieser Untersuchung der Quellen, aus denen Schöner zur Anfertigung seines Globus von 1520 geschöpft hat, muss ich den Ausdruck der Verwunderung wiederholen, wie 13 Jahre später derselbe Schöner in dem *Opusculo* geographico Norimb. 1533 (T. II. cap. 1 und 20) wieder die Neue Welt für einen Theil von Asien erklären, die Stadt Temistitan (Mexico) für das von Marco Polo beschriebene Quinsay in China halten und (T. I. cap. 2) die Alten (wahrscheinlich Hicetas und Aristarch von Samos?) tadeln konnte, die Rotation der Erde anzunehmen und diese wie in einem Bratenwender zu bewegen, damit sie von der Sonne gebraten werde.*

Die *Capita rerum* aller Untersuchung über die Geschichte der Karten des Neuen Kontinents lassen sich auf folgende 4 Fragen reduciren:

1.) Welches ist die älteste aufgefundene Karte von Amerika unter den *gezeichneten*?
2.) Wann und durch Wen ist vorgeschlagen worden, dem Neuen Welttheil den Namen *Amerika* zu geben?

---

* T. V. p. 173. »Aves non potuerint bene volare contra orientem propter aerem insequentem, qui pennas earum elevaret. Ita antiqui imaginabantur, quod terra haberet se sicut assatura in veru et sol sicut ignis assans.« Aber das ganze Kapitel scheint eigentlich dem Regiomontanus zuzuschreiben zu sein. Delambre, Hist. de l'Astronomie du moyen age p. 453.

3.) Welche ist die älteste *gestochene* Karte des Neuen Welttheils *ohne* den Namen: Amerika?

4.) In welchem Jahre und wo ist *zuerst* eine Karte mit dem Namen Amerika *erschienen*?

Folgendes ist meine Beantwortung auf jene vier Fragen:

ad 1) Die älteste Karte des Neuen Welttheils, die bisher unter den *gezeichneten* Karten aufgefunden worden, ist die des Juan de la Cosa von 1500, die ich im Jahre 1832 erkannt und theilweise zuerst edirt habe (s. oben Seite 230 [und Abbildung Seite 232]). Bis 1832 wurden für die ältesten Karten von Amerika gehalten: zwei in der vortrefflichen Militair-Bibliothek zu Weimar aufbewahrte Welttafeln von 1527 und 1529. Die letztere, ein Werk des grossen Cosmographen Diego Ribero, ist 1795 von Sprengel und Güssefeld publicirt worden.*

ad 2) Der Vorschlag, dem Neuen Welttheil den Namen Amerika zu geben, ist von Martin Waltzeemüller (Hylacomylus), aus Freiburg im Breisgau gebürtig, Lehrer der Geographie am Gymnasium zu Saint Dié in Lothringen, 1507 ausgegangen, ganz ohne Theilnahme und Wissen des Amerigo Vespucci. Der Vorschlag ist enthalten in der ersten anonymen, dem Kaiser Maximilian Namens des Gymnasium Vosagense zu St. Dié gewidmeten Ausgabe des Werkes: *Cosmographiae Introductio cum quibusdam Geometriae ac Astronomiae principiis ad eam rem necessariis. Insuper quatuor Americi Vespucii Navigationes.* Am Ende liest man: *Finitum VII. kl. Maji anno supra sesquimillesimum VII.*

ad 3) Die erste gestochene Karte von einem Theile des Neuen Kontinents, aber ohne den Namen Amerika, ist die von Ruysch gezeichnete, und der Römischen Ausgabe des Ptolemaeus von 1508 (correcta a Marco Beneventano et Joanne Cotta) angehängte Weltkarte.

ad 4) Die erste *gestochene* Karte des Neuen Welttheils *mit dem Namen Amerika* ist die Weltkarte des Petrus Apianus 1520, welche der Camers'schen Ausgabe des Solinus von 1522 beigegeben

---

* Examen crit. T. II. p. 180–186.

ist. Auch auf dem merkwürdigen Globus, den in demselben Jahre 1520 (mit pecuniairer Unterstützung seines Freundes Johann Seyler's) zu Bamberg Johann Schöner zeichnete und der gegenwärtig in der Nürnberger Stadtbibliothek aufgestellt ist, liest man die Benennung *Amerika*. Unter allen Ausgaben der Geographie des Ptolemæus ist, wie schon der Baron Walckenaer bemerkt hat, die Strassburger Ausgabe von Laurentius Phrisius im Jahr 1522 edirt, die erste, welche auf dem *Orbis typus universalis iuxta hydrographorum traditionem* den Namen *Amerika* enthält. Es ist überaus merkwürdig, dass diese Ausgabe von 1522 auch diejenige ist, in welcher (Liber VIII. cap. 2) der Martinus Hylacomylus (Waldseemüller), *jam pie defunctus*, als Zeichner und Bearbeiter eines grossen Theils der zu dieser Ausgabe gehörigen Karten genannt wird.* Laurentius Phrisius, in Colmar geboren, war im Dienst des Herzogs von Lothringen und lebte zu Metz, also St. Dié nahe. Er konnte sich schon dieser Nähe wegen nicht zuschreiben, was dem Hylacomylus gehörte. Er sagt deshalb mit grosser Freimüthigkeit in der oben bezeichneten Stelle der Ausgabe von 1522: *Et ne nobis decor alterius elationem inferre videatur, has tabulas a Martino Ilacomylo pie defuncto constructas et in minorum quam prius unquam fuere formam redactas esse notificamus. Huic igitur et non nobis, si bonae sunt, pacem et custodiam in caelesti Ierarchia … Caetera vero quae sequuntur nos perfecisse scias.* Man kann also mit grosser Sicherheit annehmen, dass der Deutsche, aber in Lothringen lebende Gelehrte, der die Benennung *Amerika* zuerst vorschlug, dieselbe auch in eine Karte des Ptolemæus von 1522 (2 Jahre nach der des Apianus im Solinus von Camers) eingetragen habe.

(Mai 1852.)

---

* Ex. crit. T. IV. p. 116.

Insel Cuba

Ich habe in Paris im Jahr 1826 unter dem Titel *Essai politique sur l'Isle de Cuba* in zwei Bänden Alles vereinigt, was die große Ausgabe meines *Voyage aux Régions équinoxiales du Nouveau Continent* im T. III. p. 445–459 über den Agricultur- und Sklavenzustand der Antillen enthält. Eine englische und eine spanische Uebersetzung sind von diesem Werke zu derselben Zeit erschienen, letztere als *Ensayo politico sobre la isla de Cuba*, und ohne etwas von den sehr freien Aeußerungen wegzulassen, welche die Gefühle der Menschlichkeit einflößen. Jetzt eben erscheint, sonderbar genug, aus der spanischen Ausgabe und nicht ans dem französischen Original übersetzt, in New-York in der Buchhandlung von Derby und Jackson ein Octavband von 400 Seiten unter dem Titel: *The Island of Cuba, by Alexander Humboldt. With notes and a preliminary Essay by J. S. Thrasher*. Der Uebersetzer, welcher lange auf der schönen Insel gelebt, hat mein Werk durch neuere Thatsachen über den numerischen Zustand der Bevölkerung, der Landescultur und der Gewerbe bereichert, und überall in der Discussion über entgegengesetzte Meinungen eine wohlwollende Mäßigung bewiesen. Ich bin es aber einem inneren moralischen Gefühle schuldig, das heute noch eben so lebhaft ist, als im Jahr 1826, eine Klage darüber öffentlich auszusprechen, daß in einem Werke, welches meinen Namen führt, das ganze 7te Capitel der spanischen Uebersetzung (p. 261–287.), mit dem mein *Essai politique* endigte, eigenmächtig weggelassen worden ist. Auf diesen Theil meiner Schrift lege ich eine weit größere Wichtigkeit als auf die mühevollen Arbeiten astronomischer Ortsbestimmungen, magnetischer Intensitäts-Versuche oder statistischer Angaben. *»J'ai examiné avec franchise* (ich wiederhole die Worte, deren ich mich vor 30 Jahren bediente) *ce qui concerne l'organisation des sociétés humaines dans les Colonies, l'inégale répartition des droits et des jouissances de la vie, les* *dangers menaçants que la sagesse des législateurs et la modération des hommes libres peuvent éloigner, quelle que soit la forme des gouvernements. Il appartient au voyageur qui a vu de près ce qui tourmente et dégrade la nature humaine, de faire parvenir les plaintes de l'infortune à ceux qui ont le devoir de les soulager. J'ai rappelé dans cet exposé, combien l'ancienne législation espagnole de l'esclavage est moins inhumaine et moins atroce que celle des États à esclaves dans l'Amérique continentale au nord et au sud de l'équateur.«* Ein beharrlicher Vertheidiger der freiesten Meinungsäußerung in Rede und Schrift, würde ich mir selbst nie eine Klage erlaubt haben, wenn ich auch mit großer Bitterkeit wegen meiner Behauptungen angegriffen würde; aber ich glaube dagegen auch fordern zu dürfen, daß man in den freien Staaten des Continents von Amerika lesen könne, was in der spanischen Uebersetzung seit dem ersten Jahre des Erscheinens hat circuliren dürfen.

Berlin, im Juli 1856.

Ruf um Hülfe

Leidend unter dem Drucke einer immer noch zunehmenden Correspondenz, fast im Jahresmittel zwischen 1600 und 2000 Nummern (Briefe, Druckschriften über mir ganz fremde Gegenstände, Manuscripte, deren Beurtheilung gefordert wird, Auswanderungs- und Colonialprojekte, Einsendung von Modellen, Maschinen und Naturalien, Anfragen über Luftschifffarth, Vermehrung autographischer Sammlungen, Anerbietungen, mich häuslich zu pflegen, zu zerstreuen und zu erheitern u. s. w.), versuche ich einmal wieder die Personen, welche mir ihr Wohlwollen schenken, öffentlich aufzufordern, dahin zu wirken, daß man sich weniger mit meiner Person in beiden Continenten beschäftige und mein Haus nicht als ein Adreß-Comptoir benutze, damit bei ohnedies abnehmenden physischen und geistigen Kräften mir einige Ruhe und Muße zu eigener Arbeit verbleibe. Möge dieser Ruf um Hülfe, zu dem ich mich ungern und spät entschlossen habe, nicht lieblos gemißdeutet werden!

Berlin, 15. [März] 1859 *Alexander v. Humboldt.*

ANHANG

Blick ins Kraterinnere des Pic von Teneriffa

Der Drachenbaum von La Orotava

Pyramide von Cholula

Abgetrennter Teil der Pyramide von Cholula

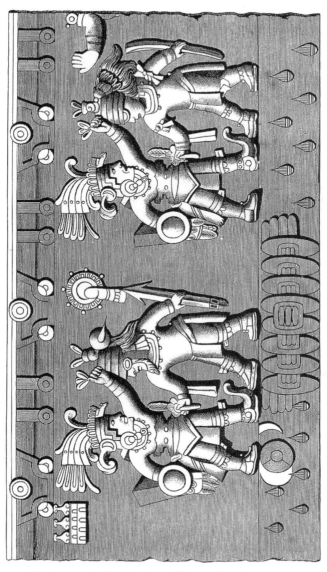

Aztekisches Basrelief, gefunden auf dem großen Platz von México

Peruanisches Monument von Cañar

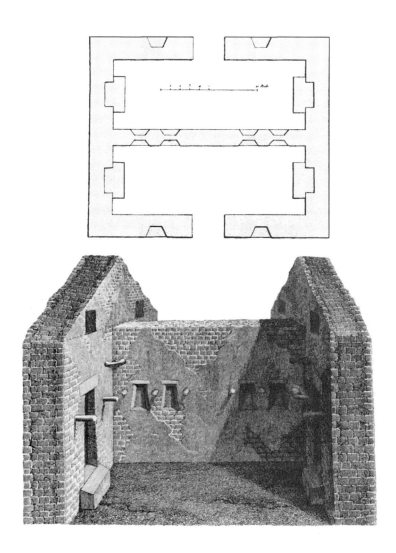

Inneres des Hauses des Inka in Cañar

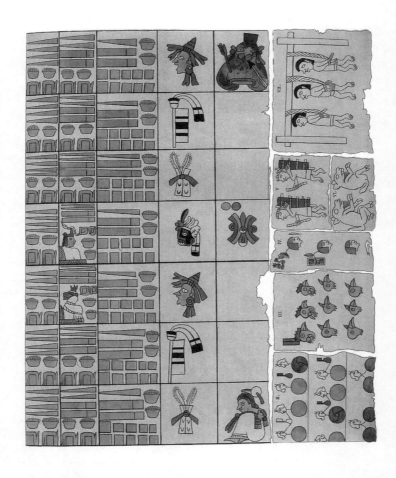

Fragmente von aztekischen Hieroglyphen-Gemälden
aus der Königlichen Bibliothek zu Berlin

Wanderung der aztekischen Völker; Hieroglyphen-Gemälde
aus der Königlichen Bibliothek zu Berlin

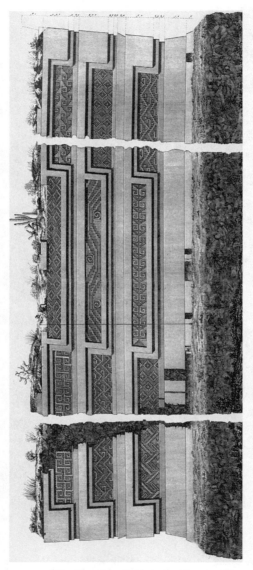

Ruinen von Miguitlan oder Mitla in der Provinz Oaxaca

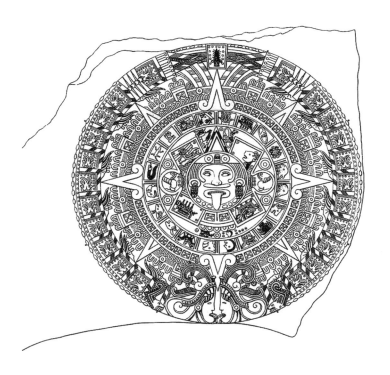

Basaltrelief, den mexikanischen Kalender darstellend

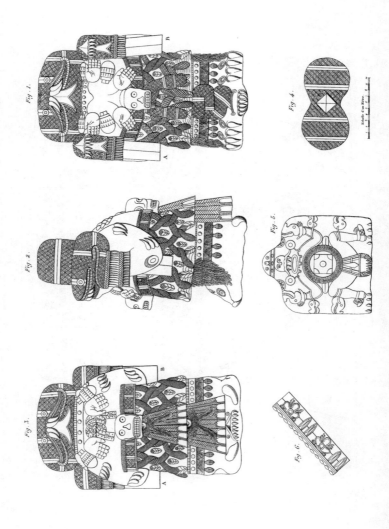

Aztekisches Idol aus Basaltporphyr; gefunden unter dem Pflaster des großen Platzes von México

Monument von Xochicalco

Ansicht des großen Platzes von México

Ansicht des Chimborazo und des Carguairazo

Der Chimborazo, vom Plateau von Tapia her gesehen

Alexander von Humboldt*

Friedrich Heinrich Alexander Freiherr von Humboldt wurde in Berlin am 14. Sept. 1769 geboren, studirte in Frankfurt a. O. und Göttingen, besuchte eine Zeit lang die Handelsakademie von Büsch und Ebeling in Hamburg und verlebte hierauf, 1790–91, ein Jahr auf der Bergakademie in Freiberg. Die ihm von der preußischen Regierung 1792 gegebene Anstellung als Assessor im Bergwerksdepartement, welche später mit dem Amte eines Oberbergmeisters in Baireuth vertauscht wurde, gab er 1795 wieder auf, um einen Lebensweg einzuschlagen, auf welchem es ihm gelungen ist, das Außerordentlichste für die Wissenschaften zu leisten und sich einen unvergänglichen Namen zu bereiten. Von Jugend auf zur Naturforschung durch innern Genius getrieben, angeregt durch erfolgreiche kleinere Reisen, zumal aber durch den Umgang mit J. G. Forster, den er 1790 auf einem Ausfluge nach dem Niederrhein, England und Holland begleitet hatte, begann er nach einem Lande umzublicken, dessen natürlicher und wenig gekannter Reichthum dem fleißigen Forscher die Aussicht auf zahlreiche und werthvolle Entdeckungen eröffnen

---

* Alexander von Humboldt hatte die Güte, der dringenden Bitte des Herausgebers und Verlegers des »Conversations-Lexikon« nachgebend, den ihn betreffenden Artikel der neunten Auflage dieses Werks einer Durchsicht zu unterwerfen. Der berühmte Gelehrte theilte infolge Dessen der Verlagshandlung freundlichst eine vollständige Zusammenstellung seiner Reisen nebst Angabe der Zeitfolge, der Richtung und des Zweckes mit, welche für den Artikel »Alexander von Humboldt« in der zehnten Auflage des »Conversations-Lexikon« benutzt wurde, und hiermit den Lesern der »Gegenwart« als ein höchst interessantes Document dargeboten wird. Die mit Anführungszeichen (» «) bezeichneten Stellen sind wörtlich der Handschrift Humboldt's entlehnt; der verbindende Text gehört dem betreffenden Artikel der neunten Auflage des »Conversations-Lexikon« an. D. Red.

könnte. War auch die Wahl desselben nicht sogleich fest entschieden, so wurden doch seit 1795 die wissenschaftlichen Vorstudien mit großem Eifer begonnen und mehre Reisen zu diesem Zwecke unternommen.

»Folgendes sind chronologisch geordnet die Ereignisse seiner frühern Jugend. Humboldt verlor seinen Vater, der im Siebenjährigen Kriege, als Major, Adjutant des Herzogs Ferdinand von Braunschweig und nachher königlicher Kammerherr war, als er noch nicht das zehnte Jahr erreicht hatte. Er genoß, gemeinschaftlich mit seinem ältern Bruder Wilhelm, im Hause der Mutter, unter der Leitung eines talentvollen Mannes (des nachmaligen Geheimen Oberregierungsraths Kunth) einer überaus sorgfältigen wissenschaftlichen Erziehung. Privatcollegia wurden beiden Brüdern von Fischer in Mathematik, von Engel in Philosophie, von Dohm in politischen Wissenschaften gelesen. Herbst und Winter 1787–88 brachte Humboldt auf der Universität Frankfurt a. O., den folgenden Sommer und Winter wieder in Berlin zu, um Technologie, auf das Fabrikwesen angewandt, zu studiren, und, nun erst seinem fleißigern Bruder nachstrebend, sich ernsthafter mit der griechischen Sprache zu beschäftigen. In dieser Zeit schloß Humboldt sich mit warmer Freundschaft an den jungen aber schon berühmten Botaniker Willdenow an, und zeigte besondere Vorliebe für das Studium der Kryptogamen und der zahlreichen Familie der Gräser. Im Frühjahr 1789 bezog er die Universität Göttingen, deren reiche Schätze er ein Jahr lang benutzte. Er frequentirte gemeinschaftlich mit seinem Bruder (der bald mit Campe, wenige Wochen nach dem Sturm der Bastille, die Reise nach Paris machte) die philologischen Collegia des Heyne'schen Seminars. Sein erster Versuch einer literarischen Arbeit war eine kleine Schrift über die Webereien der Griechen, die nie erschienen ist, aber (wie man aus der Correspondenz von W. von Humboldt erfährt) 1794 an F. A. Wolf zur Durchsicht geschickt wurde. Die Liebe zu naturhistorischen Studien wurde in Göttingen mannichfach genährt durch den Unterricht von Blumenbach, Beckmann, Lichtenberg und Link, durch Reisen an den Harz und an die Rheinufer. Eine Frucht der letzten Excursion war Humboldt's erstes gedrucktes Buch: ›Über die Basalte am Rhein (vorzüglich den Unkeler Steinbruch), nebst Untersuchungen über Syenit und Basanit der Alten.‹ Im Frühjahr und Sommer 1790 begleitete Humboldt von Mainz aus Georg Forster, der mit seinem Vater dem Capitän Cook bei seiner zweiten Weltumsegelung gefolgt war, auf einer schnellen aber überaus lehrreichen Reise durch Belgien, Holland, England und Frankreich. Diese Begleitung, das Wohlwollen von Sir J. Banks, eine große, plötzlich erwachende Leidenschaft für das Seewesen und den Besuch ferner tropischer Länder äußerten den belebendsten Einfluß auf Entschlüsse, die nach dem Tode der Mutter einst zur Ausführung kommen sollten. Im Monat Juli 1790 aus England nach Deutschland zurückgekehrt und damals noch zu einer praktischen Laufbahn im Finanz- und Kameralfache bestimmt, begab sich Humboldt nach Hamburg auf die Handelsakademie von Büsch und Ebeling, um ein Collegium über den Geldumlauf zu hören, das Buchhalten zu erlernen und von den Comptoirgeschäften genaue Kenntniß zu nehmen. Der Zusammenfluß so vieler jungen Leute aus den verschiedensten Theilen von Europa gab auf diesem Institute die günstigste Gelegenheit zur Übung in lebenden Sprachen; auch machte der Contact mit Klopstock, Voß, Claudius und den beiden Stolberg (im nahen Holstein) den hamburger Aufenthalt sehr angenehm und lehrreich. Nach einem fünfmonatlichen Aufenthalte in Berlin und Tegel im mütterlichen Hause, erlangte endlich Humboldt die Erlaubniß seine nächste Lebensbestimmung zu verändern und nach seinem sehnlichsten Wunsche außerhalb der Städte in der freien Natur zu leben, zum praktischen Bergbau überzugehen. Er hatte indessen seine botanischen Excursionen mit Willdenow fortgesetzt, fleißig gearbeitet an Usteri's ›Journal der Pflanzenkunde‹, und bei Keimversuchen die reizende, alle Keimkraft so auffallend beschleunigende Eigenschaft des Chlors aufgefunden. Im Juni 1791 bezog Humboldt die Bergakademie zu Freiberg, genoß des Privatunterrichts von Werner, der Freundschaft von Freiesleben, Leopold von Buch und Andreas Del Rio, den er 12 Jahre später in Mexico angesiedelt sah. Die Frucht eines achtmonatlichen Aufenthalts im Erzgebirge waren die Beschreibung der unterirdischen kryptogamischen Pflanzen und die Versuche über die grüne Farbe der aller Lichteinwirkung entzogenen phanerogamischen Gewächse, wenn sie von irrespirabeln Gasarten umgeben sind. (Die *Flora subterranea Fribergensis et aphorismi ex physiologia chemica plantarum* erschien indessen erst 1793.) Mit Freiesleben gab Humboldt die erste geognostische Beschreibung des böhmischen Mittelgebirges heraus. Durch das ausgezeichnete Wohlwollen des Ministers Fr. von Heinitz schon im Februar 1792 zum Assessor im Bergdepartement ernannt, begleitete er diesen Staatsmann im Juli 1792 in das Markgrafthum Baireuth und wurde zur Untersuchung des dasigen Berg- und Hüttenwesens berufen. Nach seinem Wunsche, nur der Vorrichtung des unterirdischen Grubenbaus fortan anzugehören, zum Oberbergmeister am Fichtelgebirge in den fränkischen Fürstenthümern ernannt, nahm er seinen Hauptwohnsitz in dem kleinen Bergorte Steben bei Naila. Er behielt die Direction des praktischen Bergbaus fast fünf Jahre lang, von 1792–97, aber mit vielen und zwar sehr heterogenen Unterbrechungen. In Aufträgen des Berliner Bergdepartements, von dem das fränkische gänzlich getrennt war, wurde Humboldt, im Herbste 1793, zur Untersuchung der Steinsalzgruben und Siedvorrichtungen nach Oberbaiern, Salzburg, dem östreichischen Salzkammergute und (über Tarnowitz) nach Galizien; im Sommer 1794 aber, wieder zu halurgischen Zwecken, nach Kolberg, dem Netzedistrict, den Weichselufern südlich von Thorn und nach Südpreußen geschickt. Politische Begebenheiten, die eine Folge der großen Kriegsereignisse waren, zogen Humboldt nach der Rückkunft aus Posen, ihm selbst sehr unerwartet, nach den Rheinufern. Ein im April 1794 mit England und Holland abgeschlossener Subsidientractat vermochte Preußen zur Fortsetzung des Kriegs gegen die Französische Republik. Der dirigirende Minister in den fränkischen Fürstenthümern Baron von

Hardenberg wurde nach Frankfurt gesandt, um dort (für die Zeit der Dauer des Subsidientractats) mit dem englischen und holländischen Gesandten, Lord Malmesbury und Admiral Kynkel zu unterhandeln. Humboldt erhielt von dem preußischen Staatsmanne, dessen Vertrauen und freundschaftlichen Umgang er lange genossen, die Aufforderung, ihn nach der Armee zu begleiten, um seine Thätigkeit zu Missionen nach dem Hauptquartier des Feldmarschalls von Möllendorf und zur Cabinetscorrespondenz zu benutzen. Der Aufenthalt in Frankfurt und bei der Armee zwischen Munzernheim, Mainz und Wesel, ja bis zum holländischen Lager dauerte vier Monate, und erst im October 1794 war Humboldt zurück im baireuther Gebirge. Er setzte eifrigst fort seine chemische Arbeit über die Natur der Grubenwetter wie seine oft gefahrvollen Versuche über eine von ihm construirte, nicht verlöschende Lampe und die Respirationsmaschine nach dem Principe von Beddoes in Räumen, die er künstlich mit irrespirablen Gasarten gefüllt hatte. In den Sommer und Herbst 1795 fällt eine geognostische Reise durch Tirol nach Venedig, durch die Euganeen, die ganze Lombardei und die Schweiz in angenehmer Begleitung von Freunden, erst mit Reinhard von Haeften und später mit Karl Freiesleben. Humboldt sammelte schon seit 1792, wo er bei seinem ersten Aufenthalte in Wien Nachricht von Galvani's bewundernswürdiger Entdekkung erhalten, Materialien zu seinem großen Werke ›Über die gereizte Muskel- und Nervenfaser, nebst Vermuthungen über den chemischen Proceß des Lebens in der Thier- und Pflanzenwelt‹, das erst 1797 in zwei Bänden erscheinen konnte, von ihm selbst herausgegeben, keineswegs von Blumenbach, der das Manuscript nie gesehen. Die italienische Reise brachte Humboldt in belehrenden Verkehr mit Volta in Como und mit Scarpa in Pavia. Vom November 1795 bis Februar des folgenden Jahres blieb Humboldt wieder auf dem Gebirge praktisch beschäftigt in Steben, Lauenstein, Goldkronach und Arzberg bei Wunsiedel. Die schweren Leiden seiner kranken Mutter zogen ihn nach Berlin, doch nur auf einige Monate. Der plötzliche Einfall des französischen Heeres unter Moreau in das Herzogthum Würtemberg und die Flucht des Landesherrn ließen den König von Preußen besorgen, daß die fürstlich Hohenlohe'schen Besitzungen, in denen im Anfange der Französischen Revolution (1791) der Vicomte de Mirabeau eine der Emigrantenlegionen des Condé'schen Corps errichtet hatte, aus Motiven der Rache Plünderung und Unbill von den weiter gegen Franken vordringenden Heeren von Moreau oder Jourdan erleiden würden. Man hoffte den commandirenden General dazu bewegen zu können, da seit dem Frieden, den der Minister von Hardenberg zu Basel den 5. April 1795 abgeschlossen hatte, ein sehr freundschaftliches Verhältniß zwischen Frankreich und Preußen eingetreten war, die kleinen Hohenlohe'schen Länder wie eine preußische Enclave zu betrachten. Humboldt erhielt den Auftrag sich mit dem Hauptmann von Pirch, von einem einzelnen Trompeter begleitet, Ende Juli 1796 von Ingelfingen aus nach dem französischen Hauptquartier in Schwaben zu begeben. Es war kurze Zeit nach dem Treffen bei Cannstadt. Man sah auf dem Wege noch den General St.-Eyr in einem durch Seile gehaltenen, mehrere Monate lang gefüllt bleibenden Conté'schen Luftballon (*Ballon captif*) den Feind recognosciren. Bei der Milde des Charakters, die den General Moreau auszeichnete, wurde es nicht schwer, in wenigen Tagen zu erlangen, was man erwünschte. Es sollten die Hohenlohe'schen Besitzungen mit preußischen Adlern umgeben werden. In dem französischen Hauptquartier hatte Humboldt die Freude, den General Desaix zu finden, der schon damals, 14 Monate vor dem Frieden vom Campo-Formio, mit Bonaparte's ägyptischen Planen bekannt war, ja mehrmals Humboldt aufforderte nicht die Tropenländer des Neuen Continents zu besuchen, sondern sich einer französischen Expedition nach dem Orient anzuschließen. Die Rückkehr aus dem Moreau'schen Hauptquartier, begleitet von dem französischen Ingenieur, der die Adler aufpflanzen sollte, war trotz der sichernden Töne des preußischen Trompeters, in einem Walde bei Nacht, wo östreichische und französische Vorposten stark gemengt standen, sehr unbequem. Die lang gefürchtete Nachricht vom Tode der Mutter (November 1796) brachte nun Humboldt's Entschluß einer großen wissenschaftlichen Expedition der Ausführung näher. Auf den Rath des Freiherrn von Zach hatte er schon längst angefangen sich mit praktischer Astronomie, d. h. mit Sextantenbeobachtungen zu geographischen Ortsbestimmungen ernsthaft zu beschäftigen. Es war dabei sein reger Wunsch, ehe er Europa auf mehrere Jahre verließ, brennende Vulkane zu sehen, den Vesuv, Stromboli und den Ätna. Sein Bruder Wilhelm wollte ihn mit seiner Familie auf dieser zweiten italienischen Reise begleiten. Um sich nun mit Diesem zu vereinigen, löste er seine dienstlichen Verhältnisse gänzlich auf, und beschloß in völliger Unabhängigkeit und mit Instrumenten ausgerüstet, in deren Gebrauch er sich lange eingeübt, allein dem Studium der Natur zu leben. Er verließ Baireuth im Jahre 1797 und verweilte in inniger Verbindung mit Goethe und Schiller drei Monate in Jena. Da er nur rhapsodisch unter Sommerring, dem er sein Werk über die gereizte Muskelfaser zugeeignet, menschliche Anatomie studirt hatte, so erlangte er von Loder, den er 32 Jahre später auf der sibirischen Expedition wieder in Moskau begrüßte, ihm ein Privatcollegium zu lesen, das mit Anleitung zum Seciren verbunden war. Über Dresden, Freiberg, Prag und Wien ging Humboldt nach Salzburg, auf dem Wege die Schätze des schönbrunner Gartens, die Freundschaft des jungen brasilischen Reisenden, Joseph van der Schott, und das Wohlwollen des alten Jacquin und Peter Frank's genießend. Der kriegerische und revolutionäre Zustand von Italien entfernte jede Idee des Genusses einer wissenschaftlichen Reise; Humboldt's Bruder ging von Wien unmittelbar nach Paris, während er sich entschloß, mit seinem Freunde Leopold von Buch, den Winter einsam mit meteorologischen Beobachtungen beschäftigt, in Salzburg und Berchtesgaden zuzubringen, um später, wenn der Zustand von Unteritalien es erlaubte, im nächsten Frühjahre über die Alpen zu gehen. Diesen Ideen nachhängend, erhielt Humboldt eine Aufforderung von dem in Dalmatien und Griechenland vielgereisten Lord Bristol, ihn auf einer

Excursion nach Oberägypten auf acht Monate zu begleiten: er habe eigene Boote zu diesem Unternehmen ausrüsten lassen, und mehrere Zeichner sollten ihn, den sehr unterrichteten Kunstliebhaber, begleiten. Humboldt nahm das Anerbieten unter der Bedingung an, daß, nach Alexandrien zurückgekehrt, er sich von Lord Bristol trennen könne, um allein Syrien und Palästina zu besuchen. Zum Ankauf der ihm noch fehlenden Instrumente entschloß er sich vorher auf wenige Wochen über Strasburg nach Paris zu gehen, wo er Briefe von Lord Bristol, nach der getroffenen Übereinkunft, erwarten sollte. Es war der Anfang des Monats Mai 1798; am 20. desselben Monats ging Bonaparte mit seiner Expedition von Toulon nach Malta und Alexandrien ab. Statt die erwarteten Briefe zu erhalten, las Humboldt zu seinem großen Erstaunen in der ›Strasburger Zeitung‹ die Nachricht, daß Lord Bristol auf Befehl des Directoriums in Mailand verhaftet worden sei, weil man ihn beschuldige, daß der geheime Zweck seiner ägyptischen Reise sei, auf irgend eine Weise zum Vortheile Englands an den Nilufern zu wirken. So ungerecht und unwahrscheinlich auch eine solche Beschuldigung war, so hätte sie doch, wenn man in Mailand Briefe von Humboldt aufgefunden hätte, auch seine persönliche Sicherheit gefährden können. Als er ungehindert in Paris ankam, wo er sich mit der Familie seines Bruders vereinigte, fand er die Mitglieder des Instituts, die Professoren des Jardin des Plantes und das ganze gebildete Publicum mit den, viele Hoffnung erregenden Ausrüstungen zu einer großen Weltumsegelung beschäftigt, die das Directorium unter Anführung des Capitän Baudin seit einigen Monaten decretirt hatte. Die Expedition sollte Buenos Ayres, das Feuerland und die ganze amerikanische Westküste von Valparaiso bis zum Isthmus von Panama berühren, viele Inseln der Südsee, Neuholland und Madagaskar besuchen und um das Cap der guten Hoffnung zurückkehren. Humboldt, der die erste sich darbietende Gelegenheit zu einem großen Unternehmen benutzen wollte, schloß sich sogleich dieser Expedition an. Er erhielt von dem Directorium, in dem zwei Mitglieder, François de Neufchateau und La Reveillère-Lepaux, sich besonders für Bereicherung der Gärten und Sammlungen interessirten, die Erlaubniß sich mit allen seinen Instrumenten einzuschiffen, mit dem Versprechen die Schiffe verlassen zu dürfen und da zu bleiben, wo er tiefer in das Land einzudringen wünschte. Vier volle Monate vergingen in peinigender Spannung und Ungewißheit. Die politische Lage von Italien und die wohlgegründete Besorgniß eines nahen und neuen Ausbruchs des Kriegs mit Deutschland bewogen die Regierung, die für die Expedition ausgesetzten Fonds zurückzuziehen und das ganze Unternehmen bis auf eine günstigere Epoche zu vertagen. Die innige freundschaftliche Verbindung, welche so leicht und schnell sich zwischen Personen anknüpft, die mehrere Jahre lang auf demselben Schiffe leben werden, hatte Humboldt mit einem sehr ausgezeichneten jungen Botaniker, Aimé Bonpland, befreundet, der später so viele Schicksale mit ihm getheilt hat und von dem alten Jussieu, Richard und dem aus Algier und Constantine rückkehrenden Desfontaines wegen seiner Kenntnisse und Liebenswürdigkeit des Charakters geschätzt war. Indem Humboldt's süßeste Hoffnungen bitter getäuscht wurden, ging ein schwedischer Consul, Herr Skjöldebrand, durch Paris mit Geschenken seines Hofes für den Dei von Algier, um sich in Marseille auf einer für ihn bestimmten Fregatte einzuschiffen. Da sein Haus alle Jahre ein Barke nach Tunis schickte, um die nach Mekka wandernden Pilgrimme nach Alexandrien zu führen, so beschloß Humboldt des Consuls freundliche Anerbietungen dankbar anzunehmen und sich so der französischen Expedition in Ägypten anzuschließen. Er harrte in Marseille vergebens bis Ende December 1798 auf die verheißene Ankunft der schwedischen Fregatte ›Jaramas‹, die von Stürmen an der portugiesischen Küste beschädigt im nahen Hafen von Cadix überwintern mußte. Da zugleich die Nachricht sich verbreitete, daß in der Berberei bei dem zwischen Türken und Franzosen ausgebrochenen Kriege alle von Marseille aus an die Küsten der Berberei kommenden Franzosen in Ketten gelegt würden, so mußte es Humboldt vorziehen, mit Bonpland den

Winter in Spanien zuzubringen, und dann, wenn die Ereignisse er erlaubten, sich von Cartagena oder Cadix nach Tunis und Ägypten einzuschiffen. Die Reisenden gingen langsam und angenehm mit Herbarisationen, astronomischen Ortsbestimmungen und magnetischen Intensitäts- und Inclinationsbeobachtungen auf dem Wege beschäftigt über Perpignan, Barcelona, den Montserrat und Valencia nach Madrid, wo sie erst Anfangs Februar 1799 ankamen. Die außerordentliche Gunst, deren Humboldt sich an dem spanischen Hofe in Aranjuez drei Monate lang durch Vermittelung des sächsischen Gesandten, Baron von Forell, eines kenntnisvollen Mineralogen, und des ersten Staatssecretärs (Ministers der auswärtigen Angelegenheiten), Don Mariano Luis de Urquijo, zu erfreuen hatte, änderte auf einmal wieder seine Lebenspläne. Der erste Staatssecretär erklärte, daß ihm alle spanischen Besitzungen in Amerika und dem Indischen Ocean (Marianen und Philippinen) geöffnet sein würden aus rein persönlichem Vertrauen, denn von keiner andern Regierung war Humboldt der spanischen empfohlen. Der Erlaubniß wurden officielle Befehle an alle Behörden beigefügt, wie seit der Expedition von Bouguer und La Condamine noch keinem Fremden geschehen war. Von den zwei Pässen war der eine von der *Primera Secretaria de Estado*, der andere von dem *Consejo de Indias*. Der erste ›gestattete den freien Gebrauch aller Instrumente zu astronomischen und geodätischen Zwecken, die Messung der Berge, das Einsammeln von Naturalien, ja Untersuchungen jeglicher Art, die zur Erweiterung der Wissenschaften führen konnten.‹ Humboldt sagt in der Einleitung seiner Reisebeschreibung ausdrücklich, daß alles so wohlwollend Versprochene auf das pünktlichste gehalten worden ist, und daß in fünf Jahren er nie eine Äußerung des Mistrauens erfahren habe. Mitte Mai verließ er Aranjuez und Madrid und ging (die Höhen messend) durch Altcastilien, Leon und Galicien über Villalpando, Astorga und Lugo nach dem Hafen Coruña, um sich daselbst am 5. Juni 1799 auf der Fregatte ›Pizarro‹ einzuschiffen. Der Capitän des ›Pizarro‹ hatte von der Regierung den Befehl erhalten, sich auf der

Schiffahrt nach den Küsten von Südamerika so viel Tage in Teneriffa aufzuhalten, als Humboldt zur Besteigung des Pico de Teyde brauchen würde. Da die Landung in Cumana den 16. Juli 1799 und die Rückkehr in der Mündung der Garonne den 3. Aug. 1804 erfolgte, so hat Humboldt's ganze Reise in Südamerika, der Südsee, Mexico, den Antillen und Nordamerika fünf Jahre und zwei Monate gedauert.«

»Der Aufenthalt der Reisenden in Teneriffa war nur von wenigen Tagen, vom 19. bis 25. Juni. Sie hatten glücklich die englischen Kreuzer vermieden und waren am 19. Juni im Hafen von Santa-Cruz auf Teneriffa gelandet. Sie erstiegen den Pic und sammelten ein große Menge neuer Beobachtungen über die damals wenig gekannte natürliche Beschaffenheit der Insel. Obgleich in der Nähe der Küste Paria ein heftiges nervöses Fieber am Bord des ›Pizarro‹ ausgebrochen war, so betraten sie doch in voller Gesundheit zum ersten mal den Boden Amerikas bei Cumana. Achtzehn Monate verbrachten sie auf einer Forschungsreise durch die Provinzen des jetzigen Freistaats Venezuela, gelangten im Februar 1800 nach Caracas, und verließen bei Puerto-Cabello von neuem die Seeküste, um nach Süden gewendet über die merkwürdigen Grassteppen von Calabozo den Fluß Apure und durch diesen den Orinoco zu erreichen. Auf Indianerkähnen (ausgehöhlten Baumstämmen) drangen sie von den Katarakten von Atures und Maypure bis zum südlichsten Grenzposten der Spanier, dem kaum zwei Breitegrade vom Äquator entfernten Fort San-Carlos am Rio-Negro, durch den Tuamini und die Wälder von Pimichin, wo die Kähne über Land geschoben werden mußten, vor; gelangten durch den Cassiquiare in den Orinoco zurück; fuhren diesen bis Angostura hinab und erreichten Cumana am Ende einer Reise, die 375 geographische Meilen lang, sie nur durch unbewohnte Wildnisse geführt, ja die erste war, welche eine, auf astronomische Bestimmungen gegründete Kenntniß von der so lange bestrittenen Bifurcation des Orinoco geliefert hatte. Humboldt und Bonpland schifften sich nun nach Havana ein, lebten dort einige Monate und eilten einen Südseehafen zu erreichen, als die falsche Nachricht sich verbreitete, Baudin, dem sie sich anzuschließen versprochen, werde an der Westküste Südamerikas erscheinen. Von Batabano an der Südküste der Insel Cuba segelten sie im März 1801 nach Cartagena de Indias, um von da aus nach Panama zu gehen; allein weil die Jahreszeit die Ausführung dieses Plans hinderte, fuhren sie 54 Tage lang den Magdalenenstrom hinauf bis Honda, um über Guaduas das 8200 Fuß hohe Plateau von Bogota zu erreichen. Sie machten von Bogota aus Streifzüge nach den merkwürdigsten Punkten der Umgegend. Im September 1801 brachen sie trotz der eingetretenen Regenzeit wieder gegen Süden auf, indem sie über Ibague, die Cordillera de Quindiu (höchster Punkt des Nachtlagers 10800 Fuß), Cartago, Popayan am Fuße des Vulkans von Puracé, den Paramo de Almaguer und die große Hochebene von Los Pastos nach den größten Beschwerden am 6. Jan. 1802 Quito erreichten. Die Reise auf dem Rücken der Cordilleren von Bogota bis Quito immer auf Maulthieren und von vielem Gepäck begleitet hatte volle vier Monate gedauert. Andere fünf Monate (vom 6. Jan. bis 9. Juni 1802) vergingen ihnen unter viel umfassenden Untersuchungen in dem schönen Hochthale von Quito und in der Kette von mit ewigem Schnee bedeckten Vulkanen, welche dasselbe umschließen. Durch zufällige Umstände begünstigt, stiegen sie an mehren derselben bis zu früher nicht erreichten Höhen. Auf dem Chimborasso gelangten sie am 23. Juni 1802 bis zur Höhe von 18096 Fuß, also um 3276 Fuß höher als La Condamine 1738 am Nevado de Corazon. Sie standen hier auf dem höchsten, je vorher von Menschen erstiegenen Punkte fester Erde, und wurden durch eine tiefe Schlucht an der Erklimmung der äußersten, noch um 2004 Fuß höhern Spitze gehindert. Carlos Montufar, der Sohn des Marquès von Selvalegre, ein trefflicher, lernbegieriger junger Mann, der, wie viele der Bessern seines Volks, der später eingetretenen Revolution als Opfer fiel, schloß sich in Quito an die Reisenden an und begleitete sie fortan bis zum Schlusse der langen Wanderung durch Peru und Mexico nach Paris. Über den Andespaß im Paramo de Assuay (wo der

Weg bei Cadlud fast die Höhe des Gipfels des Montblanc erreicht), über Cuenca und die Chinawälder von Loxa stiegen sie in das Thal des obern Amazonenflusses bei Jaen de Bracamoros hinab, und erreichten über die fruchtbare Hochebene von Caxamarca über die Bergstadt Micuipampa (in 11140 Fuß Höhe bei den berühmten Silbergruben von Chota) und über Montan den westlichen Abfall der Cordilleren von Peru. Hier genossen sie auf dem Alto de Guangamarca zum ersten male von einer Höhe von 9000 Fuß herab des langersehnten Anblicks der Südsee. Sie gelangten bei Truxillo an die Küste und gingen durch die wasserarme Sandwüste von Niederperu bis zu dem mit Gärten umgebenen Lima. Nachdem einer der Hauptzwecke der peruanischen Reise, die Beobachtung des Durchgangs des Mercur durch die Sonne erfüllt war, schifften sie sich Ende December 1802 von Callao nach Guayaquil ein, und landeten am Schlusse einer zweiten ermüdenden Fahrt in Acapulco den 23. März 1803. Über Tasco und Cuernavaca erreichten sie im April die Hauptstadt Mexicos, wo sie einige Monate verweilten und dann nach Norden gewendet Guanaxuato und Valladolid besuchten, die Provinz Mechoacan durchstreiften, der Küste der Südsee nahe, den erst 1759 ausgebrochenen Vulkan von Jorullo maßen und über Toluca nach Mexico zurückkehrten. Ein nochmaliger Aufenthalt in dieser damals sehr reichen und durch die Bildung der höhern Einwohnerclassen ausgezeichneten Stadt wurde zur Ordnung der reichen Sammlungen und zur Zusammenstellung der vielseitigen Beobachtungen verwendet. Im Januar 1804 gingen die Reisenden, nachdem sie vorher den Vulkan von Toluca (14232 Fuß) und den Cofre de Perote (12588 Fuß) bestiegen und gemessen, durch die Eichenwälder von Xalapa, die schon in einer Höhe von 2860 Fuß über der Meeresfläche anfangen, nach Veracruz hinab, wo sie dem damals wieder unerwartet ausgebrochenen Schwarzen Erbrechen (*Vomito prieto*) entkamen. Das barometrische Nivellement des östlichen Abfalls des Hochlandes von Mexico (7000–7200 Fuß) gegen Veracruz hin konnte nun mit dem früher vollendeten Nivellement des westlichen Abfalls nach Acapulco an der Südsee verglichen werden. Aus beiden wurden von Meer zu Meer die Profile (senkrechte Projectionen) construirt, die ersten, die man je von einem ganzen Lande bis dahin gegeben hatte. Am 7. März 1804 verließ Humboldt die mexicanische Küste, segelte auf der königlichen Fregatte ›La O‹ nach der Havana, wo er wieder zwei Monate verweilte und die Materialien vervollständigte, die ihm zu seinem Werke: ›*Essai politique sur L'île de Cuba*‹ gedient haben. Am 29. April 1804 schiffte er sich mit Bonpland und Carlos Montufar nach Philadelphia ein. Die Überfahrt dauerte 20 Tage, sie war in der Bahamastraße bei Nordwinden gefahrvoll stürmisch. Humboldt konnte nur wenige Wochen lang in Washington sich der freundschaftlichen Aufnahme bei dem edeln Präsidenten Jefferson erfreuen. Er verließ ungern den Neuen Continent den 9. Juli in der Mündung des Delaware und landete den 3. Aug. 1804 in Bordeaux, an Sammlungen, besonders aber an Beobachtungen aus dem großen Gebiete der Naturwissenschaften, der Geographie und Statistik vielleicht reicher als irgend ein früherer Reisender.«

»Humboldt wählte Paris zum Aufenthalte, indem kein Ort des Continents damals einen gleich zugänglichen Schatz von wissenschaftlichen Hülfsmitteln darbot, keiner ebenso viel große und thätige Forscher einschloß als jene Hauptstadt. Er hatte bei seiner Ankunft die Freude, dort die geistreiche Gattin seines Bruders mit ihren Kindern zu finden. Den Bruder selbst fesselten gelehrte Arbeiten und Geschäfte als preußischer Gesandter in Rom. Die vorläufige Anordnung der Sammlungen und zahlreichen Manuscripte, mehr aber noch chemische Arbeiten über das Verhältniß der Bestandtheile der Atmosphäre, gemeinschaftlich mit seinem Freunde Gay-Lussac in dem Laboratorium der *Ecole polytechnique* unternommen, verlängerten Humboldt's Aufenthalt in Paris bis zum März 1805. Er trat nun, begleitet von Gay-Lussac, der einen langdauernden Einfluß auf seine chemische Thätigkeit ausgeübt hat, eine Reise nach Italien (Rom und Neapel) an, wo sie vom 1. Mai bis 17. Sept. 1805 verblieben. Leopold von Buch war ihr Gefährte in Neapel und auf der Rückreise durch die Schweiz nach Berlin, welches Humboldt am 16. Nov. nach einer neunjährigen Abwesenheit wiedersah. Gay-Lussac verließ seinen Freund und Mitarbeiter im Winter 1806. Das Unglück des Vaterlandes im October 1806 und die Hoffnung, die durch den schmachvollen Tilsiter Frieden aufgelegten Lasten mittels einer Negociation zu vermindern, brachte die Regierung zu dem Entschluß, den jüngsten Bruder des Königs, den durch persönliche Tapferkeit und Anmuth der Sitten gleich ausgezeichneten Prinzen Wilhelm von Preußen zum Kaiser Napoleon im Frühjahr 1808 nach Paris zu senden. Humboldt, der sich während der französischen Besetzung von Berlin in einem einsamen Garten eifrigst mit stündlichen magnetischen Declinationsbeobachtungen beschäftigte, erhielt sehr unvermuthet den Befehl des Königs, den Prinzen Wilhelm auf seiner schwierigen politischen Mission zu begleiten, und ihm durch seine genaue Bekanntschaft mit damals einflußreichen Personen wie durch größere Welterfahrung nützlich zu werden. Der Aufenthalt des Prinzen Wilhelm, dem als Adjutant ein nachmals lieber Verwandter F. von Hedemann beigegeben war, dauerte bis zum Herbst 1809, und da der Zustand von Deutschland es unmöglich machte, die Herausgabe so vielumfassender, von keinem Gouvernement unterstützter Reisewerke (in der Folio- und Quartausgabe 29 Bände mit 1425 gestochenen, zum Theil farbigen Kupfertafeln) auf deutschem Boden zu wagen, so erhielt Humboldt von dem Könige Friedrich Wilhelm III., der ihm persönliches Wohlwollen schenkte, die Erlaubniß, als eines der acht auswärtigen Mitglieder der pariser Akademie der Wissenschaften, in Frankreich zu verbleiben. Er hat so seinen dauernden Wohnsitz, kleine Abwesenheiten abgerechnet, fast 20 Jahre lang (von 1808–27) in Paris gehabt. Als sein älterer Bruder nach vollbrachter Stiftung der berliner Universität als Gesandter (1810) nach Wien ging und die oberste Leitung des Unterrichtswesens im preußischen Staate aufgab, wurde dem jüngern Bruder dieselbe von dem Staatskanzler Freiherrn von Hardenberg sehr dringend (ohne oder auch mit dem Ministertitel) angeboten.

Humboldt zog es vor, sich eine freie, unabhängige Lage als Gelehrter zu erhalten, weil die Herausgabe seiner astronomischen, zoologischen und botanischen Werke, trotz der treuen Hülfe von Oltmanns, Bonpland und Kunth noch nicht weit genug vorgerückt war. (Seine lateinische Schrift: ›*De distributione geographica plantarum secundum coeli temperiem et altitudinem montium*‹ erschien erst 1817). Dazu hatte er den bestimmten Entschluß gefaßt, eine zweite wissenschaftliche Expedition nach Oberindien, dem Himalaya und Tibet zu unternehmen. Um sich zu derselben vorzubereiten, war er mehre Jahre lang eifrig unter Sylvestre de Sacy und André de Nerciat mit Erlernung der persischen Sprache (als der leichtern unter denen des Orients) beschäftigt. Da zu dieser Zeit (1812) der Kaiser Alexander, von Sibirien aus über Kaschgar und Yarkand eine wissenschaftliche Expedition nach der tibetanischen Hochebene angeordnet hatte, so wurde Humboldt von dem Reichkanzler, Grafen Romanzow, der ihn persönlich kannte und seinen Unternehmungsgeist schätzte, aufgefordert, sich der russischen Expedition anzuschließen. Humboldt nahm ein solches Anerbieten willig an; der Ausbruch des Kriegs zwischen Frankreich und Rußland vereitelte aber die schöne Aussicht, die Geognosie des Himalaya und Kuen-lün mit der der Andeskette vergleichen zu können. Die großen politischen Veränderungen vom März 1814 bis November 1815, zwischen dem ersten und zweiten Pariser Frieden, veranlaßten Humboldt zu mehrfachen Reisen. Er ging nach England, das er seit 1790 nicht wieder gesehen, zuerst im Gefolge des Königs von Preußen, 1814, dann mit Arago, als sein Bruder, den er schon (1811) in Wien besucht hatte, Gesandter in London wurde; endlich (1818) von Paris aus mit Valenciennes, über London nach Aachen, wo der König und auch der Staatskanzler Fürst Hardenberg während des Congresses ihn in ihrer Nähe zu haben wünschten. Ebenso begleitete Humboldt den König zu dem Congreß von Verona und folgte ihm nach Rom und Neapel, von wo aus er die 13 Jahre früher mit Gay-Lussac und Leopold von Buch gemachten Messungen am Vesuv wiederholte. Nach der Rückreise von Verona, in dem so streng einbrechenden Winter von 1823, durch Tirol und Böhmen trennte er sich von dem Könige erst in Berlin, das er seit vollen 15 Jahren nicht besucht hatte. Der Wunsch des Monarchen, Humboldt in seiner Umgebung zu behalten und ihn für das Vaterland bleibend wiederzugewinnen, konnte erst im Frühjahr 1827 erfüllt werden. Humboldt ging damals, seinen dauernden Aufenthalt in Paris aufgebend, über London und Hamburg nach Berlin, wo er endlich das so lange entbehrte Glück genoß, mit seinem Bruder an einem Orte zu leben und vereint wissenschaftlich zu arbeiten. Die öffentlichen Vorlesungen, welche er über den Kosmos (die physische Weltbeschreibung) fast gleichzeitig in der großen Halle der Singakademie und in einem der Hörsäle der Universität hielt, fallen in diese frühere Epoche des berliner Aufenthalts, von Anfang November 1827 bis Ende April 1828. Das Buch vom Kosmos, welches nicht die Frucht dieser Vorlesungen ist, da die Grundlage davon schon in dem, während der peruanischen Reise geschriebenen und Goethe zugeeigneten ›Naturgemälde der Tropenwelt‹ liegt, hat erst 1845, also 15 Jahre nach den berliner, 18 Jahre nach den pariser Vorlesungen zu erscheinen angefangen. Das Jahr 1829 bezeichnet in Humboldt's so viel bewegter Existenz eine ganz neue sehr wichtige Lebensepoche. Sie umfaßt die auf Befehl des Kaisers Nikolaus unternommene und großartig durch die edle Fürsorge des Staatsministers Grafen von Cancrin ausgestattete Expedition nach dem nördlichen Asien (Ural und Altai), nach der chinesischen Dzungarei und dem Kaspischen Meere. Die bergmännische Untersuchung der Gold- und Platinlagerstätten, die Entdeckung von Diamanten außerhalb der Wendekreise (sie glückte am 5. Juli 1829), astronomische Ortsbestimmungen und magnetische Beobachtungen, geognostische und botanische Sammlungen waren die Hauptzwecke einer Unternehmung, in der Humboldt von zweien seiner berühmten Freunde, Ehrenberg und Gustav Rose, begleitet war. Die Reise ging über Moskau, Kasan, die Ruinen des alten Bulghari nach Jekatherinenburg, den Goldseifenwerken des Ural und den Platinwäschen von Nishnei-Tagilsk, über Bogoslowsk, Werchoturje und Tobolsk nach dem Altai (Barnaul, dem malerischen Kolywanschen See, Schlangenberg und Ustkamenogorsk); von da nach den chinesischen Militärposten von Khonimailakhu, nahe am Dzaysansee in der Dzungarei. Von den mit ewigem Schnee bedeckten Bergen des Altai wendeten sich die Reisenden wieder gegen Westen, um den südlichen Ural zu erreichen. Von einem Pulk starkbewaffneter Kosacken immer begleitet, zogen sie durch die große Steppe vom Ischim über Petropawlowsk, die Festung Omsk, Miask, wo 1842, in neun Fuß Tiefe, eine Goldmasse von 36 Kilogramm Gewicht gefunden worden ist, über den Salzsee Ilmen nach Slatust, dem hohen Taganay, Orenburg und dem weit berufenen, mächtigen Steinsalzstock von Ilezk in der Kirgisensteppe der Kleinen Horde. Um Astrakhan und das Kaspische Meer zu erreichen, mußte man wegen der vielen Regengüsse und Überschwemmungen den Weg über Uralsk, den Hauptsitz der uralischen Kosacken, Saratow, den Eltonsee, Dubowka (berühmt wegen der eine Kanalverbindung versprechenden Nähe der Flüsse Don und Wolga), Tsaritsyn und die schöne Herrnhutercolonie Sarepta in der Steppe der Kalmücken einschlagen. Nach einem interessanten Besuche bei dem Kalmückenfürsten Sered-Dschab, der sich und seinem Volke einen großen buddhaistischen Tempel hat bauen lassen, wurde die Rückkehr über Woronesh, Tula und Moskau genommen. Die ganze Expedition, welche in zwei Werken, in Gustav Rose's ›Mineralogisch-geognostische Reise nach dem Ural, Altai und dem Kaspischen Meere‹ (2 Bde., 1837–42); und in Humboldt's ›*Asie centrale, recherches sur les chaines de montagnes et la climatologie comparée*‹ (3 Bde., 1843) beschrieben ist, hat etwas über neun Monate gedauert, in denen 2320 geographische Meilen (15 auf den Grad) zurückgelegt wurden. Das Jahr 1830 mit seinen großen Umwälzungen jenseit des Rheins gab den Beschäftigungen Humboldt's auf mehre Jahre eine politische Richtung, die deshalb doch nicht seiner wissenschaftlichen Laufbahn hinderlich geworden ist. Nachdem er den Kronprinzen im Mai 1830 nach Warschau zu dem letzten vom Kaiser Nikolaus persönlich eröffneten constitutionellen Reichstage und bald darauf den König in das Bad von Teplitz begleitet hatte, verbreitete sich die Kunde von dem Sturze der ältern Linie der bourbonischen Familie und der Thronbesteigung des Königs Ludwig Philipp. Humboldt, der lange schon in sehr naher Verbindung mit dem Orleans'schen Hause gestanden, ward vom König Friedrich Wilhelm III. beauftragt, die Anerkennung des neuen Monarchen nach Paris zu überbringen und von dort aus, mit Kenntniß des französischen Hofes, politische Berichte, zuerst vom September 1830 bis Mai 1832, dann in den Jahren 1834-35 nach Berlin einzusenden. Dieselben Aufträge wurden mit gleichem Vertrauen in den folgenden zwölf Jahren fünf mal wiederholt, sodaß Humboldt bei jeder Sendung wieder vier bis fünf Monate seinen Aufenthalt in Paris nahm. In diese Epoche fällt die Herausgabe der fünf Bände ›Kritische Untersuchungen über die historische Entwickelung der geographischen Kenntnisse von der Neuen Welt im 15. und 16. Jahrhundert‹, nach dem französischen Original von Ideler ins Deutsche übersetzt. Humboldt's letzter Aufenthalt in Paris war vom October 1847 bis Januar 1848. Zwei kleinere Reisen außerhalb Deutschlands mit dem Könige Friedrich Wilhelm IV., die eine nach England zur Taufe des Prinzen von Wales (1841), die andere nach Dänemark (1845) sind ihrer Kürze wegen hier kaum zu erwähnen.«

Wenden wir uns zur Darstellung der wissenschaftlichen Leistungen Humboldt's und des ebenso großen als wohlthätigen Einflusses, welchen er während eines langen und höchst arbeitsamen Lebens auf die Naturforschung ausgeübt hat, so stoßen wir auf einen hier kaum zu bewältigenden Stoff. Die Thätigkeit der Naturforscher, zumal der Reisenden unter ihnen, pflegt nach zwei Richtungen zu gehen. Sie bezweckt entweder die Anhäufung eines reichen Materials an Sachen, Beobachtungen und speciellen Untersuchungen, oder sie unternimmt die Verarbeitung der Resultate eigener und fremder Forschung zu einem Ganzen, welches entweder unterstützend und erweiternd an schon Vorhandenes sich anschließt, oder an die Stelle des unbrauchbar gewordenen Alten tritt. Seltener, als man meinen möchte, sind die Männer, die mit gleichem Glück nach beiden Richtungen arbeiten, denn es setzt die Verfolgung der letztern nicht nur tiefe, sondern auch sehr vielseitige positive Kenntnisse, großes Talent der Beobachtung und die Gabe des Generalisirens voraus, die Fähigkeit nämlich, an Thatsachen schnell und scharf jene wichtigen und bezeichnenden Seiten aufzufassen, wo sie mit andern sich verbinden lassen, andere unterstützen und sie erklären. Humboldt's Leistungen sind in beiden Beziehungen sehr groß, aber besonders sind diejenigen seiner Arbeiten merkwürdig und verdienstlich, wo er den Schatz eigener Erfahrungen und Beobachtungen mit den fremden aller Zeiten bis auf die Gegenwart herab in Verbindung bringt, und mit Klarheit die überraschendsten Resultate darlegt. Schon aus einem seiner frühesten, noch vor der Reise nach Amerika verfaßten Werke »Über die gereizten Muskel- und Nervenfasern« (2 Bde., Verl. 1797–99) spricht dieser Geist, und nach Verlauf von fast einem halben Jahrhundert erkennt die inzwischen weit vorgeschrittene Physiologie die Genauigkeit und Schärfe jener Versuche über Galvanismus und die Wahrheit der meisten der aus ihnen gezogenen Folgerungen. Auf seinen Reisen Höhenmessungen mit Untersuchungen der thermometrischen Verhältnisse und der Beschaffenheit des Bodens verbindend, und neben diesen tiefern Arbeiten es nicht verschmähend, Herbarien zu sammeln, gelangte Humboldt zu einem reichen Material, durch dessen geistreiche Combination unter seinen Händen eine neue Wissenschaft, die Pflanzengeographie, entstand. Zwar hatten schon Linné und einige seiner Nachfolger manche der hervorstechendsten Erscheinungen in der Verbreitung der Pflanzenwelt bemerkt, doch ohne Höhenangaben und Betrachtung der mittlern Temperaturen. Es blieb Humboldt das große Verdienst, eine unendliche Menge von Thatsachen, die zum Theil in den entlegensten Erdwinkeln beobachtet worden waren, mit den eigenen Erfahrungen in Zusammenhang zu bringen, ihre Verbindung mit den Lehren der Physik nachzuweisen und die Gesetze zu erläutern, nach welchen die unendlich formenreiche Pflanzenwelt über den weiten Erdkreis vertheilt ist. Können solche Untersuchungen an sich nicht isolirt angestellt werden, so führen sie zumal einen geistreichen Forscher auf Prüfung mancher scheinbar fernliegenden Frage, und so ist es denn geschehen, daß unter Humboldt's Händen die in ihrer altherkömmlichen Form ziemlich geistlose Botanik zu einer der anziehendsten der Naturwissenschaften wurde. Es gelang Humboldt nachzuweisen, welche gewaltige Einwirkung die stille und passive Pflanzenwelt auf Bildung des Bodens, auf den Zustand der Völker und auf die geschichtliche Entwickelung des Menschengeschlechts seit der Urzeit geübt hat. So viel Anziehendes hat für den Denkenden diese Verbindung der physikalischen Wissenschaften mit der menschlichen Geschichte, und so reich an unerwarteten Ergebnissen ist diese neue Betrachtungsweise, daß den von Humboldt entdeckten Weg alsbald eine bedeutende Zahl von Forschern zu verfolgen begann. Mit allem Rechte darf man daher Humboldt als den Gründer einer besondern Schule ansehen, die jetzt keineswegs in Deutschland allein wurzelt. Ist es auch nur Wenigen gelungen, dem Vorbilde sich fast gleichzustellen, so durchweht doch gegenwärtig der Geist, den wir nicht anstehen wollen als den Humboldt'schen zu bezeichnen, die höhern Leistungen aller europäischen naturwissenschaftlichen Reisenden. Je überraschender die Resultate sind, die durch Combination von Wissenschaften erreicht werden, welchen man ehedem keine engere Verwandtschaft zutraute, je wahrer sie sich erweisen, je freier die Humboldt'sche Naturforschung von mystischer Deutung und von Geheimsprache sich stets erhielt, je klarer und selbst den Mindergeweihten verständlich sie hintritt, um so sicherer wird sie für die Folgezeit ein Muster bleiben. Zu der innern Tüchtigkeit der Humboldt'schen Werke gesellen sich als nicht unbedeutende Nebeneigenschaften die poetische Auffassung der Natur, da wo es darauf ankommt, anschauliche Gesammtbilder zu entwerfen, und das Geschmackvolle der Form. Tausende von Lesern, welchen im Übrigen keine specielle Kenntniß der Naturwissenschaften zu Gebote stand, haben sich durch Humboldt's Naturgemälde der Tropenländer hingerissen gefühlt.

Die Arbeiten Humboldt's in einzelnen Fächern sind staunenswerth durch ihren Umfang und die Mannichfaltigkeit ihrer Richtung. Ein großer Theil der weitschichtigen spanischen Colonien in der neuen Welt war zu Anfang dieses Jahrhunderts kaum an den Küsten bekannt, und selbst den besten Karten durfte nur beschränktes Vertrauen geschenkt werden. Mehr als 700 Ortsbestimmungen, welche Humboldt auf astronomischem Wege gewann und fast alle während der Expedition selbst berechnete, sind von Oltmanns neu untersucht und mit ältern verglichen worden, eine Arbeit, die in zwei Quartbänden unter dem Titel »*Recueil d'observations astronomiques, d'opérations trigonométriques et de mesures barométriques, faites par A. de Humboldt, redigées et calculées d'après les tables les plus exactes par Jabbo Oltmanns*« (1810) erschienen ist. Von Humboldt selbst theils auf der Reise, theils in Paris gezeichnet sind die Karten des Orinoco, des Magdalenenstroms, der größere Theil des Atlas von Mexico u. s. w. Mit dem Barometer in der Hand legte Humboldt Reisen, wie jene von Bogota bis Lima zurück, mit ihm erstieg er den Pic von Teneriffa, den Chimborasso, Antisana, Toluca, Perote und zahlreiche andere Bergspitzen, und so erlangte er 459 Höhenbestimmungen, die oft durch trigonometrische Messung unterstützt, für die Hypsometrie Amerikas unschätzbare Materialien lieferten, und für manche Provinzen bis jetzt die einzigen geblieben sind. Die später von ihm in Deutschland und Sibirien vorgenommenen Messungen und die Combination dieser umfangreichen eigenen Arbeiten mit denjenigen, die andere Reisende in den meisten zugänglichen Weltgegenden gemacht hatten, gaben Humboldt Veranlassung zu Zusammenstellungen, welche auf die Geographie den mächtigsten Einfluß ausübten, für die Lehre aber von der Verbreitung der Organismen die unentbehrlichsten Stützen bildeten. Die Klimatologie steht in enger Verbindung mit den Forschungen über Bodenbildung; auch sie hat durch Humboldt Aufklärung und viele Erweiterung erhalten. Auf seine mit großer Genauigkeit geführten Tagebücher über meteorologische, thermometrische und elektrische Zustände begründete er jene Darstellung des Klima der durchreisten Länder, welche später durch Boussingault, Pentland und Andere glänzende Bestätigung erhielten; indem er in gewohnter Weise Alles, was in diesen Beziehungen aus der übrigen Welt zu seiner Kenntniß gelangte, verarbeitete, legte er den Grund zu einer vergleichenden Klimatologie. Ursprünglich zum Geognosten gebildet, aber frühzeitig emancipirt von den zu Ende des vorigen Jahrhunderts geltenden Ansichten, wendete er vorzugsweise der geognostischen Erforschung Amerikas seine Aufmerksamkeit zu und trug durch mehre specielle Werke und ein vortreffliches Gesammtbild der Gebirgsbildung Amerikas, die er später mit derjenigen Europas und Asiens verglich, nicht zur Kenntniß Amerikas allein bei, sondern zur festen Begründung der zwar noch jungen, aber mit äußerster Schnelligkeit sich entwickelnden Wissenschaft der Geognosie. Die vulkanischen Erscheinungen der gewaltigen Feuerberge von Quito und Mexico und des unbedeutendern Vesuv fanden nacheinander an Humboldt einen scharfen Beobachter und glücklichen Erklärer. Unterstützt von Bonpland, welchem zumal die Anlegung von Sammlungen überlassen war, sammelte Humboldt in Amerika viele sehr wichtige Beobachtungen über die Verbreitung, den Nutzen, ja sogar über den Bau der Pflanzen, die er dann wieder in ihrer Verbindung mit den verschiedenen Menschenracen betrachtete, oder als cultivirte unter dem politisch ökonomischen Gesichtspunkte erwog. Mehre botanische Prachtwerke streng systematischen Inhalts, die er in Verbindung mit Bonpland herausgab, beweisen, daß er auch in dieser minder lohnenden Richtung zu arbeiten völlig befähigt sei; sein botanisches Hauptwerk bleibt jenes über die Geographie der Pflanzen. Das von ihm und Bonpland gesammelte reiche Herbarium, welches über 5000 Species phanerogamischer Pflanzen und unter diesen wegen der damaligen Unzugänglichkeit von Südamerika und dem mexicanischen Hochlande 3600 neue darbot, hat später K. S. Kunth in einem großen Werke beschrieben. Auch die Zoologie verdankt jener Reise nicht unansehnliche Vermehrungen, die in einer Section des Humboldt'schen Reisewerks niedergelegt sind. Ein anderes kostbares Werk, reich an kunstvoll gearbeiteten Abbildungen, entstand durch Humboldt's Bestreben, die großen Naturscenen der Andenkette und die Denkmäler einer untergegangenen Civilisation der Ureinwohner den Europäern bildlich vorzuführen. Zum ersten male sah man in Europa Landschaften, die mit künstlerischer Auffassung naturhistorische Treue verbanden. Sie verdrängten die phantastischen Machwerke früherer Zeiten und begründeten jene naturhistorische Landschaftsmalerei, die in der Gegenwart durch Rugendas und andere deutsche und ausländische Künstler zu einer hohen Vollkommenheit gebracht ist. Das Studium der großen Bauwerke der alten Mexicaner und Peruaner führte Humboldt in seinem Werke »*Monuments des peuples indigènes de l'Amérique*« zu Untersuchungen über die Sprachen, die noch erhaltenen Handschriften, die Zeiteintheilung, den Culturstand und die Wanderungen der ältern Bewohner jener Länder, und lohnend gestaltete sich der Vergleich mit den Altägyptern und selbst den Südasiaten, da er die Verwandtschaft der durch weite Meere getrennten Völker erkennen ließ. Statistik und Ethnographie erhielten durch Humboldt's Reisen ungemein große Vermehrungen, denn keinem Fremden waren je die Archive der Colonien geöffnet worden. Indessen war auch hier die Verarbeitung der Materialien eine eigenthümliche, denn in dem mehre Bände umfassenden Musterwerke über das Königreich Neuspanien stehen nicht die trockenen statistischen Zahlenreihen allein da, sondern sie sind in Verbindung gebracht mit naturgeschichtlichen Thatsachen, sodaß beide sich gegenseitig erklären und verschiedene Lehren der Staatsökonomie unter einem völlig neuen Gesichtspunkte behandelt erscheinen. Vergleiche anzustellen über die Bodencultur unter verschiedenen Klimaten und in weit voneinander entfernten Ländern, über ihre Einträglichkeit, ihren Einfluß auf die Civilisation und sonach auf die geschichtliche Entwickelung und selbst die späte Zukunft der Völker, die Ebbe und die Flut metallischer Reichthümer zu erforschen, wie sie nach allen Seiten verändernd sich über einzelne Welttheile ergießen, je nachdem der Boden irgendwo neu erschlossen oder neue Verbindungswege zwischen Völkern entdeckt wurden, ist eine von Humboldt zuerst geübte philosophische und daher höhere Betrachtungsweise der Sätze der ältern Staatswirthschaftslehre.

Es läßt sich denken, daß bei dieser Gewöhnung, keine Frage und kein Factum isolirt hinzustellen, sondern ihre Lösung in Combinationen zu suchen, die Werke Humboldt's Fundgruben des mannichfachsten Wissens, aber auch bändereich sein müssen; dennoch aber hat Humboldt es möglich gefunden, zahlreiche abgesonderte Untersuchungen (z. B. über die Entstehung des Stellenwerths der indischen Zahlen), theils allein, theils in Verbindung mit Andern anzustellen, oder mindestens zu ihnen anzuregen. Sein letztes Werk, die Geschichte der nautischen Geographie im Mittelalter, welche nur ein Historiker, der zugleich Astronom und Naturforscher war, schreiben konnte, seine gemeinsamen Arbeiten mit Gay-Lussac, die theils chemische waren, theils der Feststellung des magnetischen Äquators galten, seine große Entdeckung der Isothermen, die Versuche über die Gymnoten, wie über die Respiration der Fische und jungen Krokodile, eine Menge von Abhandlungen aus dem Gebiete der physischen Geographie und die Betheiligung an fremden Werken durch Lieferung von Beiträgen oder Anmerkungen, sind Beweise einer nimmer rastenden und Vieles und Großes in kurzer Zeit leistenden Thätigkeit.*

---

* Alexander von Humboldt's Reisewerk erschien in sechs Abtheilungen. Die erste Abtheilung unter dem Titel: »*Voyage aux régions équinoxiales du nouveau continent*« zerfällt in zwei Sectionen, von denen die eine den historischen Bericht (3 Bde., Paris 1809–25, Fol. und 4., und 13 Bde., 1816–31, 8.; deutsch, 6 Bde., Stuttg. 1825–32, 8.) enthält, die andere durch die »*Vues des Cordillères et monuments des peuples indigènes de l'Amérique*« (Paris 1810, gr. Fol., mit 69, zum Theil color. Kpfrn.; 2 Bde., Paris

1816, 8., mit 19 Kpfrn.) gebildet wird. Die zweite Abtheilung umfaßt »*Observations de zoologie et d'anatomie comparée*« (2 Bde., Paris 1805 bis 32), die dritte den »*Essai politique sur le royaume de la Nouvelle Espagne*« (2 Bde., Paris 1811, 4., mit Atlas; Text besonders 5 Bde., Paris 1811, 8.; 2. Aufl., 4 Bde., 1825, 8.; deutsch, 2 Bde., Stuttg. und Tüb. 1811), die vierte die »*Observations astronomiques, opérations trigonométriques et mesures barométriques, redigées et calculées par Jabbo Oltmanns*« (2 Bde., Paris 1808–10, 4.). In der fünften Abtheilung hat Humboldt seine Beobachtungen über die »*Physique générale et géologie*« (Paris 1807, 4.) niedergelegt. Die sechste, der Botanik gewidmete Abtheilung endlich vereinigt in sich: 1) »*Plantes équinoxiales, recueillies au Mexique, dans l'île de Cuba etc.*« (2 Bde., Paris 1805–18, gr. Fol., mit 144 Kpfrn.); 2) »*Monographie des Mélastômes et autres genres du même ordre*« (2 Bde., Paris 1806–23, gr. Fol., mit 120 color. Kpfrn.); 3) »*Nova genera et species plantarum quas in peregrinatione ad plagam aequinoctialem orbis novi collegerunt, descripserunt et adumbraverunt A. Bonpland et A. de Humboldt, in ordinem digessit C. S. Kunth*« (7 Bde., Paris 1815–25, in 4. und Fol., mit 700 Kpfrn.); 4) »*Mimoses et autres plantes légumineuses du nouveau continent, rédigées par C. S. Kunth*« (Paris 1819–24, gr. Fol., mit 60 color. Kpfrn.); 5) »*Synopsis plantarum quas in itinere ad plagam aequinoctialem orbis novi collegerunt A. de Humboldt et A. Bonpland, autore C. S. Kunth*« (4 Bde., Strasb. und Paris 1822–26, 8.); 6) »*Révision des graminées publiées dans les nova genera et species plantarum de MM. de Humboldt et Bonpland; précédée d'un travail sur cette famille, par C. S. Kunth*« (2 Bde., Paris 1829–34, gr. Fol., mit 220 color. Kpfrn.). Sonst hat Humboldt außer den bereits oben genannten seit seiner Rückkehr nach Europa noch folgende größere Arbeiten veröffentlicht: »Ansichten der Natur« (Stuttg. 1808; 3. Aufl., 2 Bde., 1849); »*Essai sur la géographie des plantes et tableau physique des régions équinoxiales*« (Paris 1805; deutsch, Stuttg. 1807); »*De distributione geographica plantarum secundum coeli temperiem et altitudinem montium prolegomena*« (Paris 1807; deutsch von Beilschmied, Bresl. 1831); »*Essai géognostique sur le gisement des roches dans les deux hémisphères*« (Strasb. 1823 und 1826); »*Essai politique sur l'île de Cuba*« (2 Bde., Paris 1827); »*Examen critique de l'histoire de la géographie du nouveau continent et des progrès de l'astronomie nautique aux quinzième et seizième siècles*« (5 Bde., Paris 1836–38; deutsch von Ideler, Bd. 1–3, Berl. 1836–39); »Kosmos. Entwurf einer physischen Weltbeschreibung« (Bd. 1–3, Stuttg. 1845–52).

Daten zu Leben und Werk

1769–1787
Am 14. September 1769 wird Friedrich Wilhelm Heinrich Alexander von Humboldt nach Friedrich Wilhelm Christian Carl Ferdinand als zweiter Sohn des preußischen Offiziers und Kammerherrn Alexander Georg und der aus wohlhabender französischer Hugenottenfamilie stammenden Marie Elisabeth von Holwede, geb. Colomb, in Berlin geboren. Beide Kinder wachsen auf dem Familiensitz Schloß Tegel auf. Der Unterricht wird von Hauslehrern besorgt, eine Zeit lang ist Johann Heinrich Campe mit der Erziehung der Brüder beauftragt, später Gottlob Johann Christian Kunth. Bereits zu dieser Zeit wird Humboldts Begeisterung für Entdeckungsreisen geweckt. 1779 stirbt der Vater.

1787
Alexander und Wilhelm von Humboldt werden von der Mutter zur Vorbereitung auf den preußischen Staatsdienst zum Studium nach Frankfurt/Oder geschickt. Alexander studiert Kameralistik, hört aber auch Vorlesungen in Altertumswissenschaften, Medizin, Physik und Mathematik. Nach einem halben Jahr kehrt er nach Berlin zurück und erhält in veschiedenen Fächern Privatunterricht. Er widmet sich botanischen Studien mit Karl Ludwig Willdenow.

1789
Zum Sommersemester wechselt Alexander von Humboldt, wie zuvor schon sein Bruder, nach Göttingen, wo er Physik und Chemie unter anderem bei Georg Christoph Lichtenberg studiert. Während einer Studienreise lernt er in Mainz Georg Forster kennen, der James Cook auf dessen zweiter Weltumsegelung begleitet hatte.

1790–1791
1790 Abschluß der Arbeit an *Mineralogische Beobachtungen über einige Basalte am Rhein*. Von März bis Juli 1790 unternehmen Alexander von Humboldt und Georg Forster eine umfangreiche Reise, unter anderem sind sie in Paris, wo sie die Französische Revolution sehr beeindruckt. Ab August Besuch der Handelsakademie Büsch in Hamburg.

1791–1796
Im Juni 1791 nimmt Humboldt in Freiberg das Studium des Bergbaus auf. Er schließt es bereits im Februar 1792 ab und wird zum Bergassessor ernannt, im September zum Oberbergmeister in den fränkischen Fürstentümern befördert. Im März 1794 besucht Goethe Humboldt in Jena. Viele Treffen in den folgenden Jahren. Zahlreiche Reisen. Im Mai 1795 wird Humboldt zum Oberbergrat ernannt.

1796
Am 19. November stirbt die Mutter. Alexander von Humboldt quittiert den Staatsdienst. Das Erbe versetzt ihn in die Lage, seinem Vorhaben, sich auf große Forschungsreisen zu begeben, nachzugehen. Er beginnt mit der Planung der Umsetzung.

1798–1799
Humboldt lernt während eines Aufenthalts in Paris den französischen Arzt und Botaniker Aimé Bonpland kennen, mit dem er im Oktober nach Marseille reist. Nach einigen erfolglosen Versuchen, eine Forschungsunternehmung zu starten, begeben sie sich nach Madrid, um die Unterstützung des spanischen Königs zu erbitten. Ankunft in Madrid im Februar 1799. Aufgrund des ausgezeichneten Rufes Humboldts und in Aussicht auf die Erschließung lukrativer Bodenschätze sichert der König ihnen uneingeschränkten Zugang zu den spanischen Kolonien und die Unterstützung aller dortigen Administrationen zu.

1799–1804
Am 5. Juni 1799 gehen Humboldt und Bonpland in La Coruña mit einer umfangreichen Ausrüstung an Bord der »Pizarro«. Sie bereisen in den nächsten Jahren Venezuela, Kuba, Kolumbien, Ekuador, Peru und Mexiko. 1804 schließt Humboldt die Reise mit einem Besuch beim US-amerikanischen Präsidenten Jefferson ab.

1804
Am 3. August treffen Humboldt und Bonpland in Bordeaux ein. Humboldt bleibt in Paris und wertet die Reise aus, wobei ihm zahlreiche Wissenschaftler zur Seite stehen.

1805
Alexander von Humboldt wird im Februar in die preußische Akademie der Wissenschaften aufgenommen und im August in Frankfurt/Oder zum Dr. phil. promoviert. Er kehrt im November nach Berlin zurück, erhält durch Kabinettsorder eine jährliche Pension von 2500 Talern zugesprochen und wird im Dezember zum Kammerherrn ernannt.

1806
Napoleon zieht in Berlin ein.

1807
Aufgrund der Preußen schwer belastenden Kriegsentschädigungsforderungen wird Humboldt im November auf eine diplomatische Mission nach Paris geschickt. Er soll Friedrich Wilhelms III. Antrag auf Erleichterung der Zahlungsverpflichtungen vorbereiten.

1808
Erscheinen der *Ansichten der Natur*. Im September verläßt Wilhelm III. Paris, die diplomatische Mission ist abgeschlossen. Humboldt bleibt dort, um mit Hilfe anderer Gelehrter sein Rei-

sewerk in 29 Bänden auszuführen; die Arbeit begann bereits 1805 und wird mehr als drei Jahrzehnte dauern.

1810–1813
Veröffentlichung der *Vues des Cordillères et monumens des peuples indigènes de l'Amérique (Ansichten der Kordilleren und Monumente der eingeborenen Völker Amerikas)*.

1827
Alexander von Humboldt geht als Kammerherr Friedrichs III. zurück nach Berlin, erhält aber die Genehmigung für regelmäßige längere Reisen nach Paris. In Berlin beginnt er an der von seinem Bruder Wilhelm von Humboldt mitgegründeten Universität mit seiner Kosmos-Vorlesung, die enormen Zuspruch findet. Außerdem 16 Vorträge an der Sing-Akademie zum gleichen Thema, die Zuhörer aus allen Bevölkerungsschichten besuchen.

1828
Im Februar lädt der russische Finanzministers Georg Graf von Cancrin Humboldt ein, eine Forschungsreise nach Rußland und Russisch-Asien durchzuführen. Es sollen Bodenschätze untersucht und erschlossen werden.

1829
Im April Aufbruch nach Rußland. Im Mai wird Humboldt in Sankt Petersburg vom Zaren empfangen. Von Mai bis November legt die Expedition über 15 000 Kilometer zurück; die Reise führt bis an die chinesische Grenze. Im Dezember Rückkehr nach Berlin.

1830–1831
Erste von acht Paris-Reisen, bei denen Humboldt seine wissenschaftliche Arbeit mit diplomatischen Missionen verbindet. Weitere Reisen 1831/32, 1835, 1838, 1841, 1842/43, 1845 und 1847/48.

1835
Am 8. April stirbt der Bruder Wilhelm.

1843
Asie centrale (Zentral-Asien) erscheint.

1845–1862
Publikation des fünfbändigen *Kosmos. Entwurf einer physischen Weltbeschreibung* (1845, 1847, 1850, 1858 und 1862).

1848
Im Januar Rückkehr von der letzten der acht diplomatischen Reisen aus Paris nach Berlin. Am 18. März versucht Humboldt während der Revolutionsereignisse vermittelnd auf König Friedrich Wilhelm IV. einzuwirken. Am 22. März Teilnahme am Trauerzug für die Märzgefallenen.

1859
Alexander von Humboldt stirbt am 6. Mai 1859 in Berlin. Am 10. Mai wird der Sarg mit einem feierlichen Zug zum Berliner Dom begleitet, wo ein Staatsakt ausgerichtet wird. Am 11. Mai Beisetzung im Familiengrab.

Editorische Notiz

Kein deutscher Klassiker ist weltweit berühmter als Alexander von Humboldt. Aber das Ansehen keines anderen Autors stand derart im Mißverhältnis zur Bekanntheit seiner Werke. Wichtige Schriften waren in Deutschland lange Zeit entweder gar nicht verfügbar, oder sie lagen nur in gekürzten und bearbeiteten Fassungen vor.

Das hatte literarische, wissenschaftliche und politische Gründe: Künstlerisch wich Humboldt vom Muster der abenteuerlichen Reiseliteratur ab, dem seine Berichte nur mit beträchtlichem Aufwand angepaßt werden konnten, so daß sie mitunter bloß noch als Nacherzählungen erschienen. Seine Interessen waren so vielseitig, daß seine Beiträge bei fortschreitender Ausdifferenzierung der Forschungsrichtungen bald jeweils nur noch teilweise in den einzelnen Fächern zur Kenntnis genommen wurden. Und damit sein Name für ideologische Zwecke mißbraucht werden konnte, die zu seinen Ansichten in Widerspruch standen, durften seine Schriften nicht wirklich verfügbar sein. Dies galt für den Imperialismus des Kaiserreichs, als seine Kolonialismuskritik nicht zum Bild eines ›deutschen Kolumbus‹ paßte; für den Nationalsozialismus, der sich auf den heldenhaften Urwald-Erkunder berief und den liberalen Weltbürger verschwieg; und auch für die DDR, wo der Vorkämpfer der Sklavenbefreiung willkommen war, der Kritiker des Obrigkeitsstaats und der Verfechter von Reisefreiheit allerdings weniger.

Das Interesse an Alexander von Humboldt ist heute zunehmend auch ein literarisches, kunstgeschichtliches und kulturwissenschaftliches. Seine Verbindung von Naturforschung und Ästhetik wird als origineller Beitrag gesehen und die ungewohnte Form seiner Texte als eigene Poetik gelesen. Wissenschaftlich wird sein Ansatz, verschiedene Fächer und Methoden zusammenzuführen, nicht mehr als letzter Versuch einer *prä*disziplinären Gesamtschau mißverstanden, sondern wieder als frühes Projekt eines *post*disziplinären Denkens erkannt. Daß er als Zeuge kolonialer Gesellschaften von interkulturellen Begegnungen berichtet und als frühester postkolonialer Theoretiker der deutschen Literaturgeschichte die Dynamik der Globalisierung beschreibt, läßt die historische und die politische Dimension seiner Texte aktuell immer mehr in den Blick geraten.

Die vorliegende Auswahl präsentiert ausschließlich ungekürzte und unbearbeitete Originaltexte, in historischer Orthographie und Interpunktion. Auf editorische Eingriffe und Kommentare wurde verzichtet. Unterschiedliche Schreibungen beispielsweise amerikanischer Namen blieben erhalten, wo sie eine zuweilen unsichere Annäherung an außereuropäische Gegenstände anzeigen. Nur offensichtliche Satzfehler sind stillschweigend berichtigt worden. Irrtümer, die sich im Rückgriff auf eine französische Originalfassung aufklären ließen, wurden ebenfalls korrigiert. Typographische Hervorhebungen in den Vorlagen sind kursiv wiedergegeben. Die Reihenfolge der Texte ist chronologisch. Das Quellenverzeichnis gibt die vollständigen bibliographischen Informationen, einschließlich Untertiteln und Zusätzen.

Einige der historischen Original-Veröffentlichungen enthalten redaktionelle Vorbemerkungen, Kommentare oder Fußnoten, sie wurden von den damaligen Herausgebern eingeführt oder auch bearbeitet. Im Fall des Artikels »Ueber die gleichwarmen Linien« handelt es sich sogar weitgehend um eine Zusammenfassung einer wesentlich umfangreicheren französischen Studie, »Des lignes isothermes«, in der Alexander von Humboldt seine maßgebliche Erfindung zur Bestimmung von Regionen gleicher Durchschnittstemperatur vorgestellt hatte. Dieser wichtige Beitrag ist hier in knappster Form kennenzulernen.

In verschiedenen Aufsätzen bezog sich Alexander von Humboldt auf Bildtafeln, die er in seinen *Vues des Cordillères et monumens des peuples indigènes de l'Amérique* (1810–1813) veröffentlichte. So erwähnte er bereits in seinem Vortrag »Ueber die

Urvölker« (1806), daß sich einige von ihnen bereits in Arbeit befanden. Um diese Zusammenhänge nachvollziehbar zu machen, werden die angesprochenen Motive als Schwarzweiß-Reproduktionen abgebildet.

Sogar Alexander von Humboldts Biographie läßt sich durch ein historisches Dokument wiedergeben: mit einem Brockhaus-Artikel aus dem Jahr 1853, der auf umfangreichen Mitteilungen des Autors beruht. Dieser Text, der den Anhang eröffnet, enthält einzelne kleine Unstimmigkeiten in den Angaben von Daten, die offenbar auf Irrtümer des über achtzigjährigen Schriftstellers zurückzuführen sind. Um Alexander von Humboldt nicht ins Wort zu fallen und in seinen Text einzugreifen, sei hier zusammengefaßt, worin seine Informationen nicht dem heutigen Forschungsstand entsprechen: Humboldt studierte an der Bergakademie in Freiberg nicht 1790–91, sondern 1791–92, und zwar neun Monate lang; vor seiner Arbeit im Bergbau verbrachte er keine fünf Monate, sondern lediglich fünf Wochen in Berlin; aus dem Bergwerksdepartement schied er nicht 1795 oder 1797, wie er jeweils schreibt, sondern 1796 aus, nach viereinhalb Jahren; die Inspektionsreise nach Österreich fand nicht 1793, sondern 1792 statt; von seiner Mission im preußischen Hauptquartier kehrte er wohl nicht im Oktober, sondern erst im November 1794 nach Bayreuth zurück. Der zweite Band der Studie über die *gereizte Muskel- und Nervenfaser* erschien mindestens ein Jahr nach dem ersten, 1798. Marseille verließen Humboldt und Bonpland nicht Ende, sondern Mitte Dezember 1798; ebenso wie sie Madrid nicht Anfang, sondern erst Mitte oder sogar Ende Februar 1799 erreichten. In Venezuela verbrachten sie keine 18, sondern nur 16 Monate, nachdem sie nicht im Februar 1800, sondern bereits im November 1799 in Caracas eingetroffen waren. Als sie im Januar 1804 von Mexico nach Veracruz aufbrachen, hatten sie bereits den Vulkan von Toluca bestiegen, waren aber noch nicht auf dem Cofre de Perote und in Xalapa gewesen. Beim zweiten Aufenthalt in Kuba blieben sie keine zwei Monate, sondern nur fünf Wochen; und in Washington nicht »wenige Wochen«, sondern bloß zwölf Tage. Der erste Band des *Kosmos* (1845) erschien nicht 15, sondern 17 Jahre nach den Berliner »Kosmos-Vorlesungen« (1828). Und die Reise zur Taufe des Prinzen von Wales fand nicht 1842, sondern ein Jahr später statt. (Die genauen Daten lassen sich nachvollziehen anhand von Kurt-R. Biermann, Ilse Jahn und Fritz G. Lange, *Alexander von Humboldt. Chronologische Übersicht über wichtige Daten seines Lebens*, Berlin/DDR: Akademie Verlag 1968. Ein ausführlicher Kommentar findet sich in *Aus meinem Leben. Autobiographische Bekenntnisse*, herausgegeben von Kurt-R. Biermann, München: C. H. Beck 1987, S. 83–119.) – Im Format des Lexikon-Artikels bearbeitet, erschien der Beitrag im selben Jahr im *Conversations-Lexikon. Allgemeine deutsche Real-Encyklopädie für die gebildeten Stände*, zehnte, verbesserte und vermehrte Auflage, Leipzig: Brockhaus 1853, Band 8 (Höfken bis Kirchenbann), S. 126–133.

Nicht nur Alexander von Humboldts Auskünfte, deren Wert diese leichten Abweichungen kaum schmälern dürften, machen den Brockhaus-Artikel bemerkenswert. Der ungenannte Verfasser des redaktionellen Teils hat Humboldts Originalität bereits zu dessen Lebzeiten sehr genau bestimmt, indem er beschrieb, wie dieser auf der Linie seiner Fragestellungen die unterschiedlichsten Wissensformen kreativ miteinander zu verbinden verstand: wie er »vielseitige positive Kenntnisse« durch eine »neue Betrachtungsweise« und die »Gabe des Generalisirens« zu »unerwarteten Ergebnissen« führte und seine Forschungen »in einzelnen Fächern« zu einer »Combination von Wissenschaften« weiter entwickelte, »welchen man ehedem keine engere Verwandtschaft zutraute«.

Nachwort
Alexander von Humboldt als Essayist und Publizist

Seiner Reise durch Amerika widmete er 29 Bände, die Expedition nach Asien wertete er auf 1.800 Seiten aus, im *Kosmos* faßte er ›die ganze Welt in einem Buch‹: Alexander von Humboldt gilt als Autor großangelegter Werke und als Denker weiter Zusammenhänge. Noch zu entdecken aber ist er als Meister der kleinen Formen.

Neben seinen selbständig erschienenen Arbeiten – 23 Bücher in 50 Bänden, nach systematischer Zählung – veröffentlichte Alexander von Humboldt in sieben Jahrzehnten produktiver Tätigkeit rund 500 Artikel in Zeitungen und Fachzeitschriften, in Sammelbänden oder als Einführungen zu den Werken von Kollegen (beziehungsweise die doppelte Anzahl, wenn man Nachdrucke und Übersetzungen berücksichtigt). Den ersten Versuch, seine unselbständig erschienenen Schriften zu erfassen, unternahm im neunzehnten Jahrhundert Julius Löwenberg: »Alexander von Humboldt. Bibliographische Uebersicht seiner Werke, Schriften und zerstreuten Abhandlungen«, in: *Alexander von Humboldt. Eine wissenschaftliche Biographie*, herausgegeben von Karl Bruhns, 3 Bände, Leipzig: Brockhaus 1872, Band 2, S. 485–552. (Die Buch-Publikationen haben Horst Fiedler und Ulrike Leitner zusammengestellt: *Alexander von Humboldts Schriften. Bibliographie der selbständig erschienenen Werke*, Berlin: Akademie Verlag 2000. Die Alexander von Humboldt-Forschungsstelle der Berlin-Brandenburgischen Akademie der Wissenschaften widmet sich seit vielen Jahren der Edition der Tagebücher und Briefe sowie der Sammlung von Arbeiten von und über Alexander von Humboldt. – Systematische Ausgaben der anthropologischen und ethnographischen sowie der politischen und historiographischen Schriften Alexander von Humboldts erscheinen im Wehrhahn Verlag, Hannover.)

Alexander von Humboldts originelles, offenes Denken fand

in freien Formen seinen idealen Ausdruck. Er schrieb Essays und Aufsätze, Vorträge und Stellungnahmen, Berichte und Projektentwürfe, literarische Versuche und wissenschaftliche Abhandlungen, öffentliche Briefe und politische Kommentare. Diese Schriften bilden einen eigenen Kosmos, den es noch zu erschließen gilt.

In zwei Dutzend Texten bietet das *Große Lesebuch* einen Querschnitt durch Alexander von Humboldts publizistische Tätigkeit: von einem literarischen Jugendwerk bis zu einer persönlichen Anzeige kurz vor seinem Tod. Die verstreuten Veröffentlichungen fügen sich zu einem biographischen Mosaik, sie spiegeln das Leben ihres Autors: seine Tätigkeit als Bergbaubeamter und als junger Wissenschaftler, die Expeditionen, politisches Engagement, eine unentwegt rastlose Tätigkeit. Die Beiträge zeigen Humboldt als Dichter, als Forscher, als Entdecker sowie als Verfasser reiseliterarischer und wissenschaftlicher Werke, als Diplomaten, als Politiker und als öffentlichen Intellektuellen. Während er selbst noch unterwegs war, erschienen Reportagen, die der Feldforscher aus dem spanischen Amerika (1799–1804) oder aus dem russischen Sibirien nach Europa geschickt hatte (1829). In ihnen erfahren wir von Planung und Improvisation, von den politischen und praktischen Bedingungen sowie von den Emotionen des Reisens: von Erwartungen, Glücksmomenten, Strapazen und Enttäuschungen. Sogar die jugendliche »Erzählung« vom »Rhodischen Genius«, die vom Streben des Gleichen zum Gleichen in der Natur handelt, ist biographisch, nämlich als homoerotisches Gleichnis lesbar (wie der Schriftsteller Hans Christoph Buch in einer Studie vorgeschlagen hat). In dem »Ruf um Hülfe« des Neunzigjährigen zeigen sich das ungebrochene Arbeitsethos und der sarkastische Humor eines Mannes, der zu einer lebenden Legende geworden war.

Die kleineren Schriften eröffnen Zugänge zu Alexander von Humboldts größeren Projekten. Einige bildeten die Keime der Hauptwerke; andere erschienen als deren Auszüge. Der Brief an den Schädelkundler Blumenbach ist eine Vorarbeit der *Versuche über die gereizte Muskel- und Nervenfaser* (1797). Die »Fragmente aus dem neuesten Hefte des v. Humboldt'schen Werkes *über den politischen Zustand des Königreichs Neu-Spanien*« sind Auszüge aus dem *Essai politique sur le royaume de la Nouvelle-Espagne* (1808–1811). Die »Pittoresken Ansichten in den Cordilleren« entsprechen drei Kapiteln der *Vues des Cordillères et monumens des peuples indigènes de l'Amérique* (1810–1813). (Der Vortrag über die »Urvölker« (1806) war deren Vorstudie.) Die Szene vom Kampf der elektrischen Aale mit Pferden, die Ausführungen über die Plage der Mosquitos und die visionären Überlegungen »Ueber die künftigen Verhältnisse von Europa und Amerika« sind der *Relation historique du Voyage aux régions équinoxiales du Nouveau Continent* (1814–1831) entnommen. Der Aufsatz über den Namen »Amerika« ist eine Ausarbeitung zur Geschichte der Entdeckung der ›Neuen Welt‹, *Examen critique de l'histoire de la géographie du Nouveau Continent* (1814–1838). Der Beitrag mit dem Titel »Insel Cuba« kommentiert die englische Übersetzung des *Essai politique sur l'île de Cuba* (1826). Die sibirischen Briefe an François Arago und die Rede vor der Akademie der Wissenschaften in Sankt Petersburg gehören ins Umfeld des großen Werkes zur Rußlandreise, *Asie centrale* (1843). Die Allegorie von der »Lebenskraft« hat Alexander von Humboldt, bearbeitet und mit Anmerkungen versehen, in die zweite Auflage seiner *Ansichten der Natur* aufgenommen (1826). Der Artikel über die »gleichwarmen« Linien ist eine Kurzfassung der Studie »Des lignes isothermes et de la distribution de la chaleur sur le globe« (1817), welche schließlich in den Band *Kleinere Schriften. Geognostische und physikalische Erinnerungen* (1853) einging.

Die Vielfalt der Gebiete, Gegenstände und Darstellungsweisen ist ungeheuer. Der vielleicht vielseitigste deutsche Schriftsteller widmete sich als Dichter einer gleichnishaften Bildbeschreibung. Als Anatom untersuchte er den Körper, die Haut und das Nervensystem des Menschen. Als Zoologe studierte er Moskitos, den Guácharo-Vogel und elektrische Aale. Als Botaniker analysierte er milchgebende Pflanzen. Als Mediziner widmete er sich der Wirkung von Insektenstichen, elektrischen Schlägen und Sauerstoffmangel in großer Höhe. In der Klimatologie entwickelte er neue Konzepte zur Erhebung, Auswertung und graphischen Darstellung von Daten. Humboldt der Ethnologe beobachtete die Lebensweise einheimischer Völker. Der Linguist erforschte ihre Sprachen als Zeugnisse ihrer Geschichte. Der Zeichentheoretiker interpretierte ihre Symbole und ihre Schrift. Der Archäologe beschrieb mexikanische Tempel und peruanische Festungen. Der Mythograph deutete indianische Legenden. Der Anthropologe verglich Kulturen in aller Welt. Der Kulturtheoretiker begriff Lebenswelten in Wechselwirkung mit ihrer natürlichen Umwelt. Der Kartograph sammelte Landkarten und rekonstruierte deren Entwicklung. Der Historiker befaßte sich mit der Geschichte der *Conquista* und der Kolonisierung. Architektonisch und urbanistisch interessierten ihn die Anlage des zerstörten aztekischen Tenochtitlan und der an gleicher Stelle erbauten Hauptstadt Neu-Spaniens. Als Gesellschaftskritiker sah er einen Zusammenhang zwischen der Freiheitlichkeit von Verfassungen und der Gerechtigkeit von Wirtschaftsformen. Als Ökonom fragte er nach der Zukunft des Welthandels. Als Geologe wußte er, daß die ›Neue Welt‹ keineswegs neuer war als die ›alte‹. Als Geopolitiker dachte er über das Verhältnis zwischen Europa und Amerika nach. In einem Memorandum protestierte er gegen die US-amerikanische Ausgabe seines Essays über Kuba, weil diese das abschließende Manifest gegen die Sklaverei unterschlagen hatte, auf das er als engagierter Autor besonderen Wert legte. Als Wissenschaftspolitiker hielt er programmatische Vorträge wie die Eröffnungsansprache zur Versammlung deutscher Naturforscher und Ärzte in Berlin, in der er sich Deutschland als eine Nation der Forschung wünschte, oder die große Petersburger Akademierede, die seine Vorstellung einer internationalen Zusammenarbeit und eines weltweiten Netzwerks von Meßstationen entwarf. Als Philologe schließlich gab er die Gedichte Wilhelm von Humboldts heraus – und deutete in seinem Kommentar liebevoll an, worin sich die Brüder charakterlich und weltanschaulich unterschieden.

Zwei Leitmotive gibt es in Humboldts Schriften: die Expedition und das Experiment. Ihn reizten das maximal Fremde und das ganz und gar Eigene. Unermüdlich beschäftigte er sich mit Umwelten und Kulturen in zahlreichen Ländern sowie mit den Rätseln des Lebens. Stets spricht er dabei von Erfahrungen – vor Ort und am eigenen Leib.

Alexander von Humboldts Neugierde und die Beweglichkeit seines Denkens kommen in Reisen zum Ausdruck. Zwei Weltreisen haben ihn weltberühmt gemacht: die des Dreißigjährigen nach Amerika, bis an die Südsee, und die des Sechzigjährigen durch Rußland, bis an die chinesische Grenze. Sein ganzes Leben war ein Leben in Bewegung: eine Folge von Bildungs- und Studienreisen, Dienstfahrten, Besichtigungstouren, Exkursionen, Forschungsaufenthalten, Vortragstrips, touristischen Ausflügen und diplomatischen Missionen. Zahlreiche Schriften sind unmittelbar aus den Beobachtungen entstanden, die er bei diesen Gelegenheiten machen konnte.

Charakteristisch für Alexander von Humboldts empirische Wissenschaft und für seinen persönlichen Einsatz sind die Selbstversuche, die er in seinen Essays beschrieben hat: Als junger Mann legt er sich leitende Stoffe an offene Wunden. In Venezuela setzt er sich den Stromstößen elektrischer Aale aus. Um dessen toxische Wirkung in Erfahrung zu bringen, reibt er sich Insektengift unter die Haut. Während ihn ein Moskito sticht, betrachtet er ihn, um den Vorgang möglichst genau beschreiben zu können. Der Körper des Wissenschaftlers wird zu einem Meßgerät. Die Empfindungen des Forschers stehen im Dienst der Erkenntnis.

Wie flexibel sich Alexander von Humboldt seinen Gegenständen näherte, bisweilen sogar aus entgegengesetzten Richtungen, zeigen die beiden ersten Texte der vorliegenden Auswahl: Als Fünfundzwanzigjähriger verfaßt er eine poetische Allegorie über eine mythische *Lebenskraft*, offenbart von einem *Rhodischen Genius*, die in Schillers Zeitschrift *Die Horen* erscheint. Im gleichen Jahr stellt er im *Neuen Journal für Physik* seine aus schmerzhaften Selbstversuchen gewonnenen Erkenntnisse über die *gereitzte Muskelfaser* vor und führt so das vermeintliche Mysterium höchst prosaisch auf physiologische Prozesse zurück. Poesie und Neurowissenschaft sind einander in derselben Fragestellung begegnet. Das dichterische Gleichnis und der briefliche Forschungsbericht haben unterschiedliche Antworten hervorgebracht. Als Essayist und Publizist bewegte sich Alexander von Humboldt wandlungsreich durch viele Formate.

Oliver Lubrich

Aus Kindlers Literatur Lexikon: Alexander von Humboldt, ›Ansichten der Natur‹

In dem erstmals 1808 erschienenen Werk verbinden sich künstlerische Szenerien, »Ansichten der Natur«, »mit wissenschaftlichen Erläuterungen« (so der Untertitel), mit präziser Forschung in zahlreichen Disziplinen. Die für den Autor charakteristische Kombination von Empfindung, Beschreibung und Erzählung mit Messung, Analyse und Dokumentation hat hier die Form kunstvoller Essays angenommen, die sich in eine Vielzahl spezialistischer Anmerkungen verzweigen.

Humboldts naturkundliche und zugleich ästhetische Texte erschienen in drei Ausgaben 1808, 1826 und 1849. Das Werk wurde von seinem Verfasser im Verlauf von vier Jahrzehnten erheblich bearbeitet. Es wuchs von zunächst drei auf schließlich sieben Kapitel an: »Ueber die Steppen und Wüsten«, »Ueber die Wasserfälle des Orinoco bei Atures und Maypures«, »Das nächtliche Thierleben im Urwalde«, »Ideen zu einer Physiognomik der Gewächse«, »Ueber den Bau und die Wirkungsart der Vulkane in den verschiedenen Erdstrichen«, »Die Lebenskraft oder der rhodische Genius« und »Das Hochland von Caxamarca, der alten Residenzstadt des Inca Atahuallpa. Erster Anblick der Südsee von dem Rücken der Andeskette«. Das Gleichnis vom rhodischen Genius war zuerst in Friedrich Schillers Zeitschrift *Die Horen* veröffentlicht worden (1795).

Präsentiert werden Landschaftsformen und Naturphänomene, die Humboldt zwischen 1799 und 1804 auf seiner Reise durch die spanischen Kolonien in Amerika gemeinsam mit dem französischen Arzt und Botaniker Aimé Bonpland erleben konnte: Wüsten, Wasserfälle, Urwälder, Vulkane, Gebirge. Das Spezifische einer jeden Landschaft soll als deren »Physiognomie« in einem ebenso eindrücklichen wie exakten »Naturgemälde« vorgeführt werden, das einen Gesamteindruck vermittelt und doch zugleich im Detail stimmig ist.

In den programmatischen »Vorreden« (zur ersten bzw. zur zweiten und dritten Auflage) beschrieb Humboldt sein Vorhaben, Naturwissenschaft und Kunst miteinander zu vereinen, als »ästhetische Behandlung naturhistorischer Gegenstände« (1807) und als »Verbindung eines litterarischen und eines rein scientifischen Zweckes« (1849). Der als Naturwissenschaftler nur unzureichend begriffene Autor betont von vornherein die Bedeutung der literarischen »Composition«.

Die *Ansichten der Natur* sind das einzige Buch über seine amerikanische Expedition, das Humboldt in deutscher Sprache verfaßte, die übrigen erschienen in Paris auf Französisch (und zum Teil Latein). Humboldts Arbeiten folgen jeweils unterschiedlichen Konzeptionen: Der Reisebericht *Relation historique du voyage aux régions équinoxiales du Nouveau Continent* verschachtelt eine chronologische Rahmenerzählung des Verlaufs (des ersten Teils) der Expedition mit der exkursiven Behandlung einer Reihe von Sachthemen. Das Tafelwerk *Vues des Cordillères et monumens des peuples indigènes de l'Amérique* präsentiert in beziehungsreicher Anordnung 69 Abbildungen, denen jeweils Texte zugeordnet sind. Die Essays über Kuba und über Mexiko, *Essai politique sur l'île de Cuba* und *Essai politique sur le royaume de la Nouvelle-Espagne*, entwickeln länderkundliche Detailstudien, die von einem Format ins andere wechseln – so im Falle des Kuba-Essays von der Reiseerzählung über ein geographisch-volkswirtschaftliches Sachbuch bis zum engagierten Pamphlet wider die Sklaverei. In den *Ansichten der Natur* schöpfte Alexander von Humboldt immer wieder aus seinen (erst postum in Auszügen veröffentlichten) Tagebüchern, die er zunächst in deutscher Sprache führte, bevor er zum Französischen überging. In experimenteller Weise unternahm der vielseitige Weltreisende immer neue Versuche, angemessene Formen zur Mitteilung seiner Erfahrungen, zum Verständnis fremder Kulturen und zur Darstellung wissenschaftlicher Befunde zu finden.

Wie intensiv Humboldt in den *Ansichten der Natur* ein konkretes Szenario literarisch zu gestalten wußte, um an ihm wissenschaftliche, aber auch politische Beobachtungen andeuten zu können, wird beispielhaft sichtbar in dem Abschnitt über »Das nächtliche Thierleben im Urwalde« (vgl. Velasco 2000; Ette 2002). Humboldt inszeniert die Geräusche des venezolanischen Regenwaldes in der Dunkelheit als eine Symphonie der Laute von Brüllaffen, Papageien und anderen Lebewesen. Bei dem Versuch, in diesem Zusammenklang die unterschiedlichen Töne zu bestimmen, zeigt sich, daß der europäische Forscher auf das Wissen der Einheimischen angewiesen ist. Während sich ihm ein bloßes »Lärmen« darbietet, können die Eingeborenen einzelne »Stimmen« unterscheiden und zahlreiche Tiere identifizieren. Den indianischen Interpretationen fügt der reisende Zoologe wiederum lateinische Bezeichnungen hinzu und gliedert sie so einem universalistischen Wissenssystem ein. Der heiteren Deutung der Indianer, die diese »lächelnd« (und vielleicht ironisch) vortragen – die Tiere »feiern den Vollmond« – widerspricht der europäische Skeptiker vorsichtig, indem er einwendet, daß es sich auch um einen »Thierkampf« handeln könne.

Wie diverse weitere Passagen der *Ansichten der Natur* ist diese Miniatur ein dichtes Kunstwerk beschreibender und dramatischer Prosa, das zugleich als Allegorie interkultureller Wissenschaft lesbar ist. Europäisches und indigenes Wissen werden komplementär aufeinander bezogen – und jeweils mit einem menschlichen Sinn assoziiert. Während der Europäer visuell begreift und entsprechend bei Nacht zunächst ratlos bleibt, verstehen die Eingeborenen auditiv. Humboldt setzt kulturell ausgeprägte Formen der Wahrnehmung miteinander in Beziehung, ohne die eine gegenüber der anderen auf- oder abzuwerten oder beide einander schematisch entgegenzusetzen: Erfahrungswissen und Taxonomie, Naturmystik und Rationalismus, Romantik und Aufklärung. Hinzu kommt eine humoristische und durchaus polemische Pointe: Während die eingeborenen und die europäischen Naturkundler ihre unterschiedlichen Erfahrungen zusammenführen und gemeinsam die Klänge der Wildnis erleben, erweisen sich ein von einem Geistlichen erzogener alter Indianer und ein fieberkranker Franziskaner-Mönch als eher einfältig, da sie lediglich Klischees beitragen, über die sich Humboldt lustig macht. Der eine verklärt den Urwald als »Paradies«, und der andere bittet den »Himmel«, er möge für Ruhe sorgen.

Humboldts Schriften forderten formal und inhaltlich kontroverse Lektüren heraus. So wies Hans Blumenberg – hier mit Blick vor allem auf den fünfbändigen *Kosmos* (1845–1859) – darauf hin, daß Humboldts gleichsam organisch wucherndes Schreiben kunstvoll die Natur abbilde (*Die Lesbarkeit der Welt*, 1983, 281–299), während Hartmut Böhme die uneinheitliche Form als Ausdruck des scheiternden Versuchs sah, Ästhetik und Wissenschaft miteinander zu verschmelzen.

Postkoloniale Studien kritisierten die Darstellung der Natur und der Eingeborenen. Mary Louise Pratt erhob den Vorwurf, die Aufmerksamkeit für die amerikanische Flora und Fauna entspreche dem imperialen Versuch, Spaniens überseeische Besitzungen zu menschenleeren Räumen zu erklären, die eine europäische Ausbeutung herausforderten. In den *Ansichten der Natur* habe Alexander von Humboldt Amerika in diesem Sinne ›naturalisiert‹. Dem widerspricht einerseits deren ausdrückliche Kennzeichnung als ein Werk, in dem es mehr als in anderen um Natur gehen sollte, andererseits die durchaus differenzierte und kaum auf koloniale Muster reduzierbare Einbeziehung indigener Menschen, Sprachen, Kulturen und Denkmäler.

Die *Ansichten der Natur* gelten als das populärste Buch ihres Verfassers. Der Versuch, die heute so genannten Natur-, Geistes- und Sozialwissenschaften konvergieren zu lassen, wurde im Zuge einer fortschreitenden Aufgliederung der Wissensgebiete zeitweise als überholt angesehen, wird seit den 1970er Jahren jedoch zunehmend (wieder) als origineller Beitrag zur Wissenschaftsgeschichte anerkannt. Eine anregende Wirkung auf Schriftsteller übte Alexander von Humboldts Werk von jeher aus, so etwa auf Domingo Faustino Sarmiento, Jules Verne, Hans Magnus Enzensberger oder Daniel Kehlmann.

Literaturhinweise:
R. v. Dusen: The Literary Ambitions and Achievements of A. v. H., 1971. – M. L. Pratt: A. v. H. and the reinvention of América, in: Imperial Eyes. Travel Writing and Transculturation, 1992, 111–143. – D. Velasco, ›Island Landscapes‹, in: Leonardo Music Journal 10, 2000, 21–24. – H. Böhme: Ästhetische Wissenschaft, in: A. v. H. – Aufbruch in die Moderne, Hg. O. Ette/U. Hermanns/B. Scherer/C. Suckow, 2001, 17–32. – O. Ette, Weltbewußtsein, 2002.

Oliver Lubrich

Aus: Kindlers Literatur Lexikon. 3., völlig neu bearbeitete Auflage. Herausgegeben von Heinz Ludwig Arnold (ISBN 978-3-476-04000-8). – © der deutschsprachigen Originalausgabe 2009 J. B. Metzler'sche Verlagsbuchhandlung und Carl Ernst Poeschel Verlag, Stuttgart (in Lizenz der Kindler Verlag GmbH).

Aus Kindlers Literatur Lexikon: Alexander von Humboldt, ›Ansichten der Kordilleren‹

Der Titel – *Vues des Cordillères et monumens des peuples indigènes de l'Amérique* – deutet an, daß das Werk, das sukzessive von 1810 bis 1813 erschien, kulturelle Zeugnisse (›monumens‹) und natürliche Umwelt (›Cordillères‹) miteinander in Beziehung setzt. In Bild und Text präsentiert Alexander von Humboldt Landschaften (Wasserfälle, Vulkane), Naturszenen mit Menschen (Eingeborene, Reisende), Stadtansichten und Bauwerke (Mexikos Zocaló, Pyramiden, Festungen), Kunstwerke und Alltagsgegenstände (Frauenstatue, Relief, Werkzeug, Vase, Kleidung) sowie Handschriften (Bild-Codices). Insgesamt 69 Tafeln sind 62 Essays zugeordnet. Die letzten 15 Abbildungen mit Texten sind als »Zusatz« gekennzeichnet, wodurch der serielle Charakter der Veröffentlichung deutlich wird. An das Ende stellte Humboldt einen ›Brief‹ von E. Q. Visconti, in dem dieser ihn kritisiert und abweichende Auffassungen vertritt.

Die offene Form ist programmatisch für Humboldts Forschung und für seine Auseinandersetzung mit fremden Kulturen. Die *Vues des Cordillères* bewegen sich zwischen mehreren Gattungen und Stilen: Wissenschaftliche Erörterungen gehen in künstlerische Beschreibungen und erzählerische Episoden über.

In der Interpretation kosmologischer Motive, die zyklische Weltuntergänge zum Gegenstand haben (Tafel XXVI), führt Humboldt beispielhaft vor, wie er sich entlang seiner Fragestellungen durch die verschiedensten Disziplinen bewegt, indem ihn eine mythologische Betrachtung über Religionswissenschaft und Altertumskunde auf das Gebiet der Zoologie führt und von dort auf das der Geschichtsschreibung. Während ihn die Darstellung einer Sintflut an biblische Erzählungen erinnert, schließt er aus der Abbildung bestimmter Affen, die am Fundort der Dokumente nicht vorkommen, auf frühe Beziehungen der mexikanischen Völker zu fernen Regionen.

Die Zeichnung einer Gruppe von Reisenden, die sich von Einheimischen durch die Anden tragen lassen (Tafel V), ist für Anthropologen oder Historiker, die sich für eine Praxis des Reisens interessieren, gegen die Humboldt sich verwahrte, ebenso lesbar wie für Botaniker, Geographen oder Klimatologen, die ihre Aufmerksamkeit auf die detailgetreue Darstellung diverser Pflanzen in jeweils bestimmten Höhen des Gebirges richten.

Die numerierten Kapitel stehen auf den ersten Blick in keiner sinnvollen Abfolge. Wie die Besucher einer Gemäldeausstellung können die Leser die Bilder und Texte in mehreren Sequenzen anordnen: entlang ihrer Reihenfolge im Buch, nach dem Alter der thematisierten Gegenstände oder nach der tatsächlichen Reiseroute.

Die *Vues des Cordillères* sind auch ein Reisebericht. In scheinbar zufälliger Folge werden Ereignisse der Expedition durch Amerika eingespielt, die Alexander von Humboldt mit Aimé Bonpland zwischen 1799 und 1804 unternommen hatte (z.B. die Besteigung des Chimborazo). Das Buch fängt an in Mexiko, von wo aus die beiden – über Kuba und die USA – nach Europa zurückkehrten, und es endet an einem Ort, mit dem es chronologisch beginnen müßte: auf Teneriffa. Im Mittelpunkt steht nicht die Figur des reisenden Europäers, sondern die bereiste Wirklichkeit. Die Lebenswelt der eingeborenen Völker wird aus zahlreichen Perspektiven zur Darstellung gebracht.

Am Vorwort und an der zuletzt fertiggestellten Einleitung – ausgeliefert im Januar 1810 bzw. im Juli 1813 – läßt sich ablesen, wie Humboldts Einstellungen sich im Verlauf der Reise und ihrer Auswertung gewandelt haben. Hatte er indianische Zeugnisse zunächst lediglich als historische Dokumente in Betracht ziehen, vor dem Maßstab der europäischen Antike jedoch nicht als Kunstwerke gelten lassen wollen, betonte er schließlich ihre »Analogien« mit den Zivilisationen der Alten Welt und fragte nach historischen »Verbindungen« zwischen den Kontinenten.

Alexander von Humboldt entfaltet eine Kulturtheorie, die den aufklärerischen Gedanken von der Einheit der Menschheit, die in einem einsinnigen Entwicklungsprozeß begriffen sei, mit der Individualität der Kulturen in Einklang bringt. Er differenzierte die eingeborenen Völker untereinander, widerlegte das Vorurteil von ihrer Geschichtslosigkeit und bezog ihre Quellen in die Forschung ein.

Die *Vues des Cordillères* gaben der mexikanischen Anthropologie wichtige Impulse. Mit seinen vergleichenden Hochkulturstudien begründete Humboldt eine globale Komparatistik. Indem er Natur- und Geistesgeschichte miteinander verband und Wechselwirkungen zwischen Umwelten und Lebensformen erforschte, bot er Inspirationen für die moderne Ökologie.

Die Abbildungen, von denen viele auf Skizzen Humboldts zurückgehen, sind um sachliche Genauigkeit bemüht, anstatt exotistische Phantasien zu bedienen. Diese neue Ikonographie Amerikas beeinflußte Landschaftsmaler wie Rugendas oder Church. In der Theorie ließ sich Karl Rosenkranz durch eine Darstellung von Schlammvulkanen (Tafel XLI) zu einem Abschnitt über das Ekelhafte in der anorganischen Natur in seiner *Ästhetik des Häßlichen* anregen; in der Literatur nahm Joaquim de Sousândrade eine Passage über einen Ritus und Mythos der Muisca-Indianer (Kapitel XLIV) zum Ausgangspunkt seines Epos *O Guesa*.

Literaturhinweise:

É. Quiñones Keber: Humboldt and Aztec Art, in: Colonial Latin American Review 5, 1996, 2, 277–297. – B. Trigo: Walking Backward to the Future: Time, Travel, and Race, in: Subjects of Crisis. Race and Gender as Disease in Latin America, 2000, 16–46. – J. Cañizares-Esguerra: New Similes, Same Historiography, in: How to Write the History of the New World, 2001, 55–59.

Oliver Lubrich

Aus: Kindlers Literatur Lexikon. 3., völlig neu bearbeitete Auflage. Herausgegeben von Heinz Ludwig Arnold (ISBN 978-3-476-04000-8). – © der deutschsprachigen Originalausgabe 2009 J. B. Metzler'sche Verlagsbuchhandlung und Carl Ernst Poeschel Verlag, Stuttgart (in Lizenz der Kindler Verlag GmbH).

Quellenverzeichnis

»Die Lebenskraft oder der Rhodische Genius. Eine Erzählung«, in: *Die Horen* 1:5 (1795), S. 90–96.

»Ueber die gereitzte Muskelfaser« (aus einem Briefe an Herrn Hofrath Blumenbach vom Herrn Oberbergrath F. A. von Humboldt. – Im Junius 1795. Humboldt, der Jüngere), in: *Neues Journal der Physik* 2:2 (1795), S. 115–129.

»Briefe des Herrn Alexander von Humboldt« [an Karl Ludwig Willdenow und an Wilhelm von Humboldt] (Aranjuez, unfern Madrid, d. 20 April 1799, Coruña, d. 5 Junius 1799; Puerto Orotavo, am Fuß des Pik de Teneriffa, d. 20 Juni 1799; Kumana in Südamerika, d. 16 Jul. 1799), in: *Neue Berlinische Monatschrift* 6 (August 1801), S. 115–141. [Herausgegeben von Johann Erich Biester.]

»Ueber die Urvölker von Amerika, und die Denkmähler welche von ihnen übrig geblieben sind« (vorgelesen in der Philomathischen Gesellschaft [in Berlin, Jänner 1806] / Erstes Fragment [ohne Fortsetzung]), in: *Neue Berlinische Monatschrift* 15:3 (März 1806), S. 177–208.

»Auszüge aus einigen Briefen des Frhrn. Alex. v. Humboldt an den Herausgeber (Hierzu gehört die Skizze einer nächtlichen Scene am Orinoko)« (Berlin, d. 14. Junius, 1806; Berlin, d. 21. Novbr. 1806), in: *Allgemeine Geographische Ephemeriden* 22 (1807), S. 107–112, mit Abbildung »Al. v. Humboldts nächtliche Scene am Orinoco«. [Herausgegeben von Friedrich Justin Bertuch; Zeichnung von Gottlieb Schick (hier: Schiek).]

»Jagd und Kampf der electrischen Aale mit Pferden« (Aus den Reiseberichten des Hrn. Freiherrn Alexander v. Humboldt), in: *Annalen der Physik* 25:1 (1807), S. 34–43.

»Fragmente aus dem neuesten Hefte des v. Humboldt'schen Werkes *über den politischen Zustand des Königreichs Neu-Spanien*« [übersetzt von Ph. J. Rehfues]: 1. »Das alte und neue Mexiko«, in: *Morgenblatt für gebildete Stände* 3:186, 5. August 1809, S. 741–742; 2. »Das alte und neue Mexiko«, in: *Morgenblatt für gebildete Stände* 3:187, 7. August 1809, S. 745–746; 3. »Die alt-mexikanischen Tempel, Teocalli genannt«, in: *Morgenblatt für gebildete Stände* 3:192, 12. August 1809, S. 767–768; 4. »Andre mexikanische Alterthümer u. dgl.«, in: *Morgenblatt für gebildete Stände* 3:193, 14. August 1809, S. 769–771; 3:194, 15. August 1809, S. 774–775; 5. »Die schwimmenden Gärten (Chinampas)«, in: *Morgenblatt für gebildete Stände* 3:195, 16. August 1809, S. 778–779.

»Pittoreske Ansichten in den Cordilleren« (Aus Hrn. v. Humboldts historischer Beschreibung seiner Reise) [wahrscheinlich übersetzt von Ph. J. v. Rehfues]: »Natürliche Brücken über den Iconozzo«, in: *Morgenblatt für gebildete Stände* 4:5, 5. Januar 1810, S. 17–18; 4:6, 6. Januar 1810, S. 23; »Straße über den Quindiu in der Cordillera der Anden«, in: *Morgenblatt für gebildete Stände* 4:28, 1. Februar 1810, S. 109–110; 4:29, 2. Februar 1810, S. 115–116; »Die Kaskade von Tequendama«, in: *Morgenblatt für gebildete Stände* 4:86, 10. April 1810, S. 341–342; 4:87, 11. April 1810, S. 346–347.

»Ueber die gleichwarmen Linien« (Mem. d'Arcueil Vul. III. Annales de Chimie 17 u. Annales of Philos. 18) [Zusammenfassung], in: *Isis* 2:5 (1818), Spalten 852–866.

»De Humboldt, über einen Nachtvogel Guacharo genannt«, in: *Isis* 2:3 (1818), Spalte 411.

»Ueber die Milch des Kuhbaums und die Milch der Pflanzen überhaupt«, in: *Isis* 2:3 (1818), Spalten 473–474.

»Beiträge zur Naturgeschichte der Mosquitos«, in: *Notizen aus dem Gebiete der Natur- und Heilkunde* 3:7, Nr. 51 (September 1822), Spalten 97–103.

»Ueber die künftigen Verhältnisse von Europa und Amerika« [übersetzt von Paulus Usteri], in: *Morgenblatt für gebildete Stände* 20:33, 8. Februar 1826, S. 129–130; 20:34, 9. Februar 1826, S. 134–135.

»Eröffnungsrede« [zur Versammlung deutscher Naturforscher und Ärzte in Berlin am 18. September 1828], in: *Isis* 22:3–4 (1829), Spalten 253–257.

»Lettre de M. de Humboldt à M. Arrago« [sic!] (Oust-Camenogorsk sur le haut Irtych, en Sibérie, le 1/13 août 1829 / Le 8/20 août), in: *Bulletin de la société de géographie* 12:3 (Oktober 1829), S. 176–181. Neu übersetzt von Marlene Frucht.

»Discours prononcé par M. Alexandre de Humboldt à la Séance extraordinaire de l'Académie Impériale des sciences de St.-Pétersbourg tenue le 16/28 Novembre 1829«, in: *Hertha* 14 (1829), S. 138–152. Neu übersetzt von Marlene Frucht.

»Mexicanische Alterthümer«, in: *Annalen der Erd-, Völker- und Staatenkunde* 11:4 (31. Januar 1835), S. 321–325.

»Ueber zwei Versuche den Chimborazo zu besteigen«, in: *Jahrbuch für 1837*, S. 176–206. (Für die 1853er Fassung im Textvergleich s. Alexander von Humboldt, *Ueber einen Versuch den Gipfel des Chimborazo zu ersteigen*, herausgegeben von Oliver Lubrich und Ottmar Ette, Berlin: Eichborn Berlin 2006, S. 153–181.)

»Vorwort«, in: Wilhelm von Humboldt, *Sonette*, Berlin: Georg Reimer 1853, S. III–XVI.

»Ueber die ältesten Karten des Neuen Continents und den Namen Amerika«, in: *Geschichte des Seefahrers Ritter Martin Behaim*, nach den ältesten vorhandenen Urkunden bearbeitet von Dr. F. W. Ghillany, Ritter des königl. Niederländischen Eichenkronen-Ordens, Stadtbibliothekar in Nürnberg. Eingeleitet durch eine Abhandlung: Ueber die ältesten Karten des Neuen Continents und den Namen Amerika von Alexander v. Humboldt, Königl. Preuss. wirkl. Geheimenrathe, Mitgliede des Staatsrathes und der Academie der Wissenschaften, Ritter des schwarzen Adlerordens mit der Kette, des Ordens pour le Mérite, des Russischen Sanct Annen-Ordens 1. Klasse, des Wladimir-Ordens 2. Klasse, Ehrenkreuz des Bayr. Ludwigs-Ordens, Grosskreuz der Französischen Ehrenlegion, des Spanischen Ordens Karl's III., des Sardinischen Sct. Mauritius-Ordens, des Sächsischen Civilverdienst-Ordens, des Griechischen Erlöser-Ordens, des Dänischen Danebrog-Ordens etc. etc., Nürnberg: Bauer und Raspe 1853, S. 1–12.

»Insel Cuba«, in: *Berlinische Nachrichten von Staats- und gelehrten Sachen* [Spenersche Zeitung] 172, 25. Juli 1856, S. 4.

»Ruf um Hülfe«, in: *Königlich privilegirte Berlinische Zeitung von Staats- und gelehrten Sachen* [Vossische Zeitung] 67, 20. März 1859, S. 2.

»Alexander von Humboldt«, in: *Die Gegenwart. Eine encyklopädische Darstellung der neuesten Zeitgeschichte für alle Stände*, 10. Auflage, Band 8, Leipzig: Brockhaus 1853, S. 749–762.

Abbildungsnachweise

S. 65: »Al. v. Humboldts nächtliche Scene am Orinoco«, von Gottlieb Schick, in: *Allgemeine Geographische Ephemeriden* 22 (1807).

S. 130: *Isis* 2:5 (1818), Tafeln II, A und B.

S. 232: »Karte von Amerika aus dem Jahre 1500, entworfen von Juan de la Cosa, Begleiter des Columbus auf dessen zweiter Reise, aufgefunden von Alexander von Humboldt«, in: Friedrich Wilhelm Ghillany, *Geschichte des Seefahrers Ritter Martin Behaim*, Nürnberg: Bauer und Raspe 1853.

Alexander von Humboldt, *Vues des Cordillères et monumens des peuples indigènes de l'Amérique*, Paris: F. Schoell 1810[-1813] (deutsche Ausgabe: *Ansichten der Kordilleren und Monumente der eingeborenen Völker Amerikas*, übersetzt v. Claudia Kalscheuer, herausgegeben v. Oliver Lubrich u. Ottmar Ette, Frankfurt am Main: Eichborn 2004):
– S. 95: »Ponts naturels d'Icononzo« (Tafel 4)
– S. 100: »Passage du Quindiu, dans la Cordillère des Andes« (Tafel 5)
– S. 111: »Chute du Tequendama« (Tafel 6)

Auf die Motive aus demselben Werk auf den Seiten 267–282 beziehen sich folgende Passagen in Alexander von Humboldts Schriften:
– »Vue de l'intérieur du cratère du Pic de Ténériffe« (Tafel 54) > S. 36.
– »Le dragonnier de l'Orotava« (Tafel 69) > S. 38.
– »Pyramide de Cholula« (Tafel 7) > S. 42.
– »Masse détachée de la pyramide de Cholula« (Tafel 8) > S. 42.

- »Bas-relief aztèque trouvé à la grande place de Mexico« (Tafel 21) > S. 42, S. 81.
- »Monument péruvien du Cañar« (Tafel 17) > S. 45.
- »Intérieur de la maison de l'Inca, au Cañar« (Tafel 20) > S. 45.
- »Fragmens de Peintures hiéroglyphiques aztèques, déposés à la bibliothèque royale de Berlin« (Tafel 36) > S. 46.
- »Migration des peuples aztèques, peinture hiéroglyphique déposée à la bibliothèque royale de Berlin« (Tafel 38) > S. 46.
- »Ruines de Miguitlan ou Mitla, dans la province d'Oaxaca; plan et élévation)« (Tafel 50) > S. 48.
- »Relief en basalte, représentant le Calandrier mexicain« (Tafel 23) > S. 81.
- »Idole aztèque de porphyre basaltique, trouvée sous le pavé de la grande place de Mexico«, Abb. I (Tafel 29) > S. 81.
- »Monumens de Xochicalco« (Tafel 9) > S. 84.
- »Vue de la grande Place de Mexico« (Tafel 3) > S. 85.
- »Vue du Chimborazo et du Carguairazo« (Tafel 16) > S. 213.
- »Le Chimborazo, vu depuis le plateau de Tapia« (Tafel 25) > S. 213.

Alexander von Humboldt
Zentral-Asien
Untersuchungen zu den Gebirgsketten
und zur vergleichenden Klimatologie
Herausgegeben von Oliver Lubrich
1.050 Seiten, 5 farbige Falttafeln, 20 Abbildungen. Gebunden

Auf Einladung des Zaren Nikolaus I. unternahm Alexander von Humboldt 1829 eine Expedition von Petersburg über Moskau in den Ural, ins Altai-Gebirge, zum Kaspischen Meer und bis nach Baty an die chinesische Grenze. Seine Beobachtungen trug er in einem originellen Werk zusammen, das zuerst 1843 in französischer Sprache erschien. Oliver Lubrich hat die einzige deutsche Übersetzung (Wilhelm Mahlmann, 1844) neu bearbeitet, vervollständigt und mit dem französischen Original abgeglichen.

In der Mischung aus Reiseeindrücken und Forschungsbericht entwickelt Humboldt ein neues Konzept der Raumbeschreibung, das als Grundlage für den späteren »Kosmos« dient. Der Band enthält zahlreiche Abbildungen – Skizzen, Landschaften, Objekte, Karten – und begleitende Texte (ausgewählte Briefe, Bericht des mitreisenden Gustav Rose). Dieses Buch ist ein einzigartiges Dokument einer Forschungsreise unter den Bedingungen einer absolutistischen Herrschaft und das einmalige Zeugnis eines der größten deutschen Wissenschaftler.

S. Fischer

Fischer Klassik

Mein Klassiker
Autoren erzählen
vom Lesen
Band 90001

Jane Austen
Stolz und Vorurteil
Band 90004

Giovanni Boccaccio
Das Dekameron
Band 90006

Karl Marx
Das große Lesebuch
Herausgegeben von
Iring Fetscher
Band 90002

**Phantastisch zwecklos
ist mein Lied**
Deutsche Gedichte
vom Mittelalter bis zur
Klassischen Moderne
Band 90003

Honoré de Balzac
Die Frau von dreißig Jahren
Band 90005

Miguel de Cervantes Saavedra
**Don Quixote von
la Mancha**
Übersetzt von Ludwig Tieck
Band 90007

Choderlos de Laclos
Schlimme Liebschaften
Übersetzt von Heinrich Mann
Band 90025

Dante Alighieri
Die Göttliche Komödie
Band 90008

Charles Dickens
David Copperfield
Band 90009

Fjodor Dostojewskij
Verbrechen und Strafe
Neu übersetzt von S. Geier
Band 90010

Das ausführliche Programm von Fischer Klassik
finden Sie unter:
www.fischer-klassik.de

Fischer Taschenbuch Verlag

Fischer Klassik

Sir Arthur Conan Doyle
Sherlock Holmes – Der Hund von Baskerville
Band 90066

Joseph von Eichendorff
Aus dem Leben eines Taugenichts / Das Marmorbild
Band 90011

Theodor Fontane
Effi Briest
Band 90012

Johann Wolfgang Goethe
Die Leiden des jungen Werthers
In der Fassung von 1774
Band 90013

Gottfried von Straßburg
Tristan und Isolde
Übertragen von Dieter Kühn
Band 90014

Brüder Grimm
Kinder- und Hausmärchen
Band 90015

Wilhelm Hauff
Das kalte Herz und andere Märchen
Band 90016

Heinrich Heine
Buch der Lieder
Band 90017

E.T.A. Hoffmann
Der Sandmann / Das Fräulein von Scuderi
Band 90018

Homer
Die Odyssee
Übertragen von Johann Heinrich Voß
Band 90019

Das ausführliche Programm von Fischer Klassik
finden Sie unter:
www.fischer-klassik.de

Fischer Taschenbuch Verlag

Fischer Klassik

Franz Kafka
**Das Urteil /
Die Verwandlung**
Originalfassung
Band 90020

Immanuel Kant
**Zum ewigen Frieden
und andere Schriften**
Band 90021

Gottfried Keller
**Kleider machen Leute /
Romeo und Julia
auf dem Dorfe**
Band 90022

Heinrich von Kleist
Michael Kohlhaas
Band 90023

Adolph Freiherr Knigge
**Über den Umgang
mit Menschen**
Band 90024

Heinrich Mann
Der Untertan
Band 90026

Thomas Mann
**Der Tod in Venedig und
andere Erzählungen**
Band 90027

Prosper Mérimée
**Carmen und
andere Novellen**
Band 90028

Michel de Montaigne
**Von der Freundschaft
und andere Essais**
Band 90029

Das Nibelungenlied
Mittelhochdeutscher Text
und Übertragung. Band 1
Band 90131

Das ausführliche Programm von Fischer Klassik
finden Sie unter:
www.fischer-klassik.de

Fischer Taschenbuch Verlag

Fischer Klassik

Das Nibelungenlied
Mittelhochdeutscher Text
und Übertragung. Band 2
Band 90132

Edgar Allan Poe
**Der Untergang des
Hauses Usher und
andere Erzählungen**
Band 90031

Friedrich Schiller
**Die Räuber /
Kabale und Liebe**
Band 90032

Gustav Schwab
**Die schönsten Sagen des
klassischen Altertums**
Band 90033

William Shakespeare
Hamlet
Übertragen von
August Wilhelm Schlegel
Band 90034

Sophokles
Antigone / König Ödipus
Band 90035

Theodor Storm
**Der Schimmelreiter /
Immensee**
Band 90036

Mark Twain
**Die Abenteuer
von Tom Sawyer**
Band 90037

Virginia Woolf
Mrs Dalloway
Übersetzt von
Walter Boehlich
Band 90038

Carl Zuckmayer
**Der Hauptmann
von Köpenick**
Band 90039

Das ausführliche Programm von Fischer Klassik
finden Sie unter:
www.fischer-klassik.de

Fischer Taschenbuch Verlag

fi 666 040 / 1 / d